A TEORIA COMUNISTA DO DIREITO

HANS KELSEN

A TEORIA COMUNISTA DO DIREITO

Pedro Davoglio
(Tradução)

São Paulo
2021

Copyright © EDITORA CONTRACORRENTE
Copyright © by Hans Kelsen-Institut, Vienna, Austria

A tradução desta obra foi autorizada pelo Hans Kelsen-Institut, Vienna, Austria

Alameda Itu, 852 | 1º andar
CEP 01421 002
www.loja-editoracontracorrente.com.br
contato@editoracontracorrente.com.br

Editores

Camila Almeida Janela Valim
Gustavo Marinho de Carvalho
Rafael Valim

Equipe editorial

Coordenação de projeto: Juliana Daglio
Revisão: Marcelo Madeira
Revisão técnica: Lisliane Pereira
Diagramação: Denise Dearo
Capa: Maikon Nery

Equipe de apoio

Fabiana Celli
Carla Vasconcelos
Fernando Pereira
Lais do Vale

Dados Internacionais de Catalogação na Publicação (CIP)
(Câmara Brasileira do Livro, SP, Brasil)

Kelsen, Hans, 1881-1973
A Teoria comunista do direito / Hans Kelsen ;
tradução Pedro Davoglio. -- 1. ed. -- São Paulo :
Editora Contracorrente, 2021.

Título original: The communist theory of law
ISBN 978-65-88470-36-7

1. Comunismo - História 2. Direito internacional
3. Filosofia do direito 4. Marxismo I. Título.

21-60648   CDU-340.12

Índices para catálogo sistemático:

1. Filosofia do direito 340.12

Aline Graziele Benitez - Bibliotecária - CRB-1/3129

@editoracontracorrente
Editora Contracorrente
@ContraEditora

SUMÁRIO

PREFÁCIO 7

APRESENTAÇÃO À EDIÇÃO BRASILEIRA 11

CAPÍTULO I – A TEORIA DO ESTADO E DO DIREITO DE
MARX-ENGELS 15

CAPÍTULO II – A TEORIA DO ESTADO E DO DIREITO DE
LÊNIN 73

CAPÍTULO III – A TEORIA DO DIREITO DE STUTCHKA ... 87

CAPÍTULO IV – A TEORIA DO DIREITO DE REISNER 107

CAPÍTULO V – A TEORIA DO DIREITO DE PACHUKANIS . 125

CAPÍTULO VI – A REJEIÇÃO DA TEORIA DE PACHUKANIS 153

CAPÍTULO VII – A TEORIA DO DIREITO DE VICHINSKI .. 159

CAPÍTULO VIII – A TEORIA DO ESTADO E DO DIREITO
DE GOLUNSKI E STROGOVICH 183

CAPÍTULO IX – A TEORIA SOVIÉTICA DO DIREITO
INTERNACIONAL 205

CONCLUSÃO 257

REFERÊNCIAS BIBLIOGRÁFICAS 259

PREFÁCIO

É um fato paradoxal que o chamado materialismo histórico, isto é, a interpretação econômica da realidade social inaugurada por Karl Marx, tenha influenciado e ainda influencie as ciências sociais de nosso tempo, incluindo a escola antimarxista, em muito maior medida do que seus representantes estão cientes. Esse fato se manifesta na tendência generalizada de rejeitar qualquer interpretação normativa dos fenômenos sociais, mesmo que eles, sem dúvida, caiam no domínio da moralidade ou do Direito. Existe entre os cientistas sociais certa tendência a reduzir as relações humanas, que na ética e na jurisprudência se apresentam como deveres, responsabilidades, direitos estabelecidos por normas morais ou jurídicas, a relações factuais de poder político ou econômico; e caracterizar juízos de valor sobre certo e errado, justo e injusto como proposições sobre fatos observáveis pela psicologia individual ou social, em oposição à sua interpretação como juízo de conformidade ou desconformidade com uma norma pressuposta como válida. É uma tendência antinormativa, baseada na falta de vontade ou incapacidade de reconhecer o significado específico de uma norma ou ordem normativa. Ela se justifica denunciando qualquer interpretação normativa como "não científica". Essa atitude intelectual é de particular importância na moderna ciência do Direito, que tenta substituir a jurisprudência pela sociologia jurídica.

A abordagem antinormativa dos fenômenos sociais é um elemento essencial da teoria marxista em geral e da teoria marxista do Direito

HANS KELSEN

em particular. A questão de saber se o Direito é um sistema de normas ou um conjunto de relações sociais desempenha um papel decisivo na teoria jurídica que foi desenvolvida na União Soviética com base no marxismo ortodoxo. Essa teoria jurídica é uma parte característica do sistema político conhecido pelo nome de comunismo.

Uma análise crítica da teoria comunista do Direito parece ao autor deste ensaio ter valor não apenas para a jurisprudência científica, mas – pelas razões mencionadas acima – para as ciências sociais em geral.

A teoria jurídica soviética, à qual a segunda parte deste ensaio é dedicada, é dominada quase exclusivamente por fatores políticos. De acordo com a teoria da superestrutura ideológica de Marx, foi desde o início concebida como uma arma ideológica na luta do socialismo contra o capitalismo. A teoria jurídica soviética se adapta de maneira submissa a todas as mudanças na política do governo soviético. O exame dessa teoria a seguir mostrará o vergonhoso declínio de uma ciência social que não é capaz de se emancipar da política.

Numa época em que o poder do Estado está aumentando continuamente em toda parte, deve-se levar muito a sério o fato de que a degradação da ciência em cúmplice do poder se efetue na União Soviética sob a liderança de estudiosos intelectualmente destacados. Portanto, foi possível restringir o presente estudo da teoria jurídica soviética a uma revisão das doutrinas defendidas pelos autores mais proeminentes. Como as principais contribuições desses autores estão traduzidas para o alemão, o francês e o inglês – e somente por meio dessas traduções podem assumir importância internacional – o autor, que não conhece a língua russa, foi capaz de se familiarizar com eles sem temer ter perdido qualquer característica essencial de suas doutrinas.[1]

Por fim, o autor deseja deixar o mais claro possível que não está lidando com o Direito comunista, mas com a Teoria Geral do Direito

---

[1] Uma tradução para o inglês das contribuições mais importantes dos autores soviéticos à teoria do Direito foi publicada em LÊNIN, V. I.; STUCHKA, P. I.; REISNER, M. A.; PACHUKANIS, E. B.; STÁLIN, J. V.; VICHINSKI, A. Y.; YUDIN, P.; GOLUNSKI, S. A.; STROGOVICH, M. S.; TRAININ, I. P. *Soviet legal philosophy*. Trad. Hugh Baab. Cambridge, MA: Harvard University Press, 1951.

PREFÁCIO

apresentada por autores que aplicam, ou pretendem aplicar, os princípios do comunismo; e ele está lidando com a política do governo comunista da União Soviética apenas na medida em que essa política influencia a teoria comunista do Direito.[2]

Hans Kelsen

Setembro de 1954

---

[2] Sobre a relação entre a teoria jurídica dos autores soviéticos e a política econômica do governo soviético cf. SCHLESINGER, Rudolf. *Soviet legal theory*: its social background and development. 2. ed. London: Routledge & Kegan Paul, 1951.

APRESENTAÇÃO À EDIÇÃO BRASILEIRA

Apresentar esta tradução da obra de Kelsen sobre o que seria uma *Teoria Comunista do Direito* (Nova York, 1955) não é tarefa simples; e não apenas pelas várias resenhas críticas e artigos sobre ela. Afinal, Kelsen não apenas é um dos maiores juristas do século XX, se não for o maior, mas também porque, diferente de um Schmitt, Kelsen é um dos grandes pensadores da democracia.

Kelsen foi professor na *Viena Vermelha* (como a capital austríaca, governada pelos social-democratas, foi chamada à época) e assessor jurídico do Chanceler social-democrata Karl Renner no período de 1919 e 1920. Ele contribuiu para a formulação da Constituição Federal Austríaca de 1920 e foi juiz do Tribunal Constitucional fundado com esta Constituição. Embora Kelsen simpatizasse com as preocupações da social-democracia, em várias ocasiões manifestou suas críticas à Teoria do Estado marxista (ver por exemplo, *Sozialismus und Staat*, 1920). Mais do que isso, porém, ele também criticou o fascismo emergente, o que acabou forçando-o ao exílio. Ele foi para Colônia em 1930, para Genebra em 1933 e, finalmente, para os Estados Unidos em 1940.

Muito provavelmente, o motivo deste livro foi a publicação da antologia *Filosofia Jurídica Soviética*, em 1951, como parte da série de livros *Twentieth Century Legal Philosophy Series*, na qual foram vertidos para o inglês textos fundamentais de importantes autores soviéticos. Nestes textos,

Kelsen foi criticado repetidamente, ao que ele respondeu com *A Teoria Comunista do Direito*. É aconselhável, portanto, ler os dois livros em conjunto.

Como Carlos Miguel Herrera chama atenção, em *Kelsen e o socialismo reformista*, "as relações de Kelsen com a social-democracia não se esgotam na mera simpatia pessoal por seu programa, mas também repercutem no dispositivo conceitual de sua teoria política".[3] Kelsen é, como as leitoras e os leitores irão ver, um profundo conhecedor da temática aqui envolvida.

A Teoria Comunista do Direito está dividida em nove capítulos, em que são discutidos autores como Marx e Engels, Lênin, Stutchka, Pachukanis e mesmo Vichinsky, seguidos de uma breve conclusão em apenas três tópicos. A obra se inicia com um prefácio do próprio Kelsen, de 1954.

Apresentando sua obra, Kelsen inicia afirmando que "É um fato paradoxal que o chamado materialismo histórico, isto é, a interpretação econômica da realidade social inaugurada por Karl Marx, tenha influenciado e ainda influencie as ciências sociais de nosso tempo, incluindo a escola antimarxista, em muito maior medida do que seus representantes estão cientes. Esse fato se manifesta na tendência generalizada de rejeitar qualquer interpretação normativa dos fenômenos sociais, mesmo que eles, sem dúvida, caiam no domínio da moralidade ou do Direito". E que "A abordagem antinormativa dos fenômenos sociais é um elemento essencial da teoria marxista em geral e da teoria marxista do Direito em particular. A questão de saber se o Direito é um sistema de normas ou um conjunto de relações sociais desempenha um papel decisivo na teoria jurídica que foi desenvolvida na União Soviética com base no marxismo ortodoxo. Essa teoria jurídica é uma parte característica do sistema político conhecido pelo nome de comunismo." Partindo dessas premissas, Kelsen, então, afirma que "Uma análise crítica da teoria comunista do Direito parece ao autor deste ensaio ter valor não apenas para a jurisprudência científica, mas – pelas razões mencionadas acima – para as ciências sociais em geral."

---

[3] HERRERA, Carlos Miguel. "Kelsen e o socialismo reformista". *Revista de Estudios Políticos*, n. 96, abril-junio, de 1997, p. 98.

APRESENTAÇÃO À EDIÇÃO BRASILEIRA

Procurando deixar claro que a presente obra não trata do "Direito comunista", mas da "teoria do Direito apresentada por autores que aplicam, ou pretendem aplicar, os princípios do comunismo", Kelsen chama atenção, criticamente, para seu seguinte ponto: "Numa época em que o poder do Estado está aumentando continuamente em toda parte, deve-se levar muito a sério o fato de que a degradação da ciência em cúmplice do poder se efetue na União Soviética sob a liderança de estudiosos intelectualmente destacados. Portanto, foi possível restringir o presente estudo da teoria jurídica soviética a uma revisão das doutrinas defendidas pelos autores mais proeminentes". E que, assim, ele procurou lidar "com a política do governo comunista da União Soviética apenas na medida em que essa política influencia a teoria comunista do Direito". Essas, portanto, seriam as chaves interpretativas da presente obra, segundo o seu próprio autor.

Por fim, embora se possa discutir a transcendência ou não deste livro em relação ao momento histórico em que foi publicado, caberia considerar o contexto em que foi escrito, o do macarthismo nos Estados Unidos dos anos 50 do século XX. Kelsen, inclusive, seria investigado por supostas "atividades antiamericanas", tendo sido interrogado em 1953, ainda que sem maiores consequências, algo destacado por seus biógrafos, como no caso de Gregório Robles Morchón.[4]

Kelsen, por sua trajetória e por sua obra, é, pois, um autor incontornável. Pode-se com toda certeza discordar dele, mas jamais desconsiderar o seu pensamento. Principalmente para aquelas e aqueles que buscam compreender as vicissitudes da teoria do Direito, em meados do século XX, assim como seus desafios, legados e limitações.

Marcelo Andrade Cattoni de Oliveira

Pedro Estevam Serrano

Rafael Valim

---

[4] ROBLES, Gregório. *Hans Kelsen:* vida y obra. Ed. Civitas, 2014, p. 108.

Capítulo I

A TEORIA DO ESTADO E DO DIREITO DE MARX-ENGELS

O primado da economia sobre a política na teoria marxista do Estado (capitalista) burguês

A teoria marxista do Direito está conectada de maneira insepará-vel com a teoria do Estado.[1] Ela se baseia na suposição de que a produ-ção econômica e as relações sociais constituídas por ela (as *Produktions-verhaeltnisse*) determinam a existência, bem como o desaparecimento, do Estado e do Direito. Nenhum desses fenômenos é um elemento essen-cial da sociedade humana; eles existem apenas sob condições econômi-cas específicas, a saber, quando os meios de produção estão exclusiva-mente à disposição de uma minoria de indivíduos que lançam mão desse privilégio com o propósito de explorar a gigantesca maioria. Isso implica a divisão da sociedade em dois grupos de interesses econômicos antagônicos, duas "classes", a classe dos proprietários dos meios de pro-dução exploradores e a classe dos trabalhadores explorados.

Essa é especialmente a situação de uma sociedade na qual predo-mina o sistema econômico capitalista e a sociedade é dividida em duas

---

[1] Cf. KELSEN, Hans. *Sozialismus und Staat*: eine Untersuchung der politischen Theorie des Marxismus. 2. ed. Leipzig: C. L. Hirschfeld, 1923; e KELSEN, Hans. *The political theory of Bolshevism*. Berkeley; Los Angeles: University of California Press, 1948.

classes, a dos burgueses (capitalistas) e a do proletariado. O Estado junto com seu Direito é a maquinaria coercitiva para a manutenção da exploração de uma classe por outra, um instrumento da classe dos exploradores que, por meio do Estado e do Direito, torna-se a classe politicamente dominante. O Estado é o poder estabelecido com o propósito de manutenção do conflito entre a classe dominante e a dominada "dentro dos limites da 'ordem'".[2] Essa "ordem" é o Direito, que – de acordo com essa visão – embora seja algo diferente do Estado, está em conexão essencial com o Estado. O Estado é "via de regra, Estado da classe mais poderosa, economicamente dominante, que se torna também, por intermédio dele, a classe politicamente dominante e assim adquire novos meios para subjugar e espoliar a classe oprimida".[3] Isso significa que o poder político da burguesia é o efeito de seu poder econômico, que a burguesia se torna a classe politicamente dominante porque é a classe economicamente dominante. O primado da economia sobre a política é bastante condizente com a interpretação econômica que Marx faz da história em geral e da presente sociedade em particular. Uma sociedade dividida em classes, diz Engels, "necessitou do Estado – isto é, de uma organização da respectiva classe espoliadora – para sustentar suas condições exteriores de produção, ou seja, principalmente para reprimir pela força a classe espoliada".[4] O domínio de uma classe sobre a outra, que é a essência do Estado, é idêntico à exploração de uma classe pela outra, sendo a classe dominante essencialmente a classe exploradora.

Realidade e ideologia

A interdependência que, de acordo com essa interpretação econômica ou materialista da sociedade, existe entre as condições

---

[2] ENGELS, Friedrich. *A origem da família, da propriedade privada e do Estado*: em conexão com as pesquisas de Lewis H. Morgan. Trad. Nélio Schneider. São Paulo: Boitempo, 2019, p. 157.

[3] ENGELS, Friedrich. *A origem da família, da propriedade privada e do Estado*: em conexão com as pesquisas de Lewis H. Morgan. Trad. Nélio Schneider. São Paulo: Boitempo, 2019, p. 158.

[4] ENGELS, Friedrich. *Anti-Dühring*: a revolução da ciência segundo o senhor Eugen Düring. Trad. Nélio Schneider. São Paulo: Boitempo, 2015, p. 316.

CAPÍTULO I - A TEORIA DO ESTADO E DO DIREITO DE MARX-ENGELS

econômicas por um lado, e o Estado e o Direito por outro, é de importância decisiva para a teoria do Estado e em particular para a teoria do Direito. Costuma-se presumir que Marx descreve essa interdependência na famosa metáfora de uma "superestrutura" política e jurídica que se eleva das relações de produção, constitutivas da estrutura econômica da sociedade. As "ideologias" formam a superestrutura, enquanto a base, a subestrutura, representa a realidade social. Em sua obra *Zur Kritik der politischen Oekonomie* (Contribuição à crítica da economia política), ele diz:

> [n]a produção social da própria existência, os homens entram em relações determinadas, necessárias, independentes de sua vontade; essas relações de produção correspondem a um grau determinado de desenvolvimento de suas forças produtivas materiais. A totalidade dessas relações de produção constitui a estrutura econômica da sociedade, a base real sobre a qual se eleva uma superestrutura jurídica e política e à qual correspondem formas sociais determinadas de consciência.[5]

As "superestruturas" são "formas sociais determinadas de consciência", que ele posteriormente caracteriza como "formas ideológicas sob as quais os homens adquirem consciência" da realidade social. Costuma-se presumir que Marx entende por "superestrutura jurídica e política" o Direito e o Estado. Engels, *e.g.*, interpreta a fórmula de Marx ao afirmar que "a estrutura econômica da sociedade forma a base real, pela qual a totalidade da superestrutura de instituições jurídicas e políticas, bem como religiosas, filosóficas e outras ideias (*Vorstelungsweisen*) de cada período histórico pode ser explicada em última instância".[6] Se essa interpretação estiver correta, então, o Direito tem a natureza de uma ideologia, termo cujo significado é da mais alta importância para uma teoria marxista do Direito.

Em sua obra fragmentária *Einleitung zu einer Kritik der politischen Oekonomie* (Introdução à contribuição à crítica da economia política),

---

[5] MARX, Karl. *Contribuição à crítica da economia política*. Trad. Florestan Fernandes. 2. ed. São Paulo: Expressão Popular, 2008, p. 47.

[6] ENGELS, Friedrich. *Die Entwicklung des Sozialismus von der Utopie zur Wissenchaft*, 6 Aufl. Berlin: Vorwärts, 1911, p. 33.

Marx diz que no estudo da ciência social é necessário levar em conta que a sociedade é dada "na mentalidade tanto quanto na realidade".[7] A ideologia social como uma forma de consciência social é a sociedade como ela é dada na mente humana, em oposição à sociedade como ela é dada na realidade. Em *Das Kommunistische Manifest* (Manifesto comunista), Marx e Engels referem-se às "acusações contra o comunismo feitas de um ponto de vista religioso, filosófico e, geralmente, ideológico", que atribuem ao termo ideologia, em primeiro lugar, o significado de religião e de filosofia. Em seguida, eles defendem que "as ideias, visões e concepções do homem, em uma palavra, a consciência humana, muda com cada mudança nas suas condições materiais de existência, em suas relações sociais e em sua vida social". Portanto, "ideologia" significa o conteúdo da consciência humana, as ideias que os homens formam em suas mentes sobre a realidade, especialmente a realidade social.

Mas na maioria das ocorrências, Marx usa o termo "ideologia" não nesse sentido mais amplo, como sinônimo de "ideia", mas em um sentido mais estreito e decididamente depreciativo. Por ideologia, ele refere-se à falsa consciência, uma ideia incorreta – em oposição a uma cientificamente correta – da realidade social. Considerando as transformações sociais, ele diz:

> (...) convém distinguir sempre a transformação material (...) que podem ser verificadas fielmente com ajuda das ciências físicas e naturais – e as formas jurídicas, políticas, religiosas, artísticas ou filosóficas, em resumo, as formas ideológicas sob as quais os homens adquirem consciência desse conflito e o levam até o fim. Do mesmo modo que não se julga o indivíduo pela ideia que de si mesmo faz, tampouco se pode julgar uma tal época de transformações pela consciência que ela tem de si mesma.[8]

A consciência "ideológica" é falsa porque é determinada pela situação social do homem cuja mente reflete a realidade social, especialmente

---

[7] MARX, Karl. *Contribuição à crítica da economia política*. Trad. Florestan Fernandes. 2. ed. São Paulo: Expressão Popular, 2008, p. 265.

[8] MARX, Karl. *Contribuição à crítica da economia política*. Trad. Florestan Fernandes, 2. ed. São Paulo: Expressão Popular, 2008, p. 48.

CAPÍTULO I - A TEORIA DO ESTADO E DO DIREITO DE MARX-ENGELS

pelos interesses do grupo social, ou classe, ao qual ele pertence. Marx tem a visão epistemológica ingênua segundo a qual a consciência humana reflete – como um espelho – os objetos reais. Em sua obra principal, *Das Kapital*, Marx diz, em oposição à visão de Hegel de que a realidade é um reflexo da ideia: "[p]ara mim, ao contrário, o ideal [*das Ideelle*] não é mais do que o material, transposto e traduzido na cabeça do homem [*das im Menschenkopf umgesetzte um uebersetzte Materielle*]".[9] E Engels escreve em seu panfleto *Ludwig Feuerbach und der Ausgang der klassischen Philosophie*:[10] "Concebemos as ideias (...) como fotografias das coisas reais"; e em *Die Entwicklung des Sozialismus von der Utopie zur Wissenchaft*:[11] "os pensamentos são apenas imagens mais ou menos abstratas das coisas e eventos reais". Uma ideologia é uma forma de consciência que reflete a realidade social de maneira distorcida, ela simula algo que, na realidade, não existe, ela vela a realidade ou algo nela em vez de desvelá-la, ela é um engano e mesmo um autoengano e, sobretudo, é uma consciência ilusória. Portanto, há sempre um antagonismo ou conflito entre a realidade e a consciência ideológica que os homens têm dela; e, uma vez que Marx fala de conflitos ou antagonismos como "contradições", há sempre uma contradição entre realidade e ideologia.

A doutrina epistemológica que está na base da teoria da ideologia de Marx é formulada nesta famosa afirmação:

> [o] modo de produção da vida material condiciona o processo de vida social, política e intelectual. Não é a consciência (*Bewusstsein*) dos homens que determina o seu ser (*Sein*); ao contrário, é o seu ser social (*gesellschaftliches Sein*) que determina sua consciência.[12]

Embora a segunda sentença pretenda expressar a mesma ideia que a primeira, as duas não são exatamente iguais. Na primeira sentença, apenas

---

[9] MARX, Karl. *O capital*: crítica da economia política. vol. 1. Trad. Rubens Enderle. São Paulo: Boitempo, 2013, p. 90.

[10] ENGELS, Friedrich. *Ludwig Feuerbach und der Ausgang der klassischen Philosophie*. bd. 3. Marxistische Bibliothek. Wien: Verlag für Literatur und Politik, 1927, p. 51.

[11] ENGELS, Friedrich. *Die Entwicklung des Sozialismus von der Utopie zur Wissenchaft*, 6 Aufl. Berlin: Vorwärts, 1911, p. 31.

[12] MARX, Karl. *Contribuição à crítica da economia política*. Trad. Florestan Fernandes. 2. ed. São Paulo: Expressão Popular, 2008, p. 47.

o "modo de produção" é o fator determinante, ao passo que na segunda, é a íntegra do "ser social". Na primeira sentença, não apenas o processo "espiritual", mas também os processos "social" e "político" são fatores determinados; na segunda, apenas a "consciência", que é idêntica ao processo espiritual da vida. O Direito e o Estado podem ser compreendidos pelos processos "social" e "político" da vida; e esses processos "social" e "político" da vida – distinguidos do processo "espiritual" da vida na primeira sentença – podem muito bem ser concebidos como parte do "ser social" dos homens ao qual se refere a segunda sentença. Portanto, há uma estranha ambiguidade no modo de conceber a relação entre realidade e ideologia, o que torna a fundamentação da teoria da cognição de Marx altamente problemática. Essa ambiguidade cumpre um papel particular na teoria do Estado e do Direito quando aparece a questão de se esses fenômenos sociais pertencem à subestrutura, *i.e.*, a base real, ou à superestrutura ideológica.

Se a teoria sociológica do conhecimento de Marx for tomada em sua segunda versão (com o ser social dos homens determinando sua consciência) surge a questão sobre se é possível de algum modo que uma consciência seja algo além de uma consciência ideológica. Uma vez que a consciência humana é "ideológica" nesse sentido, pois é determinada pelo ser social do homem, a resposta será necessariamente negativa. Portanto, não pode haver nenhuma teoria verdadeira, *i.e.*, objetiva, da realidade em geral e da realidade social em particular. É evidente que Marx não pode manter sua posição fundamental, pois a própria afirmação de que o ser social determina a consciência dos homens precisa reivindicar-se verdadeira, uma teoria objetiva da consciência humana, não determinada pelo ser social daquele que a afirma. Não há dúvida de que Marx apresenta sua própria teoria social como uma descrição correta, não ideológica, da realidade social, como uma "ciência".

Na afirmação citada acima, Marx faz uma distinção clara entre uma descrição da realidade feita "com a precisão da ciência natural", ou seja, uma consciência "científica", e as "formas ideológicas" nas quais o homem se torna consciente da realidade social, ou seja, uma consciência ideológica. Como veremos adiante, Marx explica a deficiência de uma consciência ideológica como deficiência da realidade social produtora

CAPÍTULO I - A TEORIA DO ESTADO E DO DIREITO DE MARX-ENGELS

de tal consciência ideológica. Na sociedade comunista do futuro, que representa uma realidade social perfeita, não haverá consciência "ideológica"; mas haverá uma consciência e certamente haverá ciência; e se a ciência, como um conteúdo da consciência, for concebida como uma ideologia, não no sentido derrogatório do termo, mas como algo diferente de seu objeto, *i.e.*, da realidade refletida na consciência, o termo "ideologia" pode ser usado não apenas no sentido de uma consciência falsa, ilusória, mas também no sentido de uma consciência cientificamente correta.

Evidentemente, Marx estava ciente do fato de que sua doutrina da ideologia põe em perigo sua própria teoria social. Foi provavelmente com o propósito de defender sua teoria contra a objeção de ser uma mera "ideologia" no sentido derrogatório do termo que em *Das Kommunistische Manifest*, ele afirma que em certo estágio da luta de classes "a própria burguesia fornece ao proletariado as armas para combatê-la", que "uma parcela da burguesia passa para o lado do proletariado e, em particular, uma parcela dos ideólogos burgueses, que se elevaram ao nível de compreender teoricamente o movimento histórico como um todo". Assim, esses "ideólogos burgueses" deixam de produzir ideologias e desenvolvem uma ciência verdadeira do movimento histórico. Mas como tal metamorfose é possível, como eles podem escapar da lei fundamental de que seu ser social, de que seu pertencimento à classe burguesa, determina sua consciência social? Isto é – visto do ponto de vista da teoria social de Marx – um milagre.

O Estado e o Direito como realidade

A ideologia típica e mais característica é a religião. A "religião", diz Marx, "é a teoria geral deste mundo"; e ele diz que a religião é a "consciência invertida do mundo",[13] o "ópio do povo", uma "ilusão".[14]

---

[13] MARX, Karl. *Crítica da Filosofia do Direito de Hegel*. Trad. Rubens Enderle e Leonardo de Deus. 2. ed. São Paulo: Boitempo, 2010, p. 151.

[14] MARX, Karl. *Crítica da Filosofia do Direito de Hegel*. Trad. Rubens Enderle e Leonardo de Deus. 2. ed. São Paulo: Boitempo, 2010, p. 151.

HANS KELSEN

É significativo que Marx, quando denuncia a religião como uma ideologia ilusória, a defina como uma "teoria". Em uma carta a Ruge, ele fala de "religião e ciência" como a "existência teórica do homem"[15] em oposição à sua existência prática, ou seja, a "realidade" de sua existência verdadeira. Nesse sentido, somente uma teoria, uma função de cognição, uma forma de consciência, não o objeto da teoria ou cognição, não a realidade refletida – correta ou incorretamente – na consciência humana poderia ser caracterizada como ideológica. Marx fala frequentemente da ideologia como uma mera "expressão" (*Ausdruck*) da realidade e denuncia como uma falácia ideológica tomar o que é uma mera "expressão" da realidade como a própria realidade[16], ficando evidente que ele pressupõe que a expressão é falsa, ilusória. Portanto, somente certa teoria do Estado – ou seja, uma falsa – ou certa Filosofia do Direito – ou seja, uma ilusória –, e não o Estado ou o Direito, podem ser concebidas como ideologia. De acordo com essa tese de que o ser social do homem, ou seja, sua realidade social, determina a consciência social do homem, Marx diz que o Estado "produz a religião como uma consciência invertida"[17] e opõe o "Estado moderno e a realidade com ele relacionada" ao "modo da consciência política e jurídica, cuja expressão mais distinta, mais universal, elevada ao status de ciência, é justamente a própria filosofia especulativa do direito".[18] Aqui, o Estado é apresentado como uma realidade social a partir da qual ergue-se uma filosofia jurídica ilusória como uma superestrutura ideológica.

Em seu *Zur Kritik der politischen Oekonomie*, ele identifica as relações de produção, isto é, a realidade social em oposição à ideologia social,

---

[15] MARX, Karl. "Cartas dos anais franco-alemães (de Marx a Ruge)". In: _____. *Sobre a questão judaica*. Trad. Nélio Schneider. São Paulo: Boitempo, 2010, p. 71, *tradução modificada*.

[16] MARX, Karl; ENGELS, Friedrich. *Die Deutsche Ideologie Kritik der Neuesten Deutschen Philosophie in Ihren Repräsentanten, Feuerbach, B. Bauer und Stirner, und des Deutschen Sozialismus in Seinen Verschiedenen Propheten 1845-1846*. Gesamtausgabe Erste Abteilung. Bd. 5. Berlin: Marx-Engels-Verlag, 1932, p. 453.

[17] MARX, Karl. *Crítica da Filosofia do Direito de Hegel*. Trad. Rubens Enderle e Leonardo de Deus. 2. ed. São Paulo: Boitempo, 2010, p. 151.

[18] MARX, Karl. *Crítica da Filosofia do Direito de Hegel*. Trad. Rubens Enderle e Leonardo de Deus. 2. ed. São Paulo: Boitempo, 2010, p. 157, *tradução modificada*.

CAPÍTULO I - A TEORIA DO ESTADO E DO DIREITO DE MARX-ENGELS

com as relações jurídicas. "Em uma certa etapa de seu desenvolvimento, as forças produtivas materiais da sociedade entram em contradição com as relações de produção existentes, ou, o que não é mais que sua expressão jurídica, com as relações de propriedade no seio das quais elas se haviam desenvolvido até então".[19] Relações de propriedade, ou seja, relações jurídicas, são relações de produção, ou seja, relações econômicas. Relações de "propriedade" ou "jurídicas" é apenas outro nome para relações de produção, relações econômicas.[20] É verdade que, aqui, Marx caracteriza o Direito do mesmo modo que caracteriza a ideologia, como uma "expressão" das relações de produção, *i.e.*, uma expressão da realidade social. Mas o Direito não é – como uma ideologia tem de ser por sua própria natureza – uma expressão falsa, ilusória, uma expressão que está em contradição com o objeto que ela expressa. A expressão da realidade econômica que é o Direito está em harmonia com a realidade, corresponde à realidade.

Marx rejeita a visão de que os soberanos fazem a lei que rege as condições econômicas. "A legislação, tanto política quanto civil, apenas enuncia, verbaliza a vontade das relações econômicas".[21] Que as relações econômicas tenham uma "vontade" é uma metáfora problemática. Mas o significado disso é o seguinte: que o Direito corresponde às condições econômicas que ele "verbaliza", que o Direito é uma expressão correta, e, portanto, não ideológica, da realidade econômica. "O Direito não é mais que o reconhecimento oficial do fato".[22] Sobre as formas de divisão do trabalho, Marx diz: "Elas nasceram primitivamente das condições da produção material e só muito mais tarde foram alçadas a lei".[23] A

---

[19] MARX, Karl. *Contribuição à crítica da economia política*. Trad. Florestan Fernandes. 2. ed. São Paulo: Expressão Popular, 2008, p. 47.

[20] Com base nessa identificação das relações jurídicas com as relações econômicas, alguns autores marxistas definem o Direito como um conjunto de relações econômicas em oposição à definição burguesa do Direito como um sistema de normas. Conforme mencionado na p. 74.

[21] MARX, Karl. *Miséria da filosofia*. Trad. José Paulo Netto. São Paulo: Boitempo, 2017, p. 83, *tradução modificada*.

[22] MARX, Karl. *Miséria da filosofia*. Trad. José Paulo Netto. São Paulo: Boitempo, 2017, p. 85.

[23] MARX, Karl. *Miséria da filosofia*. Trad. José Paulo Netto. São Paulo: Boitempo, 2017, p. 121.

prescrição da divisão do trabalho pelo Direito está em perfeita harmonia com a divisão do trabalho na realidade econômica. Que o Direito seja uma "expressão" das condições econômicas significa que ele é produto da realidade econômica, que ele é seu efeito. Mas – de acordo com Marx – o Direito não é somente um efeito da realidade econômica; o próprio Direito tem efeitos sobre essa realidade. Em *Das Kapital*, lemos:

> [a]madurecendo as condições materiais e a combinação social do processo de produção, ela também amadurece as contradições e os antagonismos de sua forma capitalista e, assim, ao mesmo tempo, os elementos criadores de uma nova sociedade e os fatores que revolucionam a sociedade velha.[24]

Em seu *Einleitung zu einer Kritik der politischen Oekonomie*, Marx escreve:

> [a]s leis podem perpetuar um instrumento de produção, a terra, por exemplo, em certas famílias. Essas leis adquirem uma importância econômica unicamente onde a grande propriedade territorial se encontra em harmonia com a produção social, como na Inglaterra.[25]

Ao enfatizar a "harmonia" do Direito com as relações de produção, Marx chega a caracterizar o Direito positivo como Direito "natural". Ele diz que os *Factory Acts* ingleses são "um produto tão necessário da grande indústria quanto o algodão, as *self-actors* e o telégrafo elétrico".[26] "Eles se desenvolveram paulatinamente a partir das circunstâncias, como leis naturais do modo de produção moderno".[27] Marx refere-se expressamente ao "efeito da legislação na manutenção de um sistema de distribuição e sua

---

[24] MARX, Karl. *O capital*: crítica da economia política. vol. 1. Trad. Rubens Enderle. São Paulo: Boitempo, 2013, p. 571.

[25] MARX, Karl. *Contribuição à crítica da economia política*. Trad. Florestan Fernandes. 2. ed. São Paulo: Expressão Popular, 2008, pp. 255-256.

[26] MARX, Karl. *O capital*: crítica da economia política. vol. 1. Trad. Rubens Enderle. São Paulo: Boitempo, 2013, p. 551.

[27] MARX, Karl. *O capital*: crítica da economia política. vol. 1. Trad. Rubens Enderle. São Paulo: Boitempo, 2013, p. 354.

CAPÍTULO I - A TEORIA DO ESTADO E DO DIREITO DE MARX-ENGELS

influência sobre a produção". Se o Direito não está "em harmonia" com as condições de produção, ele deixa de ser efetivo, como *e.g.*, na França, onde apesar das "tentativas legislativas de perpetuar a subdivisão da terra em pequenas parcelas" realizadas pela revolução, "a propriedade da terra está se concentrando novamente". Na medida em que o Direito – ou o que Marx tem em mente quando se refere ao "Direito" – é um efeito da realidade econômica e tem seus próprios efeitos sobre essa realidade, ou seja, se o Direito está no interior da cadeia de causa e efeito, ele está no interior da realidade, e, portanto, pertence à subestrutura da superestrutura ideológica.

O Estado e o Direito como ideologia

Contudo, por outro lado, Marx refere-se ao Estado real e ao Direito existente, e não a uma teoria do Estado ou a uma Filosofia do Direito, como ideologias. Em *Das Kommunistische Manifest*, as acusações contra o comunismo feitas de um ponto de vista ideológico são formuladas do seguinte modo: "'Mas' – dirão – 'as ideias religiosas, morais, filosóficas, políticas, jurídicas etc. modificaram-se no curso do desenvolvimento histórico. A religião, a moral, a filosofia, a política e o Direito sobreviveram sempre a essas transformações'".[28] Aqui, a moralidade e o Direito são localizados como ideologias no mesmo plano da filosofia e da ciência. Em *Die Deutsche Ideologie*[29], que é uma fonte importante para a compreensão da doutrina da ideologia de Marx, ele menciona "a moral, a religião, a metafísica e qualquer outra ideologia". A moralidade é uma ordem normativa efetiva que regula o comportamento humano; e se a moralidade é uma ideologia no mesmo nível que a religião e a metafísica, então o Direito, também, deve ser concebido dessa maneira. Marx diz que as "leis", bem como a "moral" são a "expressão *ideelle* das condições da existência" da classe dominante (condicionada pelo desenvolvimento da produção) e com expressão "*ideelle*" ele quer dizer uma expressão ideológica em oposição à realidade econômica assim expressada.

---

[28] MARX, Karl; ENGELS, Friedrich. *Manifesto comunista*. Trad. Álvaro Pina. São Paulo, Boitempo, 2010, p. 57.

[29] MARX, Karl; ENGELS, Friedrich. *A ideologia alemã*. Trad. Rubens Enderle, Nélio Schneider e Luciano Cavini Martorano. São Paulo: Boitempo, 2007, p. 94.

HANS KELSEN

É característico dos "ideólogos", diz Marx, verem "na sua ideologia tanto a força motriz como o objetivo de todas as relações sociais, enquanto ela é tão somente sua expressão e seu sintoma".[30] "O Direito", diz Marx, "são apenas sintomas, expressão *de outras* relações nas quais se apoia o poder do Estado". As bases reais são as relações de produção.[31] É especialmente a instituição jurídica da propriedade que é a "expressão jurídica" de "certas condições, em primeira linha econômicas, dependentes do estágio de desenvolvimento das forças produtivas"[32] pois "as relações de produção dos indivíduos até aqui estabelecidas igualmente devem ganhar expressão em relações políticas e jurídicas".[33] Em sua crítica a Stirner, Marx reprova que ele "tomou a expressão ideológica, especulativa da realidade, separada de sua base empírica, pela própria realidade"; e como uma dessas expressões ideológicas da realidade, confundidas com a realidade por Stirner, Marx aponta o Direito.[34]

De acordo com essa visão, o Direito – e não uma Filosofia do Direito ilusória – é uma superestrutura ideológica que se ergue sobre a realidade social, as relações de produção. Portanto, é justificado interpretar as "superestruturas jurídica e política" referidas em *Zur Kritik der politischen Oekonomie* como significando o Direito e o Estado – como apontado, o próprio Engels e consequentemente quase todos os intérpretes de Marx o fazem[35] – embora Marx, algumas linhas depois, identifique o Direito

---

[30] MARX, Karl; ENGELS, Friedrich. *A ideologia alemã*. Trad. Rubens Enderle, Nélio Schneider e Luciano Cavini Martorano. São Paulo: Boitempo, 2007, p. 405.

[31] MARX, Karl; ENGELS, Friedrich. *A ideologia alemã*. Trad. Rubens Enderle, Nélio Schneider e Luciano Cavini Martorano. São Paulo: Boitempo, 2007, pp. 317 e 351.

[32] MARX, Karl; ENGELS, Friedrich. *A ideologia alemã*. Trad. Rubens Enderle, Nélio Schneider e Luciano Cavini Martorano. São Paulo: Boitempo, 2007, p. 344.

[33] MARX, Karl; ENGELS, Friedrich. *A ideologia alemã*. Trad. Rubens Enderle, Nélio Schneider e Luciano Cavini Martorano. São Paulo: Boitempo, 2007, p. 351.

[34] MARX, Karl; ENGELS, Friedrich. *A ideologia alemã*. Trad. Rubens Enderle, Nélio Schneider e Luciano Cavini Martorano. São Paulo: Boitempo, 2007, pp. 273 e 304.

[35] Cf. *e.g.,* Hans Barth (*Wahrheit und Ideologie*. Zurich: Manesse Verlag, 1945), que define o conceito de "ideologia" de Marx – em conformidade com o autor – como uma forma de cognição (*Erkenntnis*) específica, a saber falsa ou ilusória, e, não obstante, fala – em conformidade com Marx – do Estado e do Direito como ideologias, embora ele – novamente em conformidade com Marx – lide com elas também como realidades sociais.

CAPÍTULO I - A TEORIA DO ESTADO E DO DIREITO DE MARX-ENGELS

com as relações de produção e, em outras conexões, caracterize o Estado como uma realidade social específica produtora de ideologia, e não como uma ideologia produzida por uma realidade social específica.

Se o Direito é parte da superestrutura ideológica como algo diferente da e oposto à subestrutura, a realidade social constituída pelas relações econômicas, então, o Direito não pode ser o efeito dessas relações e, especialmente, não pode ter efeito sobre elas. Quando Marx – nas passagens citadas acima – admite uma interação entre Direito e economia, ele lida com o Direito como realidade social. Se o Direito é uma realidade social no mesmo sentido que a produção econômica, então o esquema de super e sub estrutura não é aplicável à relação entre os dois fenômenos sociais. Mas Engels defende, quanto à superestrutura ideológica, que ela "influencia" a subestrutura. Ele escreve em uma carta a J. Bloch:

> [a]s condições econômicas são a infraestrutura, a base, mas vários outros vetores da superestrutura (formas políticas da luta de classes e seus resultados, a saber, Constituições estabelecidas pela classe vitoriosa após a batalha etc., formas jurídicas e mesmo os reflexos destas lutas nas cabeças dos participantes, como teorias políticas,

---

Cf. também BOBER, M. M. *Karl Marx's interpretation of history*. 2. ed. Cambridge, MA: Harvard University Press, 1948. Bober (pp. 115 e ss.) defende que a "superestrutura" marxiana é composta de "instituições e ideias". Ele não enfatiza a diferença entre os dois elementos uma vez que ele não está particularmente preocupado com o problema da "consciência ideológica". Ele interpreta mal a teoria de Marx nesse aspecto. Ele presume que, de acordo com Marx, o "caráter ilusório" deve ser explicado pelo fato de que "em geral os homens são mentalmente morosos"; que "com a multidão, a observação é uma atividade superficial, e as aparências podem passar sem serem perturbadas em um meio mental inativo"; que "as pessoas comuns confundem causa e efeito, e veem sintomas como causas; (...) não são capazes de perceber que suas crenças são apenas o produto da tradição de classe (...) Em resumo, a 'mente comum' exemplifica precisamente o que o materialismo dialético repudia. A 'mente comum' vive em um mundo de ilusões" (p. 121). Mas, de acordo com Marx, não é a "mente comum", a "multidão", mas os filósofos e cientistas da classes burguesa, e entre eles os pensadores mais extraordinários os que produzem as ilusões. Karl Mannheim usa o termo "ideologia" apenas para um certo tipo de pensamento e caracteriza a relação entre subestrutura e superestrutura como a relação entre agrupamentos sociais diferenciados e "as diferenciações correspondentes nos conceitos, categorias e modelos de pensamento" (MANNHEIM, Karl. *Ideology and Utopia*. New York; London: Harcourt, Brace, Routlage & Kegan Paul, 1952, p. 248).

HANS KELSEN

jurídicas ou filosóficas, concepções religiosas e seus posteriores desenvolvimentos em sistemas de dogmas) também exercitam sua influência no curso das lutas históricas.[36]

Isso significa que a superestrutura ideológica, especialmente o Direito como elemento dessa superestrutura, tem efeitos na subestrutura. Portanto, "ideologia" é "realidade" no mesmo sentido que as relações econômicas que Marx identifica com a realidade; e ele precisa identificar a realidade com as relações econômicas a fim de opor essas relações como "realidade" àquela que ele quer depreciar como "ideologia": sobretudo a religião. Uma vez que a identificação da realidade social com as relações econômicas é a essência de sua interpretação econômica da sociedade, essa interpretação se rompe tão logo as "ideologias" sejam reconhecidas como "realidades". Uma aplicação muito característica dessa interpretação está na seguinte afirmação de Marx:

> [a] sociedade não está baseada no Direito; essa é uma ficção jurídica. Ao contrário, o Direito tem de repousar sobre a sociedade. Ele tem de ser a expressão de seus interesses e necessidades comuns provenientes dos métodos efetivos da produção material contra os caprichos do indivíduo isolado.[37]

A doutrina burguesa, rejeitada por Marx, de que a sociedade é baseada no Direito, significa, se ela não for intencionalmente mal interpretada, que o Direito – ou formulado de maneira exata, certos atos pelos quais o Direito é criado ou aplicado – influencia a vida social, sem excluir que a vida social influencia a formação do Direito. Portanto, a doutrina rejeitada não é uma ficção jurídica. Ela é a descrição da realidade social no interior da qual os elementos econômicos e jurídicos estão em

---

[36] MARX, Karl; ENGELS, Friedrich. *Correspondence 1846-1895*: a selection. New York: International Publishers, 1935, p. 475.

[37] ENGELS, Friedrich; BEBEL, August; KALER, Emil; LASSALLE, Ferdinand; LAFARGUE, Paul; SCHWEITZER, Johann Baptist von; WALFF, W.; DIETZGEN, Joseph. MARX, Karl. BERNSTEIN, Eduard. LIEBKNECHT, Wilhelm. *Sozialdemokratische Bibliothek*: Karl Marx vor den Kölner Geschworenen, Berlin: Verlag, 1895, p. 15.

CAPÍTULO I - A TEORIA DO ESTADO E DO DIREITO DE MARX-ENGELS

relação de interação ou interdependência, um fato que Marx e Engels admitem nas passagens citadas acima.

A confusão entre Direito e teoria do Direito

Se é característico da função de uma "ideologia" representar inadequadamente a realidade, refletir – como um espelho defeituoso – a realidade de maneira distorcida, nem o Estado nem o Direito como instituições sociais reais podem ser ideologias. Somente uma teoria como função do pensamento, não o Direito, que é uma função não do pensamento, mas da vontade, pode ser uma ideologia.

Se examinamos o porquê Marx considera o Direito uma expressão ideológica da realidade econômica, vemos imediatamente que não é o Direito, mas uma certa teoria do Direito que ele tem em mente. O Direito e a moral são *"ideelle"*, isto é, expressões ideológicas das relações de produção que atuam como condições de existência da classe dominante, pois os "ideólogos" dessa classe apresentam o Direito e a moral "aos indivíduos da classe dominante como norma de vida", em parte como "paliativo" a essas condições, em parte como "consciência da dominação (...) como seu meio moral".[38] O Direito e a moral são ideologias porque são *interpretados* pelos ideólogos burgueses como *normas*. Portanto, é a interpretação normativa do Direito, uma teoria especial do Direito, e não o Direito em si, o objeto de uma teoria, que é uma ideologia. O Direito criado por um legislador e aplicado pelos tribunais não é o produto de ideólogos, de doutrinas "ideológico-especulativas" de um filósofo. É – como o significado específico de atos de seres humanos realizados no espaço e no tempo – uma realidade social (e não natural). A visão segundo a qual o Direito é uma ideologia é o resultado de uma confusão do Direito com certa teoria do Direito, uma confusão que é bastante frequente não apenas entre marxistas mas também entre cientistas jurídicos burgueses. Essa confusão está na base de uma afirmação equivocada, mas muito frequente: o Direito apresenta ou interpreta a si

---

[38] MARX, Karl; ENGELS, Friedrich. *A ideologia alemã*. Trad. Rubens Enderle, Nélio Schneider e Luciano Cavini Martorano. São Paulo: Boitempo, 2007, p. 405.

mesmo como norma e, portanto, como justo. Mas não é o Direito; é sempre um jurista que apresenta ou interpreta o Direito de certa maneira, podendo produzir – por sua apresentação ou interpretação – uma ideologia.

Em uma carta a Conrad Schmidt, Engels escreve:

> [o] reflexo de relações econômicas em princípios jurídicos é necessariamente um [reflexo] que igualmente se põe de cabeça para baixo: processa-se sem que aquele que age ganhe consciência dele; o jurista imagina que opera com princípios aprioprísticos, enquanto eles são apenas reflexos econômicos – assim, fica tudo de cabeça para baixo. E parece-me evidente que esta inversão – que, enquanto não é conhecida, constitui aquilo a que nós chamamos visão ideológica – retroage, por seu lado, de novo, sobre a base econômica e pode, dentro de certos limites, modificá-la.[39]

O Direito é uma ideologia porque o operador do Direito "imagina" que ele é a expressão de um princípio *a priori*. Essa imaginação é uma teoria ilusória que o operador do Direito tem do Direito que ele está criando. Mas o Direito não é, como o operador do Direito imagina, a expressão de um princípio *a priori*, como a justiça, mas o reflexo de relações econômicas. Portanto, Engels caracteriza a imaginação do operador do Direito como uma "inversão". Se Engels, em outras conexões, designa o Direito como uma ideologia, ele identifica o Direito com uma teoria do Direito deformadora. Mas há operadores do Direito burguês e juristas burgueses que não acreditam e que não fazem os outros acreditarem que o Direito é a expressão de princípios *a priori*, uma vez que eles não acreditam na existência de princípios jurídicos *a priori*.

O Direito como norma

Marx denuncia a apresentação do Direito burguês como norma – ou a "lei" burguesa – como uma ideologia porque ele, como alguns autores burgueses, entende por norma um valor moral e consequentemente

---

[39] MARX, Karl; ENGELS, Friedrich. *Correspondence 1846-1895*: a selection. New York: International Publishers, 1935, p. 482.

CAPÍTULO I - A TEORIA DO ESTADO E DO DIREITO DE MARX-ENGELS

que as ideias que o homem tem em sua mente sobre a realidade natural são apenas o reflexo dessa realidade, e não o contrário, ele está em princípio correto. Mas ele certamente está equivocado quando aplica a mesma fórmula ao Direito, a normas prescrevendo ou permitindo comportamentos humanos relacionando-os aos comportamentos reais correspondentes a essas normas. Quanto à realidade natural, a dialética de Hegel de fato permanece – como diz Marx – "de cabeça para baixo", e Marx pode se vangloriar de tê-la "desvirado".[41] Mas quanto ao Direito, ele fez justamente o contrário. Pois o Direito como uma ideia na mente dos homens não é – como a ideia que os homens têm da realidade natural – um reflexo, uma reprodução espelhada dessa realidade. É justamente o contrário. Consideramos o comportamento real correspondente ao Direito como sua realização, ou seja, reconhecemos na realidade jurídica, como em um espelho, um tipo de reprodução, e nesse sentido a reflexão, de uma ideia, *i.e.*, do Direito como norma.

O duplo fundo da realidade: a realidade ideológica e a realidade real; uma realidade contraditória consigo mesma

A doutrina marxiana da ideologia é ambígua não apenas porque o mesmo objeto – como o Direito e o Estado – é declarado em um ponto como pertencente à superestrutura ideológica, e em outro como elemento da subestrutura, a base real; mas também porque o antagonismo fundamental entre a verdadeira realidade e a ideologia ilusória é às vezes apresentado como imanente à própria realidade. Em uma carta a seu pai[42] (1837), Marx – evidentemente sob a influência da filosofia de Hegel – escreve:

> ... partindo da filosofia idealista, que eu, a propósito, comparei e nutri com aquela de Kant e Fichte [segundo a qual realidade e ideia, "ser" e "dever", devem ser distinguidos e não misturados],

---

[41] MARX, Karl. *O capital*: crítica da economia política. vol. 1. Trad. Rubens Enderle. São Paulo: Boitempo, 2013, p. 91.

[42] MARX, Karl. *Carta ao pai em Tréveris*. Trad. José André L. Gonçâlez. Berlim, 10 de novembro de 1837. Disponível em: https://www.marxists.org/portugues/marx/1837/11/10.htm

cheguei à convicção de que a ideia precisa ser encontrada na própria realidade. Se anteriormente os deuses viviam acima da terra, agora eles se tornaram seu centro.

Se a ideia é imanente e assim parte da realidade, a realidade é composta de dois elementos muito heterogêneos; e se a ideia assume o caráter de uma "ideologia", como algo contraditório à realidade, então essa especulação chega ao conceito absurdo de uma realidade contraditória a si mesma. Este conceito é, na verdade, um dos instrumentos mais importantes da interpretação materialista de sociedade de Marx, que procede de uma crítica da consciência ideológica a uma crítica da realidade ideológica como seu principal objeto.

Em *Das Kapital*, Marx formula a relação em questão como o antagonismo entre a forma visível sob as quais as coisas aparecem (*Erscheinungsform*), sua aparência ilusória ou superfície, e a essência interna verdadeira, oculta ou disfarçada pela aparência externa: "As figuras acabadas das relações econômicas, tal como se mostram na superfície, em sua existência real e, por conseguinte, também nas representações por meio das quais os portadores e os agentes dessas relações procuram obter uma consciência clara dessas mesmas relações, são muito distintas e, de fato, invertidas, antitéticas a sua figura medular interior – essencial, porém encoberta – e ao conceito que lhe corresponde".[43] Em outra conexão, Marx distingue o "visível e externo", o "meramente aparente" do "interior efetivo", o movimento "real"; "compete à ciência reduzir o movimento visível, meramente aparente, ao movimento real interno (*innere wirkliche*)".[44] Outra formulação da mesma distinção é

---

[43] MARX, Karl. *O capital*: crítica da economia política. vol. 3. Trad. Rubens Enderle. São Paulo: Boitempo, 2017, p. 245. Cf. Bober (BOBER, M. M. *Karl Marx's interpretation of history*. 2. ed. Cambridge, MA: Harvard University Press, 1948, p. 118) cita essa passagem; mas em sua citação as palavras e "também nas representações por meio das quais os portadores e os agentes dessas relações procuram obter uma consciência clara dessas mesmas relações" são eliminadas e substituídas por reticências. A passagem eliminada mostra claramente que o "caráter ilusório" não é uma deficiência da "mente comum", como Bober interpreta a teoria da ideologia de Marx, mas é produzida pelos "portadores e os agentes dessas relações (*die Traeger und Agenten*)".

[44] MARX, Karl. *O capital*: crítica da economia política. vol. 3. Trad. Rubens Enderle. São Paulo: Boitempo, 2017, p. 356.

CAPÍTULO I - A TEORIA DO ESTADO E DO DIREITO DE MARX-ENGELS

aquela da "forma fenomênica" e do "substrato oculto". Discutindo o problema do valor e do preço do trabalho, Marx escreve[45]:

> [d]e resto, com a forma de manifestação (*Erscheinungsform*) "valor e preço do trabalho" ou "salário", em contraste com a relação essencial que se manifesta, isto é, com o valor e o preço da força de trabalho, ocorre o mesmo que com todas as formas de manifestação (*Erscheinungsformen*) e seu fundo oculto *(verborgenen Hintergrund)*. As primeiras se reproduzem de modo imediatamente espontâneo, como formas comuns e correntes de pensamento; o segundo tem de ser primeiramente descoberto pela ciência.

A realidade tem, por assim dizer, duas camadas: uma externa, visível, porém, ilusória e, portanto, ideológica; e uma interna, invisível (porque está oculta pela camada externa), porém verdadeira, a realidade "real". A consciência ideológica reflete apenas a realidade ideológica, ilusória, externa, como se fosse a verdade; ao passo que a tarefa da ciência é descobrir a verdade, a realidade "real" e assim revelar o caráter ideológico de sua forma de aparecimento. Dizer que uma realidade real é um pleonasmo sem sentido e uma que uma realidade ideológica é uma contradição absurda não constituem objeção a uma teoria que – tendo a lógica dialética de Hegel como guia – transfere contradições lógicas do pensamento para o ser.[46] Com Hegel, a realidade era apenas um reflexo da ideia, e, portanto, uma realidade contraditória consigo mesma era em certa medida uma consequência de sua visão. Mas Marx rejeita sua visão. Com ele, as ideias são apenas imagens das coisas reais, sendo a consciência um espelho que reflete as imagens das coisas. Contradições lógicas são defeitos da consciência, e defeitos do espelho não podem ser interpretados como defeitos das coisas. É bastante óbvio que a construção absurda de uma realidade contraditória consigo mesma é o resultado da projeção na realidade de uma ideologia ilusória que contradiz a realidade. O que Marx chama de "forma de manifestação" da realidade em oposição ao "fundo

---

[45] MARX, Karl. *O capital*: crítica da economia política. vol. 1. Trad. Rubens Enderle. São Paulo: Boitempo, 2013, p. 612.

[46] Conforme mencionado na p. 60.

oculto", é a realidade vista na concepção pervertida da ideologia burguesa, ou seja, o reflexo ideológico da realidade na consciência burguesa; e a "essência escondida", o "fundo oculto" da realidade, a realidade "interna" e "real", é a realidade vista na concepção de uma outra ideologia, a ideologia socialista, uma imagem da realidade correspondente com seu ideal de justiça. A contradição que ele tem em mente não é a autocontradição da realidade, é a contradição entre duas ideologias opostas.

Na carta a Ruge citada acima, Marx escreve: "A razão sempre existiu, mas nem sempre de uma forma racional".[47] Nesta afirmação paradoxal Marx evidentemente tenta defender a tese de Hegel de que o Racional é real e o Real é racional. Ele, como Hegel, identifica razão e justiça. Mas, por outro lado, toda a sua filosofia procura demonstrar que a realidade social existente é irracional; o que quer dizer injusta. Para reconciliar a identificação de Hegel entre realidade e razão com sua crítica da realidade social, Marx distingue entre um conteúdo racional e uma forma irracional da realidade. Trata-se da mesma distinção referida acima: entre a forma ideológica externa e a verdadeira essência interna da realidade. Na carta a Ruge, Marx afirma que é possível "desenvolver a partir das formas específicas da realidade existente a verdadeira realidade como ela deve ser (*Sollen*) e seu fim". É bastante interessante notar que a "realidade verdadeira", a essência interior da realidade em contraste a sua forma ilusória externa, sua mera aparência, é aqui abertamente declarada uma *norma*, um dever ser. É a ideia de Hegel, o valor absoluto, imanente à realidade. Mas essa ideia é em Marx seu ideal de socialismo. Isso fica bastante evidente quando ele aplica a distinção citada ao Estado:

> [q]uanto à vida real, é apenas o Estado político que, mesmo onde ele ainda não preenche conscientemente os requisitos do socialismo, contém em todas as suas formas modernas o postulado da razão [que significa justiça]. E não para aí. Ele pretende (*unterstellt*) em todos os lugares realizar a razão. Assim, há em todos os lugares

---

[47] MARX, Karl. "Cartas dos anais franco-alemães (de Marx a Ruge)". *In:* _____. *Sobre a questão judaica*. Trad. Nélio Schneider. São Paulo: Boitempo, 2010, p. 71, *tradução modificada*.

CAPÍTULO I - A TEORIA DO ESTADO E DO DIREITO DE MARX-ENGELS

> uma contradição entre seu destino ideal e suas condições reais. Desse conflito do Estado político consigo mesmo em todos os lugares a verdade social pode ser desenvolvida.[48]

Isso significa que: a realidade existente do Estado é injusta, mas o Estado pretende ser justo, *i.e.*, a realização da justiça, que é seu *Sollen*, a norma de sua existência e, portanto, sua verdadeira realidade, encoberta por sua realidade existente. Portanto, a realidade total do Estado se autocontradiz. É a contradição entre o que ele realmente é e o que ele deve ser. Mas essa contradição está oculta pelo fato de que o Estado pretende ser o que ele deve ser. A contradição está oculta pelo caráter ideológico de sua "realidade existente". O Estado em sua realidade existente é uma ideologia, e essa realidade ideológica contradiz sua realidade real, verdadeira, que é a norma de sua existência. É lógico que não é o Estado, mas uma teoria do Estado apologética que pretende que o Estado é a realização da razão, e que essa teoria do Estado, e não o Estado real, é uma ideologia; e que o que Marx chama aqui de "realidade verdadeira", em oposição à "realidade existente" do Estado, é o seu ideal, a saber, o socialismo. Consequentemente, não há autocontradição no interior da realidade representada pelo Estado, mas uma contradição entre duas ideologias, a ideologia capitalista e a ideologia socialista.

Se, de acordo com uma versão da doutrina da ideologia, a contradição decisiva existe na relação entre a superestrutura ideológica e a realidade social como sua base, de acordo com a segunda versão da doutrina, a contradição existe no interior da própria realidade social e consequentemente tem um caráter contraditório consigo mesma. Se, de acordo com a primeira versão, o Direito é uma ideologia porque é apresentado por uma teoria ideológica como norma, de acordo com a segunda versão a "realidade verdadeira" é uma norma (*Sollen*) ou a verdadeira imagem da realidade corresponde a uma norma, *i.e.*, ao ideal de justiça marxiano, e o caráter de ideologia é atribuído à realidade "existente", que encobre a realidade "verdadeira".

---

[48] MARX, Karl. "Cartas dos anais franco-alemães (de Marx a Ruge)". *In*: _____. *Sobre a questão judaica*. Trad. Nélio Schneider. São Paulo: Boitempo, 2010, pp. 71-72, *tradução modificada*.

HANS KELSEN

A interpretação de Marx da sociedade como uma doutrina do Direito natural

Quando Marx aplica ao Estado a distinção entre a realidade existente, meramente externa, e a realidade verdadeira, oculta, como *Sollen*, o destino ideal da realidade, ao Estado, ele adota exatamente o mesmo esquema de interpretação que a doutrina do Direito natural. Essa doutrina pressupõe que a justiça – ou, o que dá no mesmo, a razão – é imanente à realidade apresentada como "natureza", natureza das coisas ou natureza do homem, assim como Marx presume que seu ideal está oculto na realidade existente. E assim como a doutrina do Direito natural afirma – como consequência de sua pressuposição – que é possível deduzir da natureza o justo, *i.e.*, o Direito natural e atribui à ciência, a ciência do Direito, a tarefa de descobrir esse Direito natural de algum modo oculto na natureza, então Marx afirma que a partir da realidade social a justiça do socialismo como "a verdade social pode ser desenvolvida". Assim como a doutrina do Direito natural pode deduzir da natureza apenas o que projetou anteriormente sobre ela – sua pretendida dedução da natureza é na verdade uma pressuposição inconfessa do intérprete da natureza, e a justiça desejada está oculta não na natureza mas na consciência do jurista – a verdade social que Marx pretende extrair da realidade social é sua própria ideologia socialista projetada nela. Sua realidade, como a cartola de um mágico, tem um fundo duplo, de onde qualquer coisa que se queira pode ser produzida por mágica.

Exatamente o que Marx diz sobre o Estado poderia ser dito sobre o Direito: que mesmo onde ele não preenche os requisitos do socialismo, ele contém em sua forma moderna o postulado da razão, *i.e.*, da justiça, e que ele pretende realizar a razão, isto é, ser justo. Portanto, desse conflito entre o Direito positivo, isto é, o Direito existente como a forma externa da realidade jurídica total, e o Direito, *i.e.*, o Direito ideal como sua essência interna e destino ideal, a verdade social, o Direito natural – justiça, socialismo – pode ser desenvolvido. A tarefa do socialismo "científico", diz Engels, não é somente "examinar o desenvolvimento econômico histórico do qual as classes da burguesia e do proletariado e seu conflito surgiram como necessidade", mas também "descobrir na situação econômica criada por esse desenvolvimento os meios

38

CAPÍTULO I - A TEORIA DO ESTADO E DO DIREITO DE MARX-ENGELS

para a solução do conflito".[49] O meio para a solução do conflito é o estabelecimento revolucionário de uma sociedade comunista sem classes. Os meios para a solução do conflito, diz Engels, "não são inventados na cabeça por acaso [*i.e., produzidos pela imaginação do homem*], mas são descobertos pela cabeça nos fatos naturais da produção existente".[50] Os meios para a solução do conflito de classes: a ordem social justa da sociedade comunista é imanente à realidade social da produção e, portanto, pode ser descoberta por meio de um exame dessa realidade. Essa é a genuína doutrina do Direito natural.

Uma vez que de acordo com a doutrina do Direito natural, a razão ou a justiça é imanente à natureza como uma criação de Deus, e especialmente na natureza do homem (como a imagem de Deus), o homem é por sua própria natureza bom, ou seja, justo; e, uma vez que justiça significa liberdade, o homem é por sua própria natureza livre. Nesse sentido, Locke é o mais consistente representante da doutrina do Direito natural. Se as ações do homem são de fato injustas e o homem na realidade não é livre, isso não pode ser atribuído à natureza do homem. O mal, cuja existência não pode ser negada, tem seu lugar fora do homem, como seu símbolo, a serpente, no jardim do Éden. A posição de Marx é exatamente a mesma. Ele defende que "os defeitos da existência humana" na sociedade capitalista, ou seja, a injustiça que o homem sofre e, acima de tudo, o fato de que ele não é livre, mas um escravo no processo de produção tem sua origem "não na natureza do homem (*im Wesen des Menschen*)", mas "nas circunstâncias exteriores de sua vida".[51] Essas circunstâncias só podem ser as relações de produção que Marx caracteriza como "indispensáveis e independentes da vontade humana"[52], "uma força cega" que domina o

---

[49] ENGELS, Friedrich. *Die Entwicklung des Sozialismus von der Utopie zur Wissenchaft*, 6 Aufl. Berlin: Vorwärts, 1911, p. 33.

[50] ENGELS, Friedrich. *Die Entwicklung des Sozialismus von der Utopie zur Wissenchaft*, 6 Aufl. Berlin: Vorwärts, 1911, p. 35.

[51] MARX, Karl; ENGELS, Friedrich. *Die Heilige Familie und Schriften von Marx Von Anfang 1844 bis Anfang 1845*. Gesamtausgabe Erste Abteilung. Bd. 3. Berlin: Marx-Engels-Verlag, 1932, p. 15.

[52] MARX, Karl. *Contribuição à crítica da economia política*. Trad. Florestan Fernandes. 2. ed. São Paulo: Expressão Popular, 2008, p. 47.

HANS KELSEN

homem em vez de ser dominada por ele.[53] E assim como a doutrina do Direito natural, a fim de reconciliar a liberdade do homem deduzida de sua natureza com sua situação de fato, que é mais ou menos contrária à liberdade natural, distingue duas naturezas – uma natureza anterior à queda do homem e uma natureza posterior à queda do homem, uma natureza pré- e uma pós-lapsariana,[54] Marx distingue entre a natureza do homem antes e depois da divisão da sociedade em classes. Como a realidade da sociedade, a realidade do homem tem, por assim dizer, duas camadas. Uma externa, a realidade existente, e uma interna, a realidade verdadeira, a essência do homem, sua ideia.

Durante a época do capitalismo, quando o homem é um escravo das relações econômicas, há um conflito entre a realidade externa do homem e sua essência, sua realidade interna, verdadeira, sua liberdade, um conflito entre o que o homem é e o que ele deve ser, uma auto-alienação do homem. Mas na sociedade primitiva, sem classes, do homem primevo havia completa harmonia entre ambas, o homem era de fato o que ele deveria ser: livre. E o homem será livre novamente quando a sociedade capitalista for substituída por uma sociedade perfeitamente comunista, que será o reino da liberdade, em contradição com a sociedade capitalista, o reino da necessidade. O homem "retornará a si mesmo", a realidade existente do homem coincidirá com sua existência verdadeira, o homem será novamente o que deve ser. O comunismo é a "resolução do conflito entre existência e essência (*Wesen*)", entre "liberdade e necessidade".[55] Somente "no interior da sociedade comunista" o "desenvolvimento original e livre dos indivíduos deixa de ser mera fraseologia",[56]

---

[53] MARX, Karl. *O capital*: crítica da economia política. vol. 3. Trad. Rubens Enderle. São Paulo: Boitempo, 2017, p. 296; MARX, Karl; ENGELS, Friedrich. *Die Deutsche Ideologie Kritik der Neuesten Deutschen Philosophie in Ihren Repräsentanten, Feuerbach, B. Bauer und Stirner, und des Deutschen Sozialismus in Seinen Verschiedenen Propheten 1845-1846.* Gesamtausgabe Erste Abteilung. Bd. 5. Berlin: Marx-Engels-Verlag, 1932, p. 537.

[54] Cf. KELSEN, Hans. "The Natural-Law Doctrine before the Tribunal of Science". *The Western Political Quarterly*, vol. 2, n. 4, dez. 1949, pp. 481-513.

[55] MARX, Karl. *Manuscritos econômico-filosóficos*. Trad. Jesus Ranieri. São Paulo: Boitempo, 2004, p. 105.

[56] MARX, Karl; ENGELS, Friedrich. *A ideologia alemã*. Trad. Rubens Enderle, Nélio Schneider e Luciano Cavini Martorano. São Paulo: Boitempo, 2007, p. 423.

CAPÍTULO I - A TEORIA DO ESTADO E DO DIREITO DE MARX-ENGELS

isto é, uma falsa aparência ideológica. A liberdade, a justiça do socialismo, que é a essência, o substrato interno da sociedade, oculta pela realidade existente da sociedade capitalista, se tornará novamente também a realidade externa.[57] Isso significa que o estado de natureza, que segundo a doutrina do Direito natural existiu previamente à existência do Estado político, uma condição de perfeita liberdade e justiça, na qual nenhuma propriedade privada, apenas a propriedade coletiva existia, será reestabelecido. A filosofia social de Marx é em seus pontos essenciais uma doutrina do Direito natural.

A realidade contraditória consigo mesma e a consciência ideológica

Marx tenta estabelecer certa relação entre as duas contradições, a contradição entre realidade e consciência ideológica ou superestrutura de um lado, e a contradição no interior da realidade de outro, pela doutrina de que somente uma realidade social que é contraditória em si mesma produz uma consciência ideológica e, portanto, uma contradição entre ela própria e a sua superestrutura. Ele fala da religião como a superestrutura ideológica característica que se ergue acima da realidade social como sua base: "Esse Estado e essa sociedade produzem a religião, uma consciência invertida do mundo, porque eles são um mundo invertido. (*verkehrt*)."[58] E:

> ... que o fundamento mundano se destaque de si mesmo e construa para si um reino autônomo nas nuvens pode ser esclarecido apenas a partir do autoesfacelamento e do contradizer-a-si mesmo desse fundamento mundano.[59]

---

[57] A interpretação de Marx da história como a perda e a reconquista (restauração) do homem é muito bem apresentada por Barth. As passagens de Marx citadas acima são citadas por Barth. Cf. BARTH, Hans. *Wahrheit und Ideologie*, Zurich: Manesse Verlag, 1945, pp. 112 e ss.

[58] MARX, Karl. *Crítica da Filosofia do Direito de Hegel*. Trad. Rubens Enderle e Leonardo de Deus. 2. ed. São Paulo: Boitempo, 2010, p. 151.

[59] MARX, Karl. *Crítica da Filosofia do Direito de Hegel*. Trad. Rubens Enderle e Leonardo de Deus. 2. ed. São Paulo: Boitempo, 2010, p. 534.

HANS KELSEN

Mas a autocontradição da realidade, que é a condição essencial para a existência de uma consciência ideológica, ou seja, ilusória, ou uma superestrutura ideológica, não é sempre apresentada como a contradição entre a realidade existente e a sua ideia imanente, mas como a contradição entre as "forças produtivas" e as "relações de produção". Em *Zur Kritik der politischen Oekonomie*, Marx diz:

> [e]m uma certa etapa de seu desenvolvimento, as forças produtivas materiais da sociedade entram em contradição [o termo alemão é *Widerspruch*] com as relações de produção existentes, ou, o que não é mais que sua expressão jurídica, com as relações de propriedade no seio das quais elas se haviam desenvolvido até então. De formas evolutivas das forças produtivas que eram, essas relações convertem-se em entraves. Abre-se, então, uma época de revolução social.[60]

Mais tarde ele se refere às "formas ideológicas sob as quais os homens adquirem consciência dessa contradição", ou seja, a consciência ideológica. Não podemos julgar a realidade social "por sua própria consciência" que é uma consciência falsa, ilusória.

> É preciso, ao contrário, explicar essa consciência pelas contradições da vida material, pelo conflito que existe entre as forças produtivas sociais e as relações de produção (...) As relações de produção burguesas são a última forma antagônica do processo de produção social.

Mas "as forças produtivas que se desenvolvem no seio da sociedade burguesa criam, ao mesmo tempo, as condições materiais para resolver esse antagonismo". A solução é o comunismo, as relações de produção comunistas, que estão em completa harmonia com as forças produtivas. Uma vez que a realidade comunista não será contraditória consigo mesma, essa realidade não terá uma consciência ideológica – isto é, falsa, ilusória –, não terá uma superestrutura ideológica.

---

[60] MARX, Karl. *Contribuição à crítica da economia política*. Trad. Florestan Fernandes. 2. ed. São Paulo: Expressão Popular, 2008, p. 47.

CAPÍTULO I - A TEORIA DO ESTADO E DO DIREITO DE MARX-ENGELS

A realidade não ideológica do Estado socialista

Contudo, na descrição da sociedade comunista do futuro não é a superestrutura ideológica, a consciência dessa sociedade, o reflexo dessa sociedade na mente de seus membros, sua religião ou ausência de religião, sua filosofia ou ciência, que desempenha o papel decisivo, mas a própria estrutura da sociedade, a realidade social. E a característica mais importante dessa realidade é que não haverá Estado na sociedade comunista. O famoso "definhamento" do Estado não é apresentado como uma mudança gradual de consciência, sua transformação de uma consciência falsa em uma consciência verdadeira, mas como uma mudança fundamental da realidade social. Em sua crítica do programa de Gotha do Partido Social-Democrata da Alemanha[61], Marx formula a questão sobre o futuro do Estado da seguinte maneira: "por que transformações passará o ordenamento estatal numa sociedade comunista? Em outras palavras, quais funções sociais, análogas às atuais funções estatais, nela permanecerão?" Ele não se refere a mudanças na consciência, mas em mudanças na realidade social, embora essas mudanças possam estar – em sua opinião – acompanhadas de mudanças na consciência social. E quando Engels responde essa questão – à qual o próprio Marx nunca deu uma resposta clara – ele, também, fala apenas em realidade social e não de sua superestrutura ideológica, apenas do Estado real, e não de uma teoria ilusória do Estado. "O Estado", diz ele, "é um produto da sociedade em determinado estágio de desenvolvimento"; e esse estágio de evolução é caracterizado pelo fato de que a sociedade "se enredou em uma contradição insolúvel consigo mesma, cindiu-se em antagonismos irreconciliáveis e é incapaz de resolvê-los". Esses antagonismos são os das "classes com interesses econômicos conflitantes". O Estado é o poder – o poder real – estabelecido com o propósito de manter esse conflito entre a classe dominante, a burguesia, e a classe dominada, o proletariado, dentro do limite da ordem.[62] Tão logo o proletariado tenha

---

[61] MARX, Karl. *Crítica ao programa de Gotha*. Trad. Rubens Enderle. São Paulo: Boitempo, 2012, p. 43.

[62] ENGELS, Friedrich. *A origem da família, da propriedade privada e do Estado*: em conexão com as pesquisas de Lewis H. Morgan. Trad. Nélio Schneider. São Paulo: Boitempo, 2019, p. 157.

HANS KELSEN

tomado o poder do Estado e abolido o antagonismo de classes pela nacionalização dos meios de produção, ou seja, tão logo a divisão da sociedade em classes, e, portanto, a contradição no interior da sociedade constituída por esse conflito de classes é abolida, o Estado como uma instituição real da sociedade é abolido.[63] A contradição no interior da sociedade, que é a condição de existência do Estado, é aqui a contradição entre duas classes, não a contradição entre as forças produtivas e as relações de produção. As duas contradições não são idênticas, embora possam estar conectadas de algum modo. E o Estado como parte da realidade social não é necessariamente uma camada ideológica da realidade, uma realidade fingindo ser algo que ela não é. Pois o Estado deve existir durante o período de transição da ditadura do proletariado, e o Estado proletário não simula nada. O Estado soviético apresenta a si mesmo – ou, para evitar essa fórmula imprecisa: os autores soviéticos apresentam o Estado soviético – exatamente como ele é na verdade e na realidade, como a ditadura de um grupo sobre o outro. Não há contradição entre o "visível, meramente aparente" o "movimento real, interno" dessa realidade. O Estado proletário não pode ser uma ideologia e não produz uma consciência ilusória, uma falsa filosofia de si mesmo. Não é uma ideologia em nenhum dos sentidos desse termo ambíguo.

Primado da política sobre a economia na teoria marxiana do Estado proletário (socialista)

Essa não é a única inconsistência que o conceito de um Estado proletário implica. Segundo sua definição original como um instrumento para a manutenção da exploração de uma classe pela outra, o Estado pode existir apenas em uma sociedade dividida em duas classes, a divisão em duas classes está essencialmente conectada ao fato da exploração, sendo a exploração a consequência inevitável do fato de que os meios de produção estão na posse exclusiva de uma minoria. Contudo, em aberta contradição com a definição do Estado como um instrumento para a manutenção da exploração, a ditadura do proletariado (que a

---

[63] ENGELS, Friedrich. *Anti-Dühring*: a revolução da ciência segundo o senhor Eugen Dühring. Trad. Nélio Schneider. São Paulo: Boitempo, 2015.

CAPÍTULO I - A TEORIA DO ESTADO E DO DIREITO DE MARX-ENGELS

revolução proletária tem o objetivo de estabelecer, com o propósito de expropriar a minoria de capitalistas e transferir a propriedade dos meios de produção para toda a sociedade e assim abolir a exploração) é reconhecida por Marx e Engels como um Estado. Em *Das Kommunistische Manifest* lemos:

> [o] objetivo imediato dos comunistas é (...) a derrubada da supremacia burguesa, conquista do poder político pelo proletariado (...) O proletariado utilizará sua supremacia política para arrancar pouco a pouco todo o capital da burguesia, para centralizar todos os instrumentos de produção nas mãos do Estado, isto é, do proletariado organizado como classe dominante...[64]

E Engels diz em seu *Anti-Dühring*: "O proletariado assume o poder do Estado e transforma os meios de produção primeiramente em propriedade do Estado".[65] Durante esse período, o proletariado é a classe politicamente dominante. Mas o poder político do proletariado não é efeito de seu poder econômico; ao contrário, seu poder econômico é efeito de seu poder político, que o proletariado adquire por meio da revolução, um meio especificamente político; e é por meio de seu poder político que o proletariado retira da burguesia os meios de produção a fim de concentrá-los nas mãos do Estado. Mas isso significa o primado da política sobre a economia; o que dificilmente é compatível com uma interpretação econômica da sociedade. E o domínio do proletariado sobre a burguesia de modo algum consiste na exploração de uma por outro mas, ao contrário, em pôr fim à exploração. Assim, o Estado da ditadura do proletariado é, em todos os aspectos, o contrário – ou como Marx diz em *Der Buergerkrieg in Frankreich* – a "antítese" do Estado burguês, que, de acordo com a definição original, é "o" Estado *par excellence*. O que permanece dessa definição é nada além da dominação de um grupo sobre o outro. Não há qualquer referência à base econômica da dominação

---

[64] MARX, Karl; ENGELS, Friedrich. *Manifesto comunista*. Trad. Álvaro Pina. São Paulo: Boitempo, 2005, pp. 56-57.

[65] ENGELS, Friedrich. *Anti-Dühring*: a revolução da ciência segundo o senhor Eugen Dühring. Trad. Nélio Schneider. São Paulo: Boitempo, 2015, p. 316.

exercida por um grupo sobre o outro, e não pode haver se o raciocínio pretende abranger tanto uma ditadura burguesa quanto uma ditadura proletária. Mas tal definição do Estado dificilmente é compatível com a interpretação econômica da sociedade. Mesmo o elemento de classe não pode ser mantido nessa definição. Pois nem o grupo dominante nem o dominado no interior de um Estado que é uma ditadura proletária pode ser caracterizado como uma "classe".

Por mais estranho que possa parecer, nos escritos de Marx não há uma definição clara desse conceito, que desempenha um papel tão decisivo em sua teoria. O último capítulo de seu livro não terminado, *Kapital*, é dedicado a esse problema, mas não apresenta mais do que alguns comentários introdutórios. Não pode haver dúvida de que o conceito de "classe", ou mais exatamente, o de "classes" – sendo este conceito um *plurale tantum* – conforme utilizado por Marx em sua interpretação econômica da sociedade, está essencialmente conectado com o conceito de exploração e de luta de classes. Onde não há exploração não há classes. É a exploração de um grupo por outro que transforma os dois grupos em sua relação mútua em "classes". Essa relação é por sua natureza um conflito de interesses, que se manifesta como uma luta entre grupos, a luta de classes, que inevitavelmente leva ao uso da força pelo grupo explorado contra o grupo explorador, ou seja, à revolução. Em uma carta a Weydemeyer,[66] Marx escreve:

> [n]o que me diz respeito, não me cabe o mérito de ter descoberto nem a existência das classes na sociedade moderna nem a sua luta entre si. Muito antes de mim, historiadores burgueses tinham exposto o desenvolvimento histórico desta luta das classes, e economistas burgueses a anatomia econômica das mesmas. O que de novo eu fiz, foi demonstrar: (1) que a existência das classes está apenas ligada a determinadas fases de desenvolvimento histórico da produção; (2) que a luta das classes conduz necessariamente à ditadura do proletariado; (3) que esta mesma ditadura só constitui a transição para a superação de todas as classes e para uma sociedade sem classes.

---

[66] MARX, Karl. [*Correspondência*] Destinatário: Joseph Weydemeyer. *Die Neue Zeit*, ano 25, n. 2, 1907, p. 164.

CAPÍTULO I - A TEORIA DO ESTADO E DO DIREITO DE MARX-ENGELS

No interior de uma sociedade sem classes perfeitamente comunista não haverá revoluções: "as evoluções sociais deixarão de ser revoluções políticas".[67] Se um grupo domina outro grupo sem explorá-lo, nem um nem outro é uma "classe" no sentido original do termo; e se há algum tipo de conflito, ele não tem o caráter de luta de classes rumo à revolução. A dominação, cujo propósito é abolir a exploração, tem a tendência imanente de pôr fim a todos os antagonismos de classes.

> Se o proletariado, [dizem Marx e Engels em *Das Kommunistische Manifest*], por meio de uma revolução converte-se em classe dominante e como classe dominante destrói violentamente as antigas relações de produção, destrói, junto com essas relações de produção, as condições de existência dos antagonismos entre as classes, destrói as classes em geral e, com isso, sua própria dominação como classe.[68]

Durante o período de sua ditadura, o proletariado abolirá não sua dominação enquanto tal, mas apenas sua dominação "como classe", *i.e.*, o caráter de classe de sua dominação. E apenas depois que a ditadura do proletariado tiver atingido seu propósito, a dominação enquanto tal desaparecerá, porque somente então haverá "uma associação na qual o livre desenvolvimento de cada um é a condição para o livre desenvolvimento de todos". Não haverá mais dominação de qualquer tipo. Haverá liberdade. Engels diz em seu *Anti-Dühring*:[69] "O proletariado assume o poder do Estado e transforma os meios de produção primeiramente em propriedade do Estado. Desse modo, ele próprio se extingue como proletariado...". Isso significa que tão logo o proletariado tenha tomado o governo e nacionalizado os meios de produção – o que necessariamente implica a abolição da exploração econômica do grupo dominado pelo grupo

---

[67] MARX, Karl. *Miséria da filosofia*. Trad. José Paulo Netto. São Paulo: Boitempo, 2017, p. 147.

[68] MARX, Karl; ENGELS, Friedrich. *Manifesto comunista*. Trad. Álvaro Pina. São Paulo: Boitempo, 2005, p. 59.

[69] ENGELS, Friedrich. *Anti-Dühring*: a revolução da ciência segundo o senhor Eugen Dühring. Trad. Nélio Schneider. São Paulo: Boitempo, 2015, p. 316.

dominante – o grupo dominante deixa de ser o que era anteriormente: um proletariado, isto é, uma classe. Se admitirmos que durante o período da ditadura do proletariado ainda existe alguma exploração, ela só poderá ser a exploração do proletariado pela burguesia ainda existente; isso pode ser possível uma vez que o velho sistema econômico só pode ser abolido gradualmente. Somente por essa razão as classes podem continuar a existir na ditadura do proletariado. Mas, então, a classe politicamente dominante é, ao menos até certo ponto, explorada pela classe politicamente dominada, e o proletariado é, pelo menos até certo ponto, a burguesia, a classe politicamente e economicamente dominante. Isso significa o completo abandono da interpretação econômica da sociedade.

Não obstante, os pressupostos que levam a esses resultados paradoxais estão na própria base da teoria da ditadura do proletariado de Marx-Engels. Em *Das Kommunistische Manifest* eles dizem: "Quando no curso da evolução as diferenças de classes tiverem desaparecido e toda a produção tiver sido concentrada nas mãos dos indivíduos associados o poder público perderá seu caráter político". Isso significa que a socialização dos meios de produção, a abolição da exploração e das diferenças de classe ocorrem no curso de uma evolução que começa no momento em que o proletariado toma o poder político. Engels descreve a situação durante a ditadura do proletariado dessa maneira: "de esfera em esfera, a intervenção do poder estatal nas relações sociais vai se tornando supérflua e acaba por desativar-se".[70] A intervenção do poder do Estado nas relações sociais pode ocorrer apenas com o propósito de eliminar as reminiscências do sistema capitalista, de completar a socialização dos meios de produção. Aqui, também, o processo é caracterizado como *gradual*.

A contradição na teoria do Estado marxiana: uma maquinaria coercitiva para a manutenção e para a abolição da exploração

A contradição em definir o Estado como uma maquinaria coercitiva para a manutenção da exploração e, ao mesmo tempo, declará-lo

---

[70] ENGELS, Friedrich. *Anti-Dühring*: a revolução da ciência segundo o senhor Eugen Dühring. Trad. Nélio Schneider. São Paulo: Boitempo, 2015, p. 316, *tradução modificada*.

CAPÍTULO I - A TEORIA DO ESTADO E DO DIREITO DE MARX-ENGELS

uma maquinaria coercitiva para a abolição da exploração – a ditadura do proletariado, um Estado – torna-se manifesta quando Engels, em seu *Anti-Dühring,* escreve: "A sociedade que tivemos até agora, que se move por meio de antagonismos de classes, necessitou do Estado – isto é, de uma organização da respectiva classe exploradora – para sustentar suas condições exteriores de produção". Mesmo quando Engels fala da ditadura do proletariado, cujo propósito é abolir a exploração, ele mantém a definição do Estado como "organização da classe exploradora". Não obstante, ele pressupõe que essa ditadura do proletariado é um Estado; essa é uma implicação de sua afirmação de que "o proletariado toma o poder do Estado". É provável que Engels estivesse consciente dessa contradição, pois ele demonstra certa tendência a dar menos peso a essa afirmação de que a ditadura do proletariado é um Estado. Em uma carta escrita em 1875 a August Bebel[71], falando do uso do termo "Estado" pelo Partido Social-Democrata da Alemanha, ele disse:

> [s]eria melhor jogar ao mar essa tagarelice sobre o Estado, especialmente após a Comuna, que não era mais um Estado no sentido próprio da palavra. Os anarquistas há tempos põem em nossos lábios as palavras do "Estado popular", embora já no trabalho de Marx contra Proudhon, e depois em *Das Kommunistische Manifest,* tenha sido estabelecido definitivamente que, com a introdução da ordem socialista da sociedade, o Estado dissolverá a si mesmo *(sich aufloesen)* e desaparecerá. Uma vez que o Estado é somente um fenômeno transitório do qual se deve fazer uso na luta, na revolução, a fim de esmagar à força nossos antagonistas, é puro absurdo falar de um "Estado popular livre". Uma vez que o proletariado ainda *necessita* do Estado, e necessita não em favor da liberdade, mas para o propósito de esmagar seus antagonistas; e uma vez que se torna possível falar em liberdade, o Estado enquanto tal cessa de existir. Portanto, deveríamos sugerir que em todo lugar a palavra "Estado" seja substituída por "comunidade" *(Gemeinwesen),* uma boa e velha palavra alemã, que corresponde à palavra francesa "commune".

---

[71] MARX, Karl; ENGELS, Friedrich. *Correspondence 1846-1895*: a selection. New York: International Publishers, 1935, p. 336.

Assim, a ditadura do proletariado é um Estado, mas ao mesmo tempo não é um Estado.

A contradição na teoria marxiana da forma de governo do Estado proletário: democracia e ditadura

Se a organização da sociedade durante o período de transição da ditadura do proletariado é um Estado, aparece a questão de qual forma de governo esse Estado deverá ter ou terá segundo Marx e Engels. A resposta deles a essa questão é altamente ambígua. Eles frequentemente declaram que o Estado estabelecido pela revolução proletária será uma democracia porque será a dominação da grande maioria, isto é, do proletariado, sobre a minoria, isto é, a burguesia ou antiga burguesia. Em *Das Kommunistische Manifest*, eles dizem que o movimento proletário que lidera a revolução proletária é um movimento da "imensa maioria em proveito da imensa maioria", e que o primeiro passo na revolução dos trabalhadores é a "elevação do proletariado a classe dominante, a conquista (*Erkaempfung*) da democracia". Não pode haver dúvida de que o termo democracia é usado no sentido de domínio da maioria sobre a minoria, com direitos políticos a todos os cidadãos. Em seu *Buergerkrieg in Frankreich*,[72] Marx declara expressamente que a Comuna de 1871, que ele considera como o modelo de uma organização revolucionária do proletariado, era um "Estado democrático" e que o "sufrágio universal" – que é o direito de todos os cidadãos votarem, pertençam eles à maioria ou à minoria – era um elemento essencial da constituição de um Estado proletário. Mas, ao mesmo tempo, Marx e Engels chamam o Estado proletário preferencialmente de "ditadura", a ditadura do proletariado. Esse termo tem sido interpretado por muitos de seus seguidores como designando algo totalmente diferente de um mero governo da maioria, o conceito formalista de democracia defendido pelos autores burgueses.

A ditadura do proletariado é compreendida como a realização da verdadeira democracia, que é um governo em proveito de todo o povo, que é o mesmo que socialismo; e a realização do socialismo é possível

---

[72] MARX, Karl. *A guerra civil na França*. Trad. Rubens Enderle. São Paulo: Boitempo, 2011.

CAPÍTULO I - A TEORIA DO ESTADO E DO DIREITO DE MARX-ENGELS

somente de maneira ditatorial, isto é, pela opressão forçada da classe burguesa. A diferença decisiva entre o velho conceito burguês-capitalista de democracia e o novo conceito proletário-socialista de democracia consiste em que de acordo com o primeiro a minoria tem o direito de existir e participar da formação da vontade do Estado, enquanto de acordo com o segundo a minoria não tem esse direito, mas, pelo contrário, deve ser abolida por todos os meios de opressão forçada. A nova "democracia" é na verdade uma ditadura. Assim como o conceito de Estado é transformado do domínio de uma classe exploradora sobre uma classe explorada no domínio de um grupo sobre outro, o conceito de democracia é transformado do governo da maioria sobre a minoria em um governo em proveito de todos, a ser realizado por meio da opressão da minoria pela maioria. Se essa interpretação da ditadura do proletariado é correta, então, há no interior da teoria política marxiana dois conceitos contraditórios de democracia, assim como há dois conceitos contraditórios de Estado.

A doutrina do "definhamento" do Estado

Sobre a duração da ditadura do proletariado, nem Marx nem Engels fizeram uma afirmação definitiva. Mas eles não deixaram lugar para dúvida quanto ao fato de que a ditadura do proletariado será apenas um Estado de transição e que durante esse período o Estado desaparecerá gradualmente. É a já mencionada doutrina do "definhamento" do Estado. Em *Das Kommunistische Manifest* dificilmente encontraremos mais do que alusões na passagem citada acima. É nos escritos de Engels que o desaparecimento do Estado recebe um tratamento mais detalhado. Além das passagens citadas, nos referimos à famosa passagem de seu *Ursprung der Familie, etc.,* na qual ele declara expressamente que junto com as "classes" – isto é, a burguesia e o proletariado – "cairá inevitavelmente o Estado. A sociedade que organizará a produção de uma forma nova, com base na associação livre e igualitária dos produtores, mandará a máquina estatal para o lugar que lhe é devido: o museu das antiguidades, ao lado da roda de fiar e do machado de bronze".[73] E em

---

[73] ENGELS, Friedrich. *A origem da família, da propriedade privada e do Estado*: em conexão com as pesquisas de Lewis H. Morgan. Trad. Nélio Schneider. São Paulo: Boitempo, 2019, p. 160.

seu *Anti-Dühring*, ele diz, depois de enfatizar que durante o período de transição da ditadura do proletariado, a interferência do poder do Estado nas relações sociais torna-se supérflua em uma esfera após a outra e desativa a si mesmo: "o governo sobre pessoas é substituído pela administração de coisas e pela condução de processos de produção. O Estado não é "abolido" [como exigem os anarquistas], mas definha e morre.[74]" É importante notar que o estágio de uma sociedade sem Estado pode ser atingido, de acordo com essa previsão, no interior de uma única comunidade como resultado final da revolução proletária bem-sucedida em um Estado. A previsão é feita sem que se leve em conta qualquer possível situação internacional: o Estado proletário, como um efeito da socialização dos meios de produção, definha. Pode ser que se Marx e Engels tivessem considerado o aspecto internacional, eles teriam modificado de algum modo sua previsão. Mas, o que de fato ocorreu, é que eles ignoraram esse problema; e isso pode ser explicado somente pelo fato de que eles, em particular Marx, não estavam muito preocupados com a situação que de acordo com a opinião deles se desenvolveria talvez em um futuro remoto. Eles estavam mais interessados em uma crítica do capitalismo e na propaganda política pela derrubada revolucionária do Estado capitalista como próxima tarefa do movimento socialista.

O futuro do Direito

Quanto ao futuro do Direito, há poucas passagens nos escritos de Marx e Engels. Eles provavelmente tinham a opinião de que o que eles diziam sobre o Estado aplicava-se também ao Direito, que eles consideravam ser uma ordem coercitiva instituída pelo Estado. Obviamente, Engels tem em mente o Direito quando, na passagem citada acima, refere-se a uma "ordem" no interior da qual o conflito de classes é mantido pelo Estado como uma organização da classe dominante. Nem Marx nem Engels tinham uma ideia clara da relação entre Estado e Direito. Que Estado e Direito estão essencialmente conectados, eles provavelmente consideravam

---

[74] ENGELS, Friedrich. *Anti-Dühring*: a revolução da ciência segundo o senhor Eugen Dühring. Trad. Nélio Schneider. São Paulo: Boitempo, 2015, p. 316.

CAPÍTULO I - A TEORIA DO ESTADO E DO DIREITO DE MARX-ENGELS

autoevidente; mas eles estavam mais interessados no aspecto estatal da sociedade do que no aspecto jurídico. Pode-se presumir que segundo a doutrina do Estado de Marx-Engels, o Direito como uma ordem coercitiva e instrumento específico do Estado existe somente em uma sociedade dividida em duas classes, uma classe dominante exploradora e uma classe dominada explorada. Em uma de suas passagens mais citadas, Marx diz que na fase de transição da revolução proletária ao estabelecimento do perfeito comunismo, isto é, durante o período da ditadura do proletariado, ainda haverá Direito, mas que esse Direito, a despeito de seu progresso em comparação com o Direito burguês, ainda estará "infectado com uma barreira burguesa (*mit einer buergerlichen Schranke behaftet*)".[75] Com essa metáfora não muito rica ele expressa a ideia de que o Direito do Estado socialista ainda terá certo caráter burguês, porque ainda haverá uma classe dominante e uma classe dominada e, portanto, antagonismo de classe; e que apenas "na fase mais alta da sociedade comunista", isto é, a fase na qual a socialização dos meios de produção é completamente atingida e todos os antagonismos de classe radicalmente abolidos, "estreito horizonte jurídico burguês poderá ser plenamente superado e a sociedade poderá escrever em sua bandeira: 'De cada um segundo suas capacidades, a cada um segundo suas necessidades!'". Pode-se interpretar que nessa fase do desenvolvimento do comunismo não haverá Direito, porque o Direito é por sua própria natureza Direito burguês, o que significa Direito de classe. Contudo, deve-se admitir que a passagem é ambígua e que também pode-se interpretar que mesmo na sociedade perfeitamente comunista haverá Direito, mas não Direito burguês, significando uma ordem coercitiva que garante a exploração de uma classe por outra, apresentada por uma doutrina ideológica como a realização da justiça. A sociedade comunista terá Direito, mas não "superestrutura jurídica" porque não haverá superestrutura ideológica (contanto que por superestrutura jurídica tomemos não o Direito real mas uma doutrina do Direito ilusória, apologética). Não haverá razão para fingir que o Direito comunista é justo, porque o Direito

---

[75] Essa passagem é de uma carta escrita por Marx em 5 de maio de 1875 a Bracke, sobre o rascunho do Programa de Gotha do Partido Social-Democrata da Alemanha. A carta está publicada: MARX, Karl. [*Correspondência*] Destinatário: Bracke. Londres, 5 de maio de 1875. *Die Neue Zeit*, ano 9, n. 1, 1890-1891, p. 561 e ss.

comunista realmente será justo, a realidade jurídica não estará em contradição consigo mesma, sua forma externa estará em completa harmonia com sua essência interna, seu destino ideal, a ideia de justiça. Portanto, o Direito pode ser concebido como uma ordem normativa, e tal conceito de Direito não terá qualquer caráter ideológico no sentido derrogatório do termo. Uma vez que mesmo a realidade da sociedade comunista perfeitamente justa terá uma consciência – haverá ciência, embora não religião – a reflexão do Direito real na consciência da sociedade comunista, isto é, a descrição do Direito como uma ordem normativa, como um *Sollen*, não estará em conflito com sua ideia imanente, pois o Direito será de fato idêntico a justiça, e justiça significa *Sollen*, norma.

O conceito de "norma" ou *Sollen* não é em si uma fraude ideológica. Ele assume esse caráter apenas se aplicado a algo que, do ponto de vista do intérprete, não merece ser interpretado como norma. Do ponto de vista da crítica marxista, o direito burguês apenas finge ser uma norma – e é, portanto, uma ideologia ilusória porque não é justo – e somente a justiça é uma verdadeira norma, somente o Direito justo é um verdadeiro *Sollen*, uma "norma" genuína. Não se pode negar que em uma sociedade comunista haverá justiça e, portanto, uma verdadeira norma. A norma da justiça comunista torna-se evidente no princípio inscrito na bandeira da sociedade comunista: "De cada um segundo suas capacidades, a cada um segundo suas necessidades", que não é nada além de um princípio de justiça comunista, o princípio da verdadeira igualdade, em oposição à injustiça capitalista, que apenas finge ser justiça. O Direito burguês, segundo Marx, finge ser um Direito igual para todos, mas na verdade é o contrário, um Direito da desigualdade; e isso se aplica também ao Direito no estágio de transição. Os trabalhadores receberão uma quantidade igual de produtos por uma quantidade igual de trabalho. Mas levando em conta o fato de que os trabalhadores individuais não são iguais – um é mais forte e mais inteligente que o outro, trabalha mais e consequentemente ganha mais do que o outro – "esse igual Direito é Direito desigual para trabalho desigual". "Segundo seu conteúdo, portanto, ele é, como todo Direito, um Direito da desigualdade". Isso é evidentemente o significado de sua figura de linguagem: "a barreira burguesa" do Direito no estágio de transição.

Marx não diz que o Direito durante o período de transição da ditadura do proletariado será o Direito burguês. Ele diz somente que o

CAPÍTULO I - A TEORIA DO ESTADO E DO DIREITO DE MARX-ENGELS

Direito do Estado socialista estará infectado com um mal da sociedade burguesa: a desigualdade. Ele não parece excluir a possibilidade de um Direito que não esteja infectado com esse mal, um Direito da verdadeira igualdade. Mas ele acrescenta às palavras "um Direito da desigualdade" as palavras "como todo Direito". Aqui, como mencionado anteriormente, as palavras "todo Direito" podem, em conformidade com as palavras anteriores, significar tanto o Direito burguês quanto o Direito do Estado socialista; o Direito da sociedade comunista que garante a verdadeira igualdade não está incluído, pois ele deve ser justo. Nessa conexão, Marx diz:

> [e]sses defeitos [a desigualdade do direito] são inevitáveis na primeira fase da sociedade comunista, quando, após longo trabalho, ela primeiro emerge da sociedade capitalista. O direito nunca pode estar em um nível mais alto do que a estrutura econômica da sociedade e a evolução da civilização condicionada por essa estrutura.

Isso poderia ser interpretado assim: na segunda fase da sociedade comunista, a estrutura econômica do que representará o grau mais alto possível da civilização, o Direito, também, atingirá o nível mais alto possível. Contudo, as palavras "todo o Direito" podem também significar literalmente o que dizem: todo o Direito qualquer que seja ele, e, então, não há Direito onde o princípio da verdadeira igualdade prevalece.

É importante notar que a mesma ambiguidade que caracteriza a visão apresentada por Marx em seu *Crítica do programa de Gotha* no que diz respeito ao futuro do Direito na sociedade comunista está nas passagens do mesmo ensaio quanto ao futuro do Estado. Criticando o postulado do programa de um "Estado livre" ele diz:

> [t]ornar o Estado "livre" não é de modo algum o objetivo de trabalhadores (...) No Império alemão, o "Estado" é quase tão "livre" quanto na Rússia. A liberdade consiste em converter o Estado, de órgão que subordina a sociedade em órgão totalmente subordinado a ela...[76]

---

[76] MARX, Karl. *Crítica ao programa de Gotha*. Trad. Rubens Enderle. São Paulo: Boitempo, 2012, p. 42.

Marx não diz que a liberdade consiste em eliminar o Estado da sociedade, mas em organizar o Estado de um modo que se torne um instrumento da sociedade. Como apontado, ele formula a questão do futuro do Estado desta maneira: "que transformações sofrerá o ordenamento estatal numa sociedade comunista?" Ele não pergunta: sob quais condições o ordenamento estatal desaparecerá? E ele objeta no Programa de Gotha que ele não lide com a ditadura revolucionária do proletariado, nem "ao futuro ordenamento estatal da sociedade comunista".[77] Pode-se extrair dessa passagem que haverá um Estado na futura sociedade comunista, embora não um Estado que domine a sociedade, mas um Estado dominado pela sociedade, um Estado que é um instrumento dessa sociedade[78]; assim como haverá – de acordo com a interpretação das passagens de Marx sobre o futuro do direito interpretadas acima – um Direito justo nessa sociedade.

Essa interpretação dos trechos de Marx sobre o futuro do Direito pode ser resumida assim: na sociedade comunista não haverá Direito da desigualdade, portanto, nem teoria do Direito ideológica, *i.e.*, ilusória, e o Direito não fingirá ser justo; consequentemente, não haverá Direito como uma "ideologia" no sentido derrogatório do termo, mas um Direito real da verdadeira igualdade, um Direito que será a realização da justiça. Se esse Direito é concebido como uma norma ou ordem normativa, ele é uma ideologia em um sentido não derrogatório – no mesmo sentido que a ciência será uma ideologia da sociedade comunista. Essa visão é confirmada por algumas passagens de seu *Einleitung zu einer Kritik der politischen Oekonomie*. Ali, ele diz que "não pode haver sociedade onde não há propriedade sob alguma forma", embora seja um erro presumir que a propriedade precisa ser individual ou privada. Uma vez que a propriedade pressupõe uma ordem jurídica, a afirmação de que não há sociedade sem alguma forma de propriedade implica que onde há sociedade há Direito, como na famosa fórmula da jurisprudência romana *ubi societas ibi jus*. Ele também diz "que cada forma de produção cria suas

---

[77] MARX, Karl. *Crítica ao programa de Gotha*. Trad. Rubens Enderle. São Paulo: Boitempo, 2012, p. 43.

[78] O texto em alemão correspondente às palavras "ao futuro ordenamento estatal da sociedade comunista" é este: "*mit dem zukuenftigen Staatswesen der kommunistischen Gesellschaft*". O termo *Staatswesen* significa mais ou menos o mesmo que *Staat*, isto é, Estado. Mas é significativo que Marx não use o termo mais preciso *Staat*.

CAPÍTULO I - A TEORIA DO ESTADO E DO DIREITO DE MARX-ENGELS

próprias relações jurídicas...", do que decorre deve haver Direito também em uma sociedade comunista. De fato, ele afirma nessa passagem:

> [t]oda produção é apropriação da natureza pelo indivíduo, no interior e por meio de uma determinada forma de sociedade. Nesse sentido, é tautologia dizer que a propriedade (apropriação) é uma condição da produção. Mas é ridículo saltar daí a uma forma determinada da propriedade, a propriedade privada, por exemplo, (o que, além disso, pressupõe uma forma antagônica, a não-propriedade, como condição). A história nos mostra, ao contrário, a propriedade comum (entre os índios, os eslavos, os antigos celtas etc., por exemplo), como a forma primitiva, forma que, todavia, desempenhou durante muito tempo um importante papel, sob o aspecto da propriedade comunal.[79]

Se a nacionalização dos meios de produção realizada durante o período de transição da ditadura do proletariado for mantida na sociedade perfeitamente comunista, se os meios de produção permanecerem à disposição exclusivamente dos órgãos da comunidade e a propriedade privada sobre eles estiver excluída, a fim de manter a verdadeira igualdade, isto é, se a propriedade coletiva da comunidade sobre os meios de produção for uma instituição da sociedade futura, então haverá um Direito garantindo essa situação. Contudo, deve-se admitir que a outra interpretação – a qual diz que na sociedade perfeitamente comunista do futuro não haverá Estado e consequentemente não haverá Direito, o que quer dizer que a ordem social não terá um aspecto coercitivo e nem mesmo normativo – não está excluída, mas em conformidade com a tendência anarquista que prevalece nos escritos de Marx e especialmente nos de Engels.

A utopia de uma sociedade perfeitamente comunista sem Estado e sem Direito

A previsão do surgimento de uma ordem social como essa está baseada em duas suposições: primeiro, que a socialização dos meios de

---

[79] MARX, Karl. *Contribuição à crítica da economia política*. Trad. Florestan Fernandes. 2. ed. São Paulo: Expressão Popular, 2008, p. 243; cf. também mencionado na p. 7.

produção aumentará a produção em tal proporção que todas as necessidade econômicas poderão ser satisfeitas, ou, como Marx formula, que "as forças produtivas e todas as fontes de riqueza jorrarão em fluxo contínuo"; e, em segundo lugar, que distúrbios da ordem social são causados somente por circunstâncias econômicas e que se uma ordem social garante a satisfação completa das necessidades econômicas de todos os membros da comunidade, nenhuma medida coercitiva é necessária como reação contra violações dessa ordem. Nenhuma das premissas tem base em nossa experiência social. No que tange ao efeito da socialização, ele certamente implica uma tendência ao aumento da produção, mas também uma tendência oposta; e os resultados da socialização, ao menos pelo que se pode observar até agora, não confirmam a previsão otimista de Marx. O extraordinário crescimento da produção na futura sociedade comunista é ainda menos plausível pois, de acordo com Marx, a divisão do trabalho, um dos mais efetivos meios para o aumento qualitativo e quantitativo da produção, será abolida. No que diz respeito à segunda premissa, a psicologia criminal mostra que as circunstâncias econômicas não são a única causa de perturbações da ordem social, que sexo e ambição cumprem um importante papel e que podem vir a cumprir um papel ainda maior quando as causas econômicas forem eliminadas. A previsão de uma sociedade de perfeita justiça sem Estado e sem Direito é uma profecia como o reino messiânico de Deus, o paraíso do futuro.

A descrição por Engels da sociedade primitiva como uma comunidade sem Estado e sem Direito

Foi evidentemente contra essa objeção que Engels tentou demonstrar, em seu *Ursprung der Familie etc.,* que tal sociedade sem Estado e sem Direito já existiu. Com base em *Ancient Society* de Morgan e *Mutterrecht* de Bachofen, Engels defende que a sociedade dos homens primitivos, a sociedade das *gentes*, era uma sociedade sem classes e, portanto, sem Estado. Assim como em relação ao Direito nessa sociedade, ele não é muito consistente, uma vez que fala frequentemente de direitos que existiriam naquela sociedade. De modo que ele admite a possibilidade de certa "apropriação" e também o fato de que entre marido e esposa

CAPÍTULO I - A TEORIA DO ESTADO E DO DIREITO DE MARX-ENGELS

cada qual "proprietário das ferramentas que confecciona e usa".[80] Ele fala da prevalência da vingança de sangue nessa sociedade como uma sanção análoga à pena capital da sociedade moderna.[81] Tudo isso pressupõe a existência de uma ordem social com um aspecto coercitivo, isto é, a existência do Direito. Não obstante, Engels descreve a condição das pessoas nessa sociedade como ideal. "É uma constituição maravilhosa essa das *gentes*". É o paraíso do passado, o paraíso perdido da humanidade, mas um paraíso que retornará no futuro com uma sociedade sem Estado perfeitamente comunista.

A descrição de Engels da sociedade primitiva não resiste a uma crítica científica. Suas fontes principais, as obras de Morgan e Bachofen, foram, mesmo quando de suas publicações, consideradas altamente problemáticas, e hoje estão completamente superadas pelos resultados da etnologia moderna. Não pode haver a menor dúvida de que as sociedades às quais Engels se refere viviam sob uma ordem coercitiva estrita caracterizada por instituições jurídicas como a vingança de sangue e a expulsão da comunidade, a propriedade coletiva da terra e a propriedade mais ou menos individual de coisas móveis. É verdade que não havia organização estatal, pois a ordem coercitiva, isto é, jurídica dessas sociedades não instituiu órgãos especiais para a criação e aplicação do Direito e que não havia órgãos legislativos e judiciais e, em particular, nenhum órgão especial para a execução das sanções estabelecidas pela ordem jurídica. O princípio da autotutela prevalecia, mas esse princípio era um princípio jurídico. Havia uma distinção clara entre um assassino e um vingador que aplicou o Direito contra o assassino e os membros de sua família, em conformidade com o princípio perfeitamente jurídico da responsabilidade coletiva.

A descrição de Engels da sociedade primitiva como condição ideal da humanidade é um sintoma altamente significativo da similaridade

---

[80] ENGELS, Friedrich. *A origem da família, da propriedade privada e do Estado*: em conexão com as pesquisas de Lewis H. Morgan. Trad. Nélio Schneider. São Paulo: Boitempo, 2019, p. 148.

[81] ENGELS, Friedrich. *A origem da família, da propriedade privada e do Estado*: em conexão com as pesquisas de Lewis H. Morgan. Trad. Nélio Schneider. São Paulo: Boitempo, 2019, pp. 92, 119 e 134.

mencionada acima entre a filosofia de Marx e a doutrina do Direito natural, que também tem como premissa um estado de natureza original que seria um estado de felicidade social. Essa premissa não está baseada em fatos, mas é deduzida do postulado de que os homens devem ser livres e tratados igualmente. Esse postulado normalmente é apresentado para dissimular a afirmação de que os homens são livres e iguais por natureza. O postulado de que o Estado e o Direito têm sua origem em um contrato e não em fatos históricos está na base da doutrina. Pois se os homens devem ser livres e tratados de maneira igual, eles só podem estar ligados por vontade própria.

O caráter anarquista da teoria social de Marx e Engels

Esse postulado está também na base da doutrina do Estado e do Direito desenvolvida por Marx e Engels. Uma vez que eles não pretendem – como fizeram os seguidores da doutrina do Direito natural – justificar o Estado existente, eles não aceitam a premissa de um contrato social. Consequentemente, eles consideraram o Estado existente incompatível com a liberdade e a igualdade dos homens. Uma vez que o Estado restringe a liberdade individual e estabelece a desigualdade entre os homens ele é um mal, embora no período transitório da ditadura proletária seja um mal necessário, mas mesmo nesse período um mal do qual a sociedade deve livrar-se o mais rápido possível. No prefácio a *Buergerkrieg in Frankreich* de Marx, Engels escreveu:

> ... o Estado não é mais do que uma máquina para a opressão de uma classe por outra, e isso vale para a república democrática não menos que para a monarquia; na melhor das hipóteses, ele é um mal que o proletariado vitorioso herda na luta pelo domínio de classe e cujos piores aspectos o proletariado, assim como a Comuna, não pode evitar eliminar o mais prontamente possível, até que uma nova geração, crescida em condições sociais novas e livres, seja capaz de remover de si todo este entulho estatal.[82]

---

[82] MARX, Karl. *A guerra civil na França*. Trad. Rubens Enderle. São Paulo: Boitempo, 2011, p. 197.

CAPÍTULO I - A TEORIA DO ESTADO E DO DIREITO DE MARX-ENGELS

A doutrina de Marx-Engels tem um caráter completamente anarquista. A diferença entre a teoria anarquista de Marx e Engels e outras teorias anarquistas, como por exemplo a doutrina de Bakunin, o grande rival de Marx, é que o anarquismo não marxiano postula a abolição imediata da maquinaria do Estado por uma revolução do proletariado, ao passo que o anarquismo marxiano declara que o propósito imediato da revolução proletária é a socialização dos meios de produção, que terá como efeito final e inevitável o desaparecimento automático do Estado. A atitude basicamente anarquista do marxismo manifesta-se não somente na doutrina do definhamento do Estado mas também no modo desdenhoso como Marx e Engels falam do "Estado" enquanto tal, e não somente do Estado capitalista. Em seu *Buergerkrieg in Frankreich*, Marx diz: "o regime comunal teria restaurado ao corpo social todas as forças até então absorvidas pelo parasita estatal (*Schmarotzerauswuchs Staat*), que se alimenta da sociedade e obstrui seu livre movimento".[83] E Engels, em seu Prefácio, argumenta contra a "crença supersticiosa no Estado", que prevaleceu na Alemanha. Embora ele tenha sido forçado a admitir que a ditadura do proletariado é um Estado, ele rejeitou enfaticamente também em seu *Anti-Dühring* a frase frequentemente usada pelos membros do Partido Social-Democrata da Alemanha: "Estado nacional livre",[84] e disse, referindo-se ao "definhamento" do Estado, que é desse ponto de vista que se deve avaliar essa frase, "considerando tanto a sua momentânea justificação na boca dos agitadores como a sua definitiva insuficiência científica".[85]

A contradição entre moralismo e amoralismo na teoria do Estado e do Direito de Marx-Engels

A rejeição do Estado e do Direito burgueses, a tendência anarquista da filosofia social de Marx, é um elemento essencial de sua crítica da

---

[83] MARX, Karl. *A guerra civil na França*. Trad. Rubens Enderle. São Paulo: Boitempo, 2011, p. 59.

[84] ENGELS, Friedrich. *Anti-Dühring*: a revolução da ciência segundo o senhor Eugen Dühring. Trad. Nélio Schneider. São Paulo: Boitempo, 2015, p. 316.

[85] ENGELS, Friedrich. *Anti-Dühring*: a revolução da ciência segundo o senhor Eugen Dühring. Trad. Nélio Schneider. São Paulo: Boitempo, 2015, p. 316.

HANS KELSEN

sociedade. Essa crítica possui um caráter completamente moral; ela se baseia numa avaliação moral da realidade social e culmina em um postulado moral, a realização da liberdade e da igualdade. O caráter moral da crítica de Marx da realidade social existente manifesta-se na indignação altamente emotiva com que ele condena a exploração capitalista como escravidão e a ideologia burguesa em sua tentativa de justificá-la. Em *Zur Kritik der Hegelschen Rechtsphilosophie,* Marx fala do proletariado como:

> ... uma classe com grilhões radicais, de uma classe da sociedade civil que não seja uma classe da sociedade civil, de um estamento (*Stand*) que seja a dissolução de todos os estamentos, de uma esfera que possua um caráter universal mediante seus sofrimentos universais e que não reivindique nenhum direito particular porque contra ela não se comete uma injustiça particular, mas a injustiça por excelência.[86]

Sobre a escola histórica do Direito ele diz que ela: "legitima a infâmia de hoje pela de ontem, que considera como rebelde todo grito do servo contra o açoite desde que este seja um açoite venerável, ancestral e histórico...".[87] E sobre a crítica da sociedade postulada por ele, diz: na luta contra as condições existentes:

> ... a crítica não é uma paixão da cabeça, mas a cabeça da paixão (...) Seu objeto é seu inimigo, que ela quer não refutar, mas destruir (...) Seu pathos essencial é a indignação, seu trabalho essencial, a denúncia.[88]

A condenação moral da sociedade capitalista está em completa harmonia com a avaliação entusiasmada da sociedade anarquista do

---

[86] MARX, Karl. *Crítica da Filosofia do Direito de Hegel.* Trad. Rubens Enderle e Leonardo de Deus. 2. ed. São Paulo: Boitempo, 2010, p. 162.

[87] MARX, Karl. *Crítica da Filosofia do Direito de Hegel.* Trad. Rubens Enderle e Leonardo de Deus. 2. ed. São Paulo: Boitempo, 2010, p. 152.

[88] MARX, Karl. *Crítica da Filosofia do Direito de Hegel.* Trad. Rubens Enderle e Leonardo de Deus. 2. ed. São Paulo: Boitempo, 2010, p. 153.

CAPÍTULO I - A TEORIA DO ESTADO E DO DIREITO DE MARX-ENGELS

passado e sua contraparte, a sociedade comunista do futuro, especialmente nos escritos de Engels. Mas, embora o anarquismo marxiano seja, em última análise, a cònsequência de uma atitude moral em relação ao problema da sociedade, e o núcleo da filosofia social de Marx, o comunismo, seja a expressão de um ideal social, o resultado de uma ideia definida de justiça, a moralidade é rejeitada – junto com a religião e o Direito – como ideologia burguesa. Em *Das Kommunistische Manifest* lemos: "As leis, a moral e a religião são para ele meros preconceitos burgueses, atrás dos quais se ocultam outros tantos interesses burgueses".[89] A passagem "A classe trabalhadora não tem nenhum ideal a realizar"[90] de seu *Buergerkrieg in Frankreich* é bem conhecida e citada frequentemente. Em *Die Deutsche Ideologie*, Marx escreve: "O comunismo não é para nós um estado de coisas que deve ser instaurado, um Ideal para o qual a realidade deverá se direcionar. Chamamos de comunismo o movimento real que supera o estado de coisas atual".[91] Em oposição a outros autores socialistas, como por exemplo Proudhon, que "faz à atual sociedade a exigência de remodelar-se (...) segundo as *prescrições da justiça*",[92] o socialismo marxiano pretende ser uma *descrição* moralmente indiferente de uma evolução necessária de um estágio primitivo de

---

[89] MARX, Karl; ENGELS, Friedrich. *Manifesto comunista*. Trad. Álvaro Pina. São Paulo: Boitempo, 2010, p. 49.

[90] MARX, Karl. *A guerra civil na França*. Trad. Rubens Enderle. São Paulo: Boitempo, 2011, p. 60. Mas na sentença seguinte, Marx fala de uma "heroica resolução" da classe trabalhadora "de atuar de acordo com sua missão histórica", reconhecendo assim o ideal moral do heroísmo.

[91] MARX, Karl; ENGELS, Friedrich. *A ideologia alemã*. Trad. Rubens Enderle, Nélio Schneider e Luciano Cavini Martorano. São Paulo: Boitempo, 2007, p. 38.

[92] ENGELS, Friedrich. *Sobre a questão da moradia*. Trad. Nélio Schneider. São Paulo: Boitempo, 2015, p. 122. Embora Engels rejeite aqui a abordagem moral ao problema do socialismo, ele diz em seu *Ursprung der familie etc.*, depois de ter descrito a situação na sociedade capitalista com a afirmação de que cada progresso no processo de produção é uma vantagem para os capitalistas mas uma desvantagem, um mal para os trabalhadores: "Mas isso não pode ser assim. O que é bom para a classe dominante deve ser bom para toda a sociedade com que a classe dominante se identifica" (ENGELS, Friedrich. *A origem da família, da propriedade privada e do Estado*: em conexão com as pesquisas de Lewis H. Morgan. Trad. Nélio Schneider. São Paulo: Boitempo, 2019, p. 163); isso é evidentemente um postulado moral.

liberdade e igualdade por um estágio de escravidão até um estágio final de perfeita liberdade e igualdade.

Socialismo "científico"

Marx e Engels não são os únicos autores que usam a assim chamada lei da evolução para dissimular um postulado político-moral. A Filosofia do Direito de Hegel e o positivismo de Comte são do mesmo tipo. A crítica da sociedade por Marx e sua previsão do comunismo como um resultado necessário de uma evolução determinada por uma lei causal são baseadas em um julgamento subjetivo de valor. Mas Marx e Engels as apresentam como ciência, isto é, como uma realidade objetiva. Eles estão orgulhosos de terem promovido o socialismo da "utopia à ciência", tanto é que chamam sua doutrina de socialismo "científico". A tarefa do socialismo científico, diz Engels[93], não é

> [m]anufaturar um sistema social o mais perfeito possível, mas examinar o desenvolvimento econômico histórico a partir do qual as classes da burguesia e do proletariado e seu conflito surgiram, e descobrir na situação econômica criada por esse desenvolvimento os meios para a solução do conflito.

Encontrar meios para realizar um fim pressuposto é certamente uma tarefa científica, desde que a relação entre meios e fins seja uma relação de causa e efeito, e a cognição dessa relação seja uma função específica da ciência. Mas a fim de encontrar os meios para a realização de um fim, primeiro um fim definido precisa ser determinado, e a determinação de um fim que não é ele próprio um meio para um fim não é uma função científica. Não é e não pode ser uma função da ciência objetiva, pois se baseia em um julgamento de valor que, em última análise, é de caráter subjetivo. É determinado pelos desejos e medos humanos, e não pode ser verificado pela experiência humana. A determinação de um fim para cuja

---

[93] ENGELS, Friedrich. *Die Entwicklung des Sozialismus von der Utopie zur Wissenschaft*, 6 Aufl. Berlin: Vorwärts, 1911, p. 33.

CAPÍTULO I - A TEORIA DO ESTADO E DO DIREITO DE MARX-ENGELS

realização os meios terão de ser descobertos é a função decisiva, essencial, do socialismo de Marx. Os meios a serem escolhidos dependem do fim pressuposto. A burguesia pode não estar nem um pouco interessada em uma "solução" para o conflito, mas em uma situação social na qual o conflito não envolva qualquer perigo à existência da classe dominante, uma situação ideal na qual o proletariado seja mantido em perfeita submissão à burguesia e seja incapaz de oferecer qualquer resistência. Esse é o fim que a burguesia pode querer realizar, o valor pressuposto por sua classe.

O fim que Engels pressupõe e que ele chama de "a solução do conflito" é bem diferente. É uma situação que o proletariado quer estabelecida, uma situação em que não haja conflito entre as duas classes, porque seria estabelecida uma sociedade sem classes na qual as necessidades econômicas de todos os membros seriam perfeitamente satisfeitas, de modo que não poderiam surgir conflitos de interesse. É exatamente aquele "sistema social o mais perfeito possível", que Engels finge não ter sido "manufaturado" pelo socialismo científico, mas ter sido "descoberto" por ele na realidade econômica. Entretanto, essa descoberta científica é possível somente porque o valor alegadamente descoberto foi previamente projetado sobre a realidade, a realidade marxiana com um duplo fundo.

Ao apresentar seu socialismo como "ciência", Marx e Engels produzem exatamente o mesmo tipo de ideologia ilusória que a teoria social burguesa denunciada por eles como ideológica. Ao fingir ser moralmente indiferente, ciência objetiva, o socialismo marxiano tenta velar o caráter altamente subjetivo do julgamento de valor que está em sua base. Os ideólogos burgueses usam a religião como meio para investir o Estado burguês e o Direito burguês com uma autoridade divina que essas instituições sociais na verdade não possuem. Em sua crítica da ideologia, Marx destruiu completamente a autoridade da religião, mas ele não renunciou, em sua própria obra, à assistência de uma autoridade efetiva. A única autoridade que sua crítica deixou intocada é a ciência. Portanto, seu socialismo pretende ser ciência e coroa com o halo dessa autoridade seu produto: a sociedade comunista do futuro.

HANS KELSEN

A confusão entre ciência e política na interpretação da sociedade de Marx

Que o "socialismo científico", *i.e.*, a ciência social desenvolvida por Marx e Engels, é por sua natureza uma "ideologia" é a consequência inevitável de sua opinião a respeito da função essencial da ciência social. Para Marx, a ciência social é em primeiro lugar uma crítica da consciência ideológica da sociedade burguesa, isto é, da religião e da teoria social da burguesia; e seu propósito é desvelar a contradição entre essa consciência e a realidade social refletida distorcidamente por ela. Mas, uma vez que uma realidade social produz uma ideologia, uma consciência invertida apenas porque ela mesma é invertida, e isso quer dizer contraditória em si mesma, a crítica da ideologia social torna-se uma crítica da realidade social. E a crítica da realidade social objetiva a uma mudança total dessa realidade, a revolução social. Assim, a ciência está, desde o início, misturada com a política. É conscientemente transformada em um instrumento da política. Em *Zur Kritik der Hegelschen Rechtsphilosophie,* Marx diz: "A crítica da religião é o fundamento de toda crítica". "A crítica da religião é *in nuce* a crítica desse vale de lágrimas cujo halo é a religião". O objetivo da crítica da religião é a "abolição da religião, como a felicidade ilusória do povo"; ela é:

> ... a exigência da sua felicidade real. A exigência de que abandonem as ilusões acerca de uma condição é a exigência de que abandonem uma condição que necessita de ilusões (...) A crítica da religião tem seu fim com a doutrina de que o homem é o ser supremo para o homem, portanto, com o imperativo categórico de subverter todas as relações em que o homem é um ser humilhado, escravizado, abandonado, desprezível.[94] Portanto, a tarefa da história, depois de desaparecido o além da verdade, é estabelecer a verdade do aquém (...) A crítica do céu transforma-se, assim, na crítica da terra, a crítica da religião, na crítica do direito, a crítica da teologia, na crítica da política.[95]

---

[94] MARX, Karl. *Crítica da Filosofia do Direito de Hegel.* Trad. Rubens Enderle e Leonardo de Deus. 2. ed. São Paulo: Boitempo, 2010, pp. 151-152.

[95] MARX, Karl. *Crítica da Filosofia do Direito de Hegel.* Trad. Rubens Enderle e Leonardo de Deus. 2. ed. São Paulo: Boitempo, 2010, p. 146.

CAPÍTULO I - A TEORIA DO ESTADO E DO DIREITO DE MARX-ENGELS

No que diz respeito às condições sociais da Alemanha, essa crítica significa: "Guerra contra as condições reais na Alemanha". E essas condições são o objeto da crítica assim como "o criminoso é o objeto do executor"; "o objeto desta crítica é o inimigo". Essa crítica "não se apresenta mais como um fim em si mesmo, mas apenas como um meio" – um meio político, um instrumento na luta do proletariado contra o capitalismo. A própria função da crítica científica ou da ciência crítica de Marx é realizar a revolução social. Ele diz: assim como no tempo da revolução religiosa na Alemanha, a Reforma, houve Lutero, um monge, hoje é no cérebro do filósofo – isto é, o cientista social, a crítica científica – "que a revolução se inicia".[96] Marx refere-se aqui a uma revolução social na Alemanha, o que significa "a emancipação dos alemães". Mas, ele diz "a emancipação do alemão é a emancipação do homem. A cabeça dessa emancipação é a filosofia, o proletariado é seu coração. A filosofia não pode se efetivar sem a abolição do proletariado, o proletariado não pode se abolir sem a efetivação da filosofia".[97] Por "filosofia" ele quer dizer seu socialismo científico, a ciência crítica da sociedade.

É bastante interessante notar que essa confusão consciente de ciência com política já está presente em sua tese de doutorado (1841). Lá, ele escreve: "Trata-se de uma lei psicológica: o espírito teórico liberto em si mesmo converte-se em energia prática e, na condição de vontade, emerge do reino espectral de Amentes, voltando-se contra a realidade mundana que existe sem ele".[98] Há uma mudança da teoria à prática. "Mas a prática da filosofia é em si teórica. É a crítica que julga a existência individual ao compará-la com sua essência, a realidade particular ao compará-la com sua ideia". É altamente significativo que com Marx a teoria transformada em prática, "filosofia como vontade", é, por sua própria natureza, dirigida "contra" a realidade existente, e que o padrão a partir do qual a realidade social é medida, isto é, avaliada, é sua

---

[96] MARX, Karl. *Crítica da Filosofia do Direito de Hegel*. Trad. Rubens Enderle e Leonardo de Deus. 2. ed. São Paulo: Boitempo, 2010, p. 158, *tradução modificada*.

[97] MARX, Karl. *Crítica da Filosofia do Direito de Hegel*. Trad. Rubens Enderle e Leonardo de Deus. 2. ed. São Paulo: Boitempo, 2010, p. 163, *tradução modificada*.

[98] MARX, Karl. *Diferença entre a filosofia da natureza de Demócrito e a de Epicuro*. Trad. Nélio Schneider. São Paulo: Boitempo, 2018, p. 57.

essência imanente ou ideia: um valor. O "socialismo científico" de Marx é uma ciência social cujo único e exclusivo propósito não é conceber e descrever a realidade social como ela realmente é, sem avaliá-la, mas ao contrário, julgá-la de acordo com um valor que é pressuposto por essa ciência, mas ilusoriamente projetado na realidade social, com o propósito abertamente admitido de conformá-la ao valor pressuposto. Com essa confusão entre teoria e prática, ciência e política, ele preenche todos os requisitos de uma "ideologia" em um sentido derrogatório desse termo utilizado por Marx e Engels. Ela vela a contradição imanente entre moralismo e amoralismo.

"Ciência" e revolução

Esse "socialismo científico" não é mais nem menos "científico" do que as doutrinas burguesas que Marx denunciou como ideologias. E, por estranho que possa parecer, Marx, que está tão concentrado em apresentar sua doutrina do socialismo como uma ciência e para esse propósito exclui a ciência da lei que diz que o ser social do homem determina a consciência social do homem, que assim pode ser somente uma falsa consciência ilusória, não obstante ele critique a doutrina socialista de Proudhon depreciando-a como "mera" ciência:

> [d]o mesmo modo que os *economistas* são os representantes científicos da classe burguesa, os *socialistas* e os *comunistas* são os teóricos da classe proletária. Enquanto o proletariado não estiver bastante desenvolvido para se constituir como classe e, consequentemente, sua luta com a burguesia não tiver ainda um caráter político; enquanto as forças produtivas não estiverem bastante desenvolvidas no próprio interior da burguesia para possibilitar uma antevisão das condições materiais necessárias à libertação do proletariado e à formação de uma sociedade nova, esses teóricos serão apenas utopistas que, para amenizar os sofrimentos das classes oprimidas, improvisam sistemas e correm atrás de uma ciência regeneradora. Mas, à medida que a história avança e, com ela, a luta do proletariado se desenha mais claramente, eles não precisam mais procurar a ciência em seu espírito: basta-lhes dar-se conta do que se passa diante de seus olhos e tornar-se porta-vozes disso.

CAPÍTULO I - A TEORIA DO ESTADO E DO DIREITO DE MARX-ENGELS

> Enquanto procuram a ciência e apenas formulam sistemas, enquanto estão no início da luta, eles veem na miséria somente a miséria, não veem nela o lado revolucionário, subversivo, que derrubará a velha sociedade. A partir desse momento, a ciência produzida pelo movimento histórico, e associando-se a ele com pleno conhecimento de causa, deixa de ser doutrinária e se torna revolucionária.[99]

Isso significa que não existe uma ciência objetiva estabelecida para além do conflito das classes, que a ciência é uma ideologia burguesa ou proletária; e que tão logo a luta de classes assuma um caráter político não haverá mais necessidade de uma ciência "doutrinária" – ou seja, uma ciência científica que veja na pobreza nada além de pobreza, sem avaliar esse fenômeno. Hoje, a ciência vê a pobreza como um defeito revoltante da sociedade, e consequentemente torna-se a porta-voz da luta revolucionária do proletariado contra a burguesia; assim ela cessa de ser doutrinária, ou seja, "meramente" ciência, e torna-se revolucionária, o que quer dizer política. Para Proudhon – diz Marx – "a ciência reduz-se às magras proporções de uma fórmula científica".[100] Proudhon – diz Marx em sua carta a Annenkov[101] – é um "doutrinário". "Como homem de ciência, quer pairar acima de burgueses e proletários", ou seja, ele quer ser objetivo. Mas, segundo Marx, "não passa de um pequeno-burguês que oscila constantemente entre o capital e o trabalho, entre a economia política e o comunismo"[102], em vez de – como Marx fez com seu socialismo "científico" – abandonar a ciência doutrinária e passar ao lado dos proletários contra os burgueses, do comunismo contra o capitalismo. Assim, o socialismo marxiano é ciência, mas se opõe ao socialismo de Proudhon porque este é mera ciência, ciência "doutrinária".

---

[99] MARX, Karl. *Miséria da filosofia*. Trad. José Paulo Netto. São Paulo: Boitempo, 2017, p. 113.

[100] MARX, Karl. *Miséria da filosofia*. Trad. José Paulo Netto. São Paulo: Boitempo, 2017, p. 200.

[101] MARX, Karl; ENGELS, Friedrich. *Correspondence 1846-1895*: a selection. New York: International Publishers, 1935, p. 15.

[102] MARX, Karl. *Miséria da filosofia*. Trad. José Paulo Netto. São Paulo: Boitempo, 2017, p. 114.

A contradição entre anarquismo político e autoritarismo econômico

Outra contradição impressionante no sistema do socialismo "científico" é que o status político da sociedade comunista do futuro deve ser uma anarquia individualista, ao passo que o status econômico consistirá na substituição da "anarquia capitalista da produção" por uma produção altamente organizada com base na propriedade coletiva dos meios de produção, necessariamente concentrada nas mãos de uma autoridade central. O caráter autoritário de uma organização centralizada, como a organização da sociedade comunista do futuro, não será possível sem autoridade, embora ele acrescente que tal autoridade será estabelecida somente na medida em que isso for exigido pelas relações de produção.[103] Em seu *Anti-Dühring*, no qual previu que o Estado não será "abolido", mas simplesmente "definhará", ele disse sobre a sociedade comunista do futuro: "O governo sobre pessoas é substituído pela administração de coisas e pela condução de processos de produção".[104] Mas uma vez que as coisas são administradas e os processos de produção são dirigidos por pessoas, a administração das coisas e a direção dos processos de produção não são possíveis sem um governo sobre as pessoas; e resta pouca dúvida de que a centralização de todo o processo econômico de produção requererá um alto grau de autoridade. Uma vez que, do ponto de vista de uma interpretação econômica da sociedade, é impossível separar o aspecto econômico do aspecto político da organização social, é uma contradição aberta negar a necessidade de qualquer tipo de autoridade no campo político, mas admitir a necessidade da autoridade no campo econômico.

A admissibilidade das contradições de acordo com a lógica da dialética

Contudo, o fato de que a teoria esteja envolvida em contradições lógicas não é uma objeção do ponto de vista de uma nova lógica, a

---

[103] Cf. MARX, Karl. "Der politische Indifferentismus". *Die Neue Zeit*, ano 32, vol. 1, 1913-1914, p. 40. Também, KELSEN, Hans. *Sozialismus und Staat*: eine Untersuchung der politischen Theorie des Marxismus. 2. ed. Leipzig: C.L. Hirschfeld, 1923, pp. 87 e ss

[104] ENGELS, Friedrich. *Anti-Dühring*: a revolução da ciência segundo o senhor Eugen Dühring. Trad. Nélio Schneider. São Paulo: Boitempo, 2015, p. 316.

CAPÍTULO I - A TEORIA DO ESTADO E DO DIREITO DE MARX-ENGELS

lógica dinâmica da dialética, que Marx e Engels tomaram da filosofia da história de Hegel. Pois a principal função dessa lógica é eliminar o princípio de acordo com o qual as contradições são inadmissíveis.[105] Um elemento essencial dessa dialética é a visão de que as contradições são inerentes à realidade, especialmente a realidade social, uma visão de acordo com a qual forças opostas na natureza e na sociedade são interpretadas como contradições lógicas. Se as contradições lógicas são inerentes à realidade, então, as contradições no pensamento não são, como Hegel afirma expressamente em sua *Lógica*, um defeito lógico. Uma vez que em sua filosofia idealista pensamento e ser são identificados, a ideia de contradições lógicas inerentes à realidade é, como consequência dessa identificação, até certo ponto compreensível. Mas no interior da estrutura da filosofia materialista de Marx e Engels, que rejeitam essa identificação, é absurdo interpretar forças antagônicas ou interesses em conflito na sociedade como contradições lógicas.

A dialética de Hegel tem o efeito, pretendido por seu autor, de abrir um caminho para especulações metafísicas irracionais. Marx e Engels, é verdade, se opuseram à metafísica de Hegel; mas eles fizeram um uso abundante da nova lógica da dialética, que permitiu a eles dizer que o Estado é, por sua própria natureza, um instrumento para a manutenção da exploração e ao mesmo tempo que o Estado, como Estado proletário, é o instrumento específico para a abolição da exploração; que o Estado proletário é uma ditadura e que ao mesmo tempo é uma democracia; que o comunismo é a realização da liberdade individual e ao mesmo tempo a organização da autoridade coletiva; para apresentar a teoria do socialismo como uma ciência moralmente indiferente e ao mesmo tempo proclamar em nome da ciência a verdadeira justiça da liberdade e da igualdade; para afirmar que não pode haver algo como uma ciência objetiva e ao mesmo tempo gabar-se de ter promovido o socialismo de um desejo utópico à posição de uma ciência objetiva. Na verdade, "a dialética é a alma do marxismo", como declarou Stálin.[106]

---

[105] Cf. A análise crítica do método dialético de Hegel em: KELSEN, Hans. *Political theory of bolshevism*: a critical analysis. Berkeley; Los Angeles: University of California Press, 1959, pp. 14 e *ss*.

[106] STALIN, Josef V. "The right deviation in the Communist Party of Bolsheviks". *In*: LÊNIN, V. I.; STUCHKA, P. I.; REISNER, M. A.; PACHUKANIS, E. B.; STALIN,

HANS KELSEN

Mas nada é mais significativo da verdadeira função da dialética do que a seguinte passagem de Stálin no Relatório Político do Comitê Central (do Partido) ao Décimo Sexto Congresso, em 1930[107]:

> [p]ode-se dizer que tal formulação do problema é "contraditória". Mas é certo que temos uma "contradição" do mesmo tipo com o problema do Estado? Somos pelo definhamento do Estado, ao mesmo tempo que nos levantamos pelo fortalecimento da ditadura do proletariado, que representa a mais potente e poderosa autoridade de todas as autoridades estatais que já existiram até hoje. O mais alto desenvolvimento da autoridade estatal a fim de amadurecer as condições *para* o definhamento da autoridade estatal: aqui temos uma fórmula marxista. Isso é "contraditório"? Sim, é "contraditório". Mas trata-se de uma contradição viva, vital, e ela reflete completamente a dialética marxista.

J. V.; VICHINSKI, A. Y.; YUDIN, P.; GOLUNSKI, S. A.; STROGOVICH, M. S.; TRAININ, I. P. *Soviet legal philosophy*. Trad. Hugh Baab. Cambridge, MA: Harvard University Press, 1951, p. 228.

[107] STALIN, Josef V. "The right deviation in the Communist Party of Bolsheviks". *In*: LÊNIN, V. I.; STUCHKA, P. I.; REISNER, M. A.; PACHUKANIS, E. B.; STALIN, J. V.; VICHINSKI, A. Y.; YUDIN, P.; GOLUNSKI, S. A.; STROGOVICH, M. S.; TRAININ, I. P. *Soviet legal philosophy*. Trad. Hugh Baab. Cambridge, MA: Harvard University Press, 1951, p. 235.

Capítulo II

A TEORIA DO ESTADO E DO DIREITO E LÊNIN

O Estado proletário como "semi-Estado" que definhará por sua própria natureza

O primeiro trabalho de base da teoria soviética do Estado (essencialmente conectada com a teoria soviética do Direito) é de V.I. Lênin, *O Estado e a revolução*, publicado em 1917.[108] O principal propósito desse trabalho é "restabelecer a verdadeira doutrina de Marx sobre o Estado", que – como Lênin afirma – foi obliterada e distorcida por oportunistas no interior do movimento operário, especialmente na Alemanha.[109] Lênin enfatiza a tendência revolucionária da teoria do Estado de Marx, isto é, o fato de que, segundo Marx e Engels, o Estado burguês pode ser substituído por um Estado socialista, a ditadura do proletariado, somente pela revolução e não pela evolução. Ele enfatiza que somente um Estado socialista "definhará" e ele insiste no caráter ditatorial do Estado proletário no período de transição. Quanto ao período de transição ele sublinha a necessidade de uma "disciplina

---

[108] LÊNIN, Vladímir I. *O Estado e a revolução*. Trad. Paula Vaz de Almeida. São Paulo: Boitempo, 2017.

[109] LÊNIN, Vladímir I. *O Estado e a revolução*. Trad. Paula Vaz de Almeida. São Paulo: Boitempo, 2017, p. 28.

HANS KELSEN

rigorosíssima", "a mais rigorosa fiscalização do trabalho e do consumo pela sociedade e pelo Estado".[110] Sobre a ditadura do proletariado, ele diz:

> [a] ditadura do proletariado acarreta uma série de restrições à liberdade dos opressores, dos exploradores, dos capitalistas. Devemos reprimir sua atividade para libertar a humanidade da escravidão assalariada, devemos quebrar sua resistência pela força; ora, é claro que onde há esmagamento, onde há violência, não há liberdade, não há democracia.[111]

Em outra conexão ele diz que o período de transição do capitalismo ao comunismo, o "período de derrubada e abolição completa da burguesia":

> ... esse período é, inevitavelmente, de encarniçada e sem precedentes luta de classes, sem precedentes na agudeza de suas formas; consequentemente, o Estado desse período deve necessariamente ser um Estado democrático de uma maneira nova (para proletários e despossuídos em geral) e ditatorial de uma maneira nova (contra a burguesia).[112]

Assim, o Estado proletário é uma democracia e ao mesmo tempo não o é. Embora Lênin, por um lado, enfatize o caráter autoritário do Estado socialista durante o período de transição, ele, por outro lado, seguindo a doutrina de Marx-Engels, defende que esse Estado está, desde o início de sua existência, definhando. Ele diz que:

> ... em primeiro lugar, segundo Marx, o proletariado só precisa de um Estado em definhamento, ou seja, constituído de modo que comece imediatamente a definhar e não possa deixar de definhar.[113]

---

[110] LÊNIN, Vladímir I. *O Estado e a revolução*. Trad. Paula Vaz de Almeida. São Paulo: Boitempo, 2017, p. 122.

[111] LÊNIN, Vladímir I. *O Estado e a revolução*. Trad. Paula Vaz de Almeida. São Paulo: Boitempo, 2017, p. 114.

[112] LÊNIN, Vladímir I. *O Estado e a revolução*. Trad. Paula Vaz de Almeida. São Paulo: Boitempo, 2017, pp. 57-58.

[113] LÊNIN, Vladímir I. *O Estado e a revolução*. Trad. Paula Vaz de Almeida. São Paulo: Boitempo, 2017, p. 47.

CAPÍTULO II - A TEORIA DO ESTADO E DO DIREITO E LÊNIN

Ele fala do Estado proletário como "a forma transitória de seu desaparecimento (passagem do Estado para o não Estado)".[114] Consequentemente, ele caracteriza o Estado proletário como um "semi-Estado"; e explica a diferença entre o Estado capitalista e o Estado proletário da seguinte maneira:

> [e]m outras palavras, no regime capitalista, temos o Estado no sentido próprio da palavra, uma máquina especialmente destinada ao esmagamento de uma classe por outra (...) Mais adiante, no período de transição do capitalismo para o comunismo, a repressão é ainda necessária, mas uma maioria de explorados a exerce contra uma minoria de exploradores. O aparelho especial de repressão, o "Estado", é ainda necessário, mas é um Estado transitório, já não o Estado propriamente dito.[115]

Assim, a ditadura do proletariado é um Estado e ao mesmo tempo não o é. Em completa conformidade com Marx e Engels, Lênin defende que o poder coercitivo do Estado proletário deve ser exercido apenas contra a antiga burguesia, e que tão logo a burguesia esteja completamente abolida, a maquinaria coercitiva do Estado desaparecerá. "O Estado definha na medida em que não há mais capitalistas, em que não há mais classes e, por isso, não há mais necessidade de esmagar nenhuma classe".[116] Não há "classes" porque não há "capitalistas" e isso implica a inexistência de proletários. Lênin pressupõe como autoevidente que o conceito de classe está essencialmente conectado à exploração do proletariado pelos capitalistas. Em um discurso de 1920, ele disse:

> [o] que são as classes em geral? As classes são o que permite uma parcela da sociedade se apropriar do trabalho de outra parcela. Se uma parcela da sociedade se apropria de todas as terras, temos

---

[114] LÊNIN, Vladímir I. *O Estado e a revolução*. Trad. Paula Vaz de Almeida. São Paulo: Boitempo, 2017, p. 79.

[115] LÊNIN, Vladímir I. *O Estado e a revolução*. Trad. Paula Vaz de Almeida. São Paulo: Boitempo, 2017, p. 116.

[116] LÊNIN, Vladímir I. *O Estado e a revolução*. Trad. Paula Vaz de Almeida. São Paulo: Boitempo, 2017, p. 120.

HANS KELSEN

uma classe de senhores e uma classe de camponeses. Se uma parcela da sociedade possui as fábricas e meios de produção, tem ações e capital, e a outra parcela trabalha nessas fábricas, temos uma classe capitalista e uma classe proletária.[117]

Se "apropriar do trabalho de uma parcela da sociedade" significa explorar essa parcela da sociedade.

O caráter coercitivo do Estado proletário e o desaparecimento gradual das classes

A tendência a enfatizar o caráter coercitivo do Estado proletário fica ainda mais manifesta no *Programa dos comunistas* de N. Bukharin, que, a esse respeito, estava certamente em conformidade com a teoria de Lênin. Nesse panfleto, lemos:

> [o] Estado proletário (...) é uma organização da classe dominante (a classe dominante aqui é a classe trabalhadora) e uma organização da violência sobre a burguesia, como meio de se livrar da burguesia e pôr fim a ela. Quem tem medo desse tipo de violência não é um partidário da revolução.[118]

O sentido que a teoria soviética do primeiro período atribuiu ao termo "ditadura" aparece claramente no *Programa da Internacional Comunista*[119], adotado pelo Sexto Congresso mundial, em Moscou, em 1 de setembro de 1928: "Caracterizam o período de transição como um todo a repressão implacável à resistência dos exploradores, a organização da construção socialista, o treinamento em massa de homens e mulheres no espírito do socialismo e o desaparecimento gradual das classes". Aqui, também, o desaparecimento das classes coincide com a abolição da exploração.

---

[117] LÊNIN, Vladímir I. *Selected works.* vol. 9. New York: International Publishers, 1934, p. 476.

[118] BOUKHARIN, Nicolai. *Programme of the Communists (Bolsheviks).* [S. l.]: Group of English Speaking Communists in Russia, 1919, p. 17.

[119] *Blueprint for World Conquest*: as outlined by the Communist International. Washington; Chicago: Human Events, 1946, p. 149 e ss.

CAPÍTULO II - A TEORIA DO ESTADO E DO DIREITO E LÊNIN

Primeira tentativa de modificar a doutrina do definhamento do Estado

Em uma palestra sobre "O Estado" apresentada na Universidade Sverdlov, em 1919, Lênin defende a doutrina da origem do Estado de Marx-Engels. Ele se refere a *Ursprung der Familie etc.* de Engels, dizendo: "Cada uma de cujas frases pode aceitar-se com plena confiança, na segurança de que não foi escrita à toa, senão que se baseia numa abundante documentação histórica e política".[120] Ele repete a tese de Engels de que o Estado aparece "quando a divisão em classes – quando exploradores e explorados – aparece".[121] Mas ele não repete a definição de Engels do Estado como uma maquinaria para a exploração de uma classe por outra. Embora ele enfatize que "não existiu Estado algum quando não havia classes, quando não havia exploradores e explorados"[122], a exploração não aparece nem sua definição de Estado, que evidentemente é formulada com o propósito de dar conta do Estado socialista da ditadura proletária e não apenas do Estado capitalista. "O Estado é uma máquina para que uma classe reprima outra, uma máquina para a sustentação de uma classe por outras classes, subordinadas".[123] Sobre as condições nas quais o Estado deixará de existir, Lênin diz em sua palestra:

> [a] máquina, chamada Estado (...) o proletariado rechaça e afirma: é uma mentira burguesa. Nós temos arrancado aos capitalistas esta máquina e temos tomado posse dela. Utilizaremos essa máquina, o garrote, para liquidar toda exploração; e quando toda hipótese de exploração tiver desaparecido do mundo, quando já não houver proprietários de terras nem proprietários de fábricas, e quando

---

[120] LÉNINE, Vladímir I. "Sobre o Estado: Conferência na Universidade Sverdlov". *Germinal*, Salvador, vol. 11, n. 3, dez. 2019, p. 350.

[121] LÉNINE, Vladímir I. "Sobre o Estado: Conferência na Universidade Sverdlov". *Germinal*, Salvador, vol. 11, n. 3, dez. 2019, p. 350, *tradução modificada*.

[122] LÉNINE, Vladímir I. "Sobre o Estado: Conferência na Universidade Sverdlov". *Germinal*, Salvador, vol. 11, n. 3, dez. 2019, p. 353.

[123] LÉNINE, Vladímir I. "Sobre o Estado: Conferência na Universidade Sverdlov". *Germinal*, Salvador, vol. 11, n. 3, dez. 2019, p. 354.

não mais existir a situação em que uns estão saciados enquanto outros padecem de fome, só quando tiver desaparecido de vez tais hipóteses, relegaremos esta máquina para o lixo. Então não existirá Estado nem exploração.[124]

Em seu *O Estado e a revolução*, Lênin ainda sustentou a visão de Marx e de Engels de que o desaparecimento do Estado será o resultado da evolução do socialismo em uma única comunidade socialista. Mas em sua palestra sobre o Estado ele parece ter mudado de opinião. Há uma sugestão – não mais que uma sugestão – de que a exploração deve desaparecer em todos os lugares e não em apenas um país, antes de "nós" – que só pode ser o governo de uma sociedade socialista – "destruirmos essa máquina", que não é o mesmo que o definhamento gradual e automático do Estado durante o período da ditadura proletária.

A possibilidade de uma sociedade sem Estado baseada na força do hábito

Assim como com a doutrina do definhamento do Estado, Lênin tenta explicar a possibilidade de uma sociedade sem Estado de perfeito comunismo. Em seu *Estado e a revolução* ele declara expressamente que "a principal causa dos excessos que constituem as infrações às regras da vida social é a exploração das massas, condenadas à miséria, às privações. Uma vez suprimida essa causa principal, os próprios excessos começarão, infalivelmente, a 'definhar'".[125] Então, ele se refere ao efeito decisivo que o hábito tem no comportamento dos homens. O Estado definhará pela "simples" razão de que

> ... desembaraçados da escravidão capitalista, dos horrores, da selvageria, da insânia, da ignomínia sem nome da exploração capitalista, os indivíduos vão se habituar, pouco a pouco, a observar

---

[124] LÉNINE, Vladímir I. "Sobre o Estado: Conferência na Universidade Sverdlov". *Germinal*, Salvador, vol. 11, n. 3, dez. 2019, p. 359.

[125] LÊNIN, Vladímir I. *O Estado e a revolução*. Trad. Paula Vaz de Almeida. São Paulo: Boitempo, 2017, p. 117.

CAPÍTULO II - A TEORIA DO ESTADO E DO DIREITO E LÊNIN

as regras elementares da vida social, por todos conhecidas e repetidas, há milênios, em todos os mandamentos, a observá-las sem violência, sem constrangimento, sem subordinação, sem esse aparelho especial de coação que se chama Estado.[126]

Essa é uma abordagem inequivocamente ética do problema do comunismo, baseada em uma indignação altamente moral em relação à exploração capitalista, dificilmente compatível com um socialismo "científico" moralmente indiferente. As regras às quais Lênin se refere não são mais do que as normas de uma moralidade tradicional da sociedade capitalista e, segundo a interpretação econômica da história de Marx, uma superestrutura ideológica essencialmente determinada pelas circunstâncias econômicas que existe na sociedade capitalista e, portanto, que não tem lugar em uma sociedade comunista. Essas regras dificilmente poderiam ser identificadas às regras de cooperação social em uma comunidade sem Estado do futuro, sob a mais complexa ordem de organização centralizada da produção coletiva. E este é exatamente o problema: se uma ordem social como essa pode ser mantida sem coerção. Esse problema não é resolvido pelo apelo de Lênin à força do hábito.

A confusão entre abordagem teórica e abordagem política

A teoria do Estado de Lênin mostra claramente dois elementos característicos da teoria soviética. O primeiro é a tendência política. A questão de "qual é a essência do Estado" é posta no mesmo nível que a questão "qual a atitude de nosso partido – que luta para derrubar o capitalismo –, o partido dos comunistas: qual é sua atitude em relação ao Estado?" E o significado da segunda questão é expressamente indicada como: "Qual deve ser a atitude básica em relação ao Estado dirigido pelo partido da classe operária – lutando pela derrubada completa do capitalismo –, o partido dos comunistas?"[127] Não há separação entre

---

[126] LÊNIN, Vladímir I. *O Estado e a revolução*. Trad. Paula Vaz de Almeida. São Paulo: Boitempo, 2017, p. 115.

[127] LÊNIN, Vladimir I. "The State". *In*: LÊNIN, V. I.; STUCHKA, P. I.; REISNER, M. A.; PACHUKANIS, E. B.; STALIN, J. V.; VICHINSKI, A. Y.; YUDIN, P.;

questão teórica e questão política. Pelo contrário, há uma confusão clara e intencional entre ambas. O problema desta "teoria" não é descobrir o que o Estado realmente é do ponto de vista da cognição objetiva, mas formular uma definição do Estado que possa ser usada com efetividade na luta do partido comunista contra o capitalismo. Essa "teoria" justifica a si mesma bastante abertamente como um instrumento político: ela é o exato oposto da "ciência pura". Mas, por um lado, Lênin reconhece o postulado de uma ciência pura, pois rejeita a teoria "burguesa" do Estado porque ela não nos oferece "um ponto de vista da ciência pura"; lhe falta "imparcialidade".[128] Os acadêmicos e autores "burgueses" apenas "confundiram"[129] a matéria; sua doutrina do Estado serve somente "pra justificar privilégios sociais e a existência da exploração e do capitalismo".[130] Isso significa que a teoria burguesa do Estado não é confiável porque não passa de um instrumento político. É evidente que essa afirmação refere-se somente à teoria burguesa do Estado: em sua teoria "o conflito das diferentes classes entre si" encontra "expressão nas visões conflitantes sobre o Estado – na avaliação de seu papel e de seu significado"[131]; pois na passagem seguinte ele caracteriza a doutrina do Estado de Marx-Engels como "a abordagem mais científica do problema", embora de acordo com suas próprias afirmações essa

---

GOLUNSKI, S. A.; STROGOVICH, M. S.; TRAININ, I. P. *Soviet legal philosophy*. Trad. Hugh Baab. Cambridge, MA: Harvard University Press, 1951, p. 2.

[128] LÊNIN, Vladimir I. "The State". *In*: LÊNIN, V. I.; STUCHKA, P. I.; REISNER, M. A.; PACHUKANIS, E. B.; STALIN, J. V.; VICHINSKI, A. Y.; YUDIN, P.; GOLUNSKI, S. A.; STROGOVICH, M. S.; TRAININ, I. P. *Soviet legal philosophy*. Trad. Hugh Baab. Cambridge, MA: Harvard University Press, 1951, p. 3.

[129] LÊNIN, Vladimir I. "The State". *In*: LÊNIN, V. I.; STUCHKA, P. I.; REISNER, M. A.; PACHUKANIS, E. B.; STALIN, J. V.; VICHINSKI, A. Y.; YUDIN, P.; GOLUNSKI, S. A.; STROGOVICH, M. S.; TRAININ, I. P. *Soviet legal philosophy*. Trad. Hugh Baab. Cambridge, MA: Harvard University Press, 1951, p. 1.

[130] LÊNIN, Vladimir I. "The State". *In*: LÊNIN, V. I.; STUCHKA, P. I.; REISNER, M. A.; PACHUKANIS, E. B.; STALIN, J. V.; VICHINSKI, A. Y.; YUDIN, P.; GOLUNSKI, S. A.; STROGOVICH, M. S.; TRAININ, I. P. *Soviet legal philosophy*. Trad. Hugh Baab. Cambridge, MA: Harvard University Press, 1951, p. 3.

[131] LÊNIN, Vladimir I. "The State". *In*: LÊNIN, V. I.; STUCHKA, P. I.; REISNER, M. A.; PACHUKANIS, E. B.; STALIN, J. V.; VICHINSKI, A. Y.; YUDIN, P., GOLUNSKI, S. A.; STROGOVICH, M. S.; TRAININ, I. P. *Soviet legal philosophy*. Trad. Hugh Baab. Cambridge, MA: Harvard University Press, 1951, p. 3.

CAPÍTULO II - A TEORIA DO ESTADO E DO DIREITO E LÊNIN

abordagem seja de mesma natureza que a ciência burguesa, que ele, por conta dessa abordagem, recusa-se a reconhecer como verdadeira ciência.

A crítica de Lênin a certas teorias burguesas do Estado, como aquela de acordo com a qual o Estado tem origem divina e por isso é uma instituição divina, está correta. Mas na doutrina do Estado de Marx-Engels, Deus é apenas substituído pelo demônio, chamado exploração; e do ponto de vista da ciência não há diferença entre uma doutrina cujo propósito é justificar o Estado e uma doutrina cujo propósito é condenar o Estado. É estranho que um seguidor da interpretação econômica da história seja tão cego a esse respeito. Mas talvez seja compreensível que ele não note o fato, que oculta de seus leitores, de que os especialistas que em sua visão são burgueses porque não são comunistas, criticaram como ideologias as teorias do Estado que ele rejeita bem antes dele, e desenvolveram uma teoria que de modo algum pode ser usada para defender os interesses de uma classe dominante. Pois esse é um fato que não pode ser explicado por uma interpretação econômica da história.

O Direito no interior do Estado socialista proletário: o Direito burguês sem a burguesia

A teoria do Direito de Lênin é, como a de Marx e Engels, um conjunto de anotações casuais intercaladas em sua teoria do Estado; e nada além de uma interpretação das palavras de seus mestres. Como resultado dessa interpretação, Lênin afirma que na primeira fase da sociedade comunista, isto é, durante o período da ditadura proletária, ainda há o Direito, mas tal Direito ainda é em certa medida "burguês". Em seu *O Estado e a revolução* ele diz:

> [a]ssim, na primeira fase da sociedade comunista (que se costuma chamar de socialismo), o "direito burguês" não é abolido completamente, mas apenas em parte, na medida em que a revolução econômica foi realizada, isto é, apenas no que diz respeito aos meios de produção. O "direito burguês" atribui aos indivíduos a propriedade privada daqueles. O socialismo faz deles propriedade comum. É nisso – e somente nisso – que o "direito burguês" é abolido.[132]

---

[132] LÊNIN, Vladímir I. *O Estado e a revolução*. Trad. Paula Vaz de Almeida. São Paulo: Boitempo, 2017, p. 119.

À medida que o Direito burguês desaparece, o Direito assume o caráter de Direito socialista. Portanto, o Direito durante o período de transição é ao mesmo tempo Direito burguês e socialista. Que ele ainda seja – até certo ponto – Direito burguês,

> ... é uma "limitação", diz Marx, mas é uma limitação inevitável na primeira fase do comunismo, pois, a não ser que se caia na utopia, não se pode pensar que, logo que o capitalismo for derrubado, as pessoas saberão, sem um tipo de Estado de direito, trabalhar para a sociedade; além do mais, a abolição do capitalismo não dá, de uma só vez, as premissas econômicas de uma mudança semelhante. Ora, não há outras normas senão as do "direito burguês". É por isso que subsiste a necessidade de um Estado.[133]

Isso significa que na primeira fase do comunismo, durante o período de transição da ditadura do proletariado, haverá Direito, e, portanto, um "Estado de Direito" ainda será necessária para induzir as pessoas a trabalhar para a sociedade. Um "Estado" de Direito significa exatamente a mesma coisa que uma ordem normativa, um sistema de normas. Na edição alemã da obra de Lênin o termo russo traduzido em inglês como "Estado de Direito" é provavelmente mais bem traduzido por *Rechtsnormen*. Lênin diz depois:

> [e]m sua primeira fase, em seu primeiro estágio, o comunismo não pode estar ainda em plena maturação econômica, completamente libertado das tradições ou dos vestígios do capitalismo. Daí, esse fato interessante de se continuar prisioneiro do "estreito horizonte jurídico burguês" – sob o comunismo em sua primeira fase. O direito burguês, no que concerne à repartição dos bens de consumo, pressupõe, evidentemente, um Estado burguês, pois o direito não é nada sem um aparelho capaz de impor a observação de suas normas.

O Direito, cuja observância é garantida pelo Estado, só pode ser um sistema de normas, pois somente normas podem ser observadas. Lênin

---

[133] LÊNIN, Vladímir I. *O Estado e a revolução*. Trad. Paula Vaz de Almeida. São Paulo: Boitempo, 2017, p. 120.

CAPÍTULO II - A TEORIA DO ESTADO E DO DIREITO E LÊNIN

considera o Direito do Estado soviético como ordem normativa e de modo algum o deprecia como mera ideologia. Ele, como a maioria dos autores soviéticos, usa o termo ideologia para designar qualquer sistema de ideias.[134] Ele define o marxismo como "a ideologia do proletariado"[135], sem qualquer sentido derrogatório.[136] Lênin fala do Direito como uma realidade social e justifica sua existência como necessária para induzir os homens a trabalhar para a sociedade. E sua teoria do Direito de modo algum é uma reflexão ilusória ou pervertida da realidade social na cabeça de um ideólogo. Ele continua: "Acontece que não só o direito burguês subsiste no comunismo durante certo tempo, mas também o Estado burguês – sem a burguesia!".[137]

---

[134] Cf. EASTMAN, Max. *Marxism, is it Science?*. New York: W. W. Norton and Company, 1940, p. 101.

[135] LÊNIN, Vladimir I. "One Step Forward, Two Steps Back". *In*: LÊNIN, Vladimir I. *Selected works*. vol. 1. Moscow: Foreign Languages Publish House, 1950, p. 618.

[136] Em um panfleto publicado recentemente: KONSTANTINOV, F. V. *The role of socialist consciousness in the development of soviet society*. Moscow: Foreign Languages Publishing House, 1950 (tradução de um ensaio publicado no simpósio *Soviet Socialist Society* preparado pelo Instituto de Filosofia da Academia de Ciências da URSS, e publicado pelo Gospolitizdat, Moscou, 1949), a teoria marxiana da ideologia é formulada assim: "a ideologia da burguesia apresenta uma imagem distorcida da sociedade capitalista. O marxismo-leninismo [que é a ideologia socialista soviética] é a única reflexão acurada e adequada das necessidades de desenvolvimento da vida material da sociedade em nossa época. É a única teoria que nos arma com conhecimento científico das leis do desenvolvimento social" (p. 24ss). A ideologia socialista, isto é, a consciência social da sociedade socialista sob liderança do partido comunista – em oposição à consciência burguesa capitalista – é a manifestação da "razão humana", e a razão humana é idêntica "à razão do partido comunista". "Contra esse pano de fundo sombrio da sociedade burguesa, com sua cultura corrupta e decadente, seu misticismo, marasmo, degradação humana e desprezo à razão, raia o sol da Terra do Socialismo, onde a razão humana, a razão do partido comunista, armada com o conhecimento científico mais profundo das leis sociais, dirige as atividades de milhões que estão moldando conscientemente seu presente e seu futuro" (p. 9). "A ideologia soviética, socialista, é fundamentalmente hostil à ideologia burguesa, a ideologia das classes exploradoras. (…) Na consciência socialista integral, a ideologia socialista integral, deve-se discernir os seguintes componentes: (a) ciência soviética, (b) a consciência política, jurídica soviética, (c) a moral soviética, (d) a arte soviética, inclusive literatura. As formas de consciência socialista, as formas da ideologia soviética diferem; mas em caráter e conteúdo, a ideologia soviética, socialista, é uma. A teoria do marxismo-leninismo é a mais alta forma da consciência socialista. Todas as outras formas de consciência socialista desenvolvem-se sobre as bases do marxismo-leninismo como a mirada científica prevalente, a ideologia prevalente" (pp. 78-79).

[137] LÊNIN, Vladímir I. *O Estado e a revolução*. Trad. Paula Vaz de Almeida. São Paulo: Boitempo, 2017, p. 124.

HANS KELSEN

Um "Estado burguês" e um "direito burguês" sem burguesia é um conceito autocontraditório, pois o Estado burguês é uma maquinaria coercitiva, e o Direito burguês uma ordem coercitiva, ambos com o propósito de manter a exploração do proletariado pela burguesia. Se não há burguesia, isto é, uma classe que explora outra classe, como poderia haver uma maquinaria coercitiva ou uma ordem coercitiva com o propósito de manter a exploração?

A justiça, não o Direito, prevalecerá na sociedade comunista do futuro

De acordo com as afirmações mencionadas acima, a diferença entre a primeira e a segunda fase do comunismo será que na primeira fase o "Direito burguês" desaparecerá apenas até certo ponto, ao passo que, na segunda fase, ele desaparecerá completamente. Na primeira fase, o Direito já é, até certo ponto, Direito socialista. Na segunda fase, ele será um Direito completamente socialista? Lênin diz que na primeira fase do comunismo o Estado não definha totalmente, "uma vez que ainda permanece a proteção do 'direito burguês' que santifica a desigualdade atual. Para a completa extinção do Estado, o comunismo completo é necessário". Lênin não se refere a uma extinção completa do Direito! A interpretação de Lênin da doutrina de Marx não remove essa ambiguidade em relação ao futuro do Direito. Que haverá justiça, Lênin não diz expressamente, mas essa ideia está implicada em sua descrição do período de transição. Seguindo Marx, Lênin declara o Direito burguês com um Direito da desigualdade, embora pretenda ser uma lei da igualdade e "na verdade é uma violação da igualdade e uma injustiça". Isso implica que Lênin considera a igualdade – a verdadeira igualdade, não somente a igualdade simulada – como justiça. "A injustiça" significa – de acordo com Lênin – o que está descrito na fórmula de Marx do "estreito horizonte do direito burguês" que ainda é característico do Direito na primeira fase do comunismo. Esse "estreito horizonte do Direito burguês" "compele os homens a calcular, com a avareza de um Shylock, se um homem trabalhou ou não meia hora a mais do que outro, se ele não ganhou menos do que o outro – esse estreito horizonte [na segunda fase do comunismo] será deixado para trás". Isso significa

CAPÍTULO II - A TEORIA DO ESTADO E DO DIREITO E LÊNIN

que na segunda fase do comunismo haverá justiça. A "avareza de um Shylock" é um julgamento de valor cheio de indignação moral. Lênin diz: "A primeira fase do comunismo ainda não pode, pois, realizar a justiça e a igualdade: hão de subsistir diferenças de riqueza e diferenças injustas";[138] essa afirmação evidentemente implica que a segunda fase do comunismo produzirá "justiça e igualdade". Lênin diz adiante: na primeira fase da sociedade comunista prevalece este princípio: "Quem não trabalha não deve comer", e acrescenta, "esse princípio socialista já está realizado".[139] E também outro princípio prevalece: "Para uma quantidade igual de trabalho uma quantidade igual de produtos". Esse princípio, também, é, segundo Lênin, um princípio socialista, mas ainda não comunista; e o "Direito burguês" – que dá a indivíduos desiguais em troca de quantidades desiguais de trabalho quantidades iguais de produtos – ainda não está abolido. Os dois princípios "socialistas" já representam certo grau de justiça, mas ainda não o mais alto, que será atingido na segunda fase do comunismo. Na primeira fase ainda haverá o Estado, e "a partir do momento em que se pode falar em liberdade, o Estado deixa de existir como tal".[140] Na segunda fase do comunismo não haverá Estado, e, portanto, haverá liberdade. Nessa fase do comunismo "o antagonismo entre trabalho intelectual e trabalho manual desaparece, isto é (...) uma das principais fontes da moderna desigualdade social desaparece".[141] Portanto, haverá igualdade. Isso significa que a segunda fase do comunismo será a realização dos ideais de liberdade e igualdade, e isso significa a realização da justiça.

---

[138] LÊNIN, Vladímir I. *O Estado e a revolução*. Trad. Paula Vaz de Almeida. São Paulo: Boitempo, 2017, p. 118.

[139] LÊNIN, Vladímir I. *O Estado e a revolução*. Trad. Paula Vaz de Almeida. São Paulo: Boitempo, 2017, pp. 120-121.

[140] LÊNIN, Vladímir I. *O Estado e a revolução*. Trad. Paula Vaz de Almeida. São Paulo: Boitempo, 2017, p. 114.

[141] LÊNIN, Vladímir I. *O Estado e a revolução*. Trad. Paula Vaz de Almeida. São Paulo: Boitempo, 2017, p. 114.

Capítulo III

A TEORIA DO DIREITO DE STUTCHKA

O Direito como um sistema de relações sociais

A primeira tentativa importante de desenvolver uma teoria especificamente soviética do Direito – não como mero subproduto de uma teoria do Estado – foi *A função revolucionária do Direito e do Estado: teoria geral do Direito*[142], de P. I. Stuchka, publicada em 1921. Em 1918, Stutchka tornou-se Comissário de Justiça e, em 1919, o Comissariado de Justiça editou certos princípios-guia do Direito penal formulando a compreensão "soviética" do Direito; entre eles a seguinte definição do Direito: "O direito é um sistema (ou ordem) de relações sociais que correspondem aos interesses da classe dominante e é salvaguardado pela força organizada dessa classe".[143] A teoria do Direito de Stutchka, como

---

[142] STUTCHKA, Pyotr I. "The Revolutionary Part Played by Law and the State: a General Doctrine of Law". *In*: LÊNIN, V. I.; STUCHKA, P. I.; REISNER, M. A.; PACHUKANIS, E. B.; STALIN, J. V.; VICHINSKI, A. Y.; YUDIN, P.; GOLUNSKI, S. A.; STROGOVICH, M. S.; TRAININ, I. P. *Soviet legal philosophy*. Trad. Hugh Baab. Cambridge, MA: Harvard University Press, 1951, pp. 17 e ss.

[143] STUTCHKA, Pyotr I. "The Revolutionary Part Played by Law and the State: a General Doctrine of Law". *In*: LÊNIN, V. I.; STUCHKA, P. I.; REISNER, M. A.; PACHUKANIS, E. B.; STALIN, J. V.; VICHINSKI, A. Y.; YUDIN, P.; GOLUNSKI, S. A.; STROGOVICH, M. S.; TRAININ, I. P. *Soviet legal philosophy*. Trad. Hugh Baab. Cambridge, MA: Harvard University Press, 1951, p. 20.

apresentada no trabalho mencionado acima, não é nada mais que uma paráfrase dessa fórmula. Ele especifica a afirmação de que o Direito é um sistema de "relações sociais" ao enfatizar que essas relações são apenas relações de produção e de distribuição.

> Pela palavra sociedade, Marx compreendia em primeiro lugar o conjunto de relações de produção, bem como o conjunto de relações de distribuição. "A relação individual de produção – e de troca, pode-se acrescentar – em cada sociedade, constitui um todo unitário", como diz Marx; de onde segue que nossa definição de direito – com sua alusão a "um sistema de relações sociais" como um todo unitário, ou uma ordem social – está em completo acordo com a visão de Marx.[144]

Isso significa que o Direito é identificado com a sociedade e a sociedade com a economia. Portanto, não pode haver algo como um Direito diferente da economia. Isso, é claro, não é objeção do ponto de vista de uma interpretação econômica da sociedade, que tem a tendência de reduzir todos os fenômenos sociais a fenômenos econômicos. Mas, se tal interpretação econômica da sociedade é consistente, ela deve chegar à conclusão de que o Direito não existe como algo diferente da economia – seja ela capitalista ou socialista –, que uma teoria que simule a existência do Direito não é nada além de uma ideologia, porque uma teoria do Direito diferente de uma teoria econômica é impossível. E, na verdade, é como se Stutchka tivesse a intenção de rejeitar toda a jurisprudência como incompatível com o socialismo. Ele ataca o "jurista" socialista "que trai a revolução a cada passo sob a máscara do marxismo", e afirma:

> [n]ão há lugar para a revolução na compreensão atual do direito; e como os camponeses revolucionários alemães que mandaram seus doutores em leis ao front, e os espanhóis que amaldiçoaram

---

[144] STUTCHKA, Pyotr I. "The Revolutionary Part Played by Law and the State: a General Doctrine of Law". *In*: LÊNIN, V. I.; STUCHKA, P. I.; REISNER, M. A.; PACHUKANIS, E. B.; STALIN, J. V.; VICHINSKI, A. Y.; YUDIN, P.; GOLUNSKI, S. A.; STROGOVICH, M. S.; TRAININ, I. P. *Soviet legal philosophy*. Trad. Hugh Baab. Cambridge, MA: Harvard University Press, 1951, p. 31.

CAPÍTULO III - A TEORIA DO DIREITO DE STUTCHKA

seus juristas (*togados*), a revolução proletária também deve estar alerta em relação a seus juristas.[145]

Isso parece significar que sob a ditadura do proletariado não há lugar para "juristas", uma vez que não há Direito como algo diferente das relações econômicas. Mas, por outro lado, Stutchka lida com o Direito como um objeto real de uma ciência que ele não identifica, ao menos expressamente, com a ciência da economia. Ele nega a existência do Direito somente em uma sociedade comunista do futuro, e afirma que há algo como o Direito em um período de transição da ditadura do proletariado.

O Direito como um sistema de normas

A definição do Direito como um sistema de relações sociais aparentemente não se harmoniza muito bem com outra afirmação contida nos "princípios" editados pelo Comissariado de Justiça:

> [o] direito penal é composto de normas jurídicas e outras medidas jurídicas com as quais o sistema de relações sociais de uma dada sociedade protege a si mesmo contra violações (crimes) por meio da repressão (punição).[146]

De acordo com essa afirmação o Direito não é um sistema de relações sociais mas – ao menos parcialmente – um conjunto de normas jurídicas instituídas com o propósito de garantir ou proteger certas relações sociais. Pode parecer que Stutchka, ao definir o Direito como uma "ordem",

---

[145] STUTCHKA, Pyotr I. "The Revolutionary Part Played by Law and the State: a General Doctrine of Law". *In*: LÊNIN, V. I.; STUCHKA, P. I.; REISNER, M. A.; PACHUKANIS, E. B.; STALIN, J. V.; VICHINSKI, A. Y.; YUDIN, P.; GOLUNSKI, S. A.; STROGOVICH, M. S.; TRAININ, I. P. *Soviet legal philosophy*. Trad. Hugh Baab. Cambridge, MA: Harvard University Press, 1951, p. 21.

[146] STUTCHKA, Pyotr I. "The Revolutionary Part Played by Law and the State: a General Doctrine of Law". *In*: LÊNIN, V. I.; STUCHKA, P. I.; REISNER, M. A.; PACHUKANIS, E. B.; STALIN, J. V.; VICHINSKI, A. Y.; YUDIN, P.; GOLUNSKI, S. A.; STROGOVICH, M. S.; TRAININ, I. P. *Soviet legal philosophy*. Trad. Hugh Baab. Cambridge, MA: Harvard University Press, 1951, p. 24.

HANS KELSEN

refere-se a essas normas. Mas isso não está correto, pois em sua explicação do termo "relações sociais" ele interpreta o termo "ordem" como significando um sistema, como um todo unitário. Stutchka rejeita expressamente a visão prevalente entre os autores burgueses que concebe o Direito sob a categoria de norma.

> Embora a vasta maioria deles também parta do conceito de uma relação jurídica, o direito em sentido objetivo, eles o veem – quase todos eles – somente na totalidade de normas – isto é, em um código de afirmações ou imperativos volitivos...[147]

Para justificar sua rejeição da definição de Direito como um sistema de normas, ele se refere à afirmação do jurista romano Paulus: "*non ex regula jus sumatur, sed ex jure, quod est, regula fiat*", interpretando "que o Direito não vem da regra: a regra vem a existir a partir do Direito existente". Mas a afirmação de Paulus não tem nada a ver com a questão de se o Direito é ou não norma. Ela significa apenas que o Direito individual, o Direito concreto ou a decisão jurídica não podem ser derivados de uma regra geral, que a regra geral pode ser estabelecida apenas – como uma abstração – com base no Direito tal qual ele existe em suas manifestações individuais ou concretas. O significado da afirmação de Paulus poderia muito bem ser determinado em termos de norma: a norma jurídica individual não pode ser derivada de uma norma jurídica geral uma vez que a norma jurídica geral pode ser formulada apenas como uma abstração das normas individuais. Por *regula* Paulus refere-se a uma legalidade geral, e por *jus* a um Direito individual ou decisão judicial que é uma norma individual. Mas Stutchka compreende mal a afirmação ao interpretar *regula* como "norma" e *jus, quod est* como as relações sociais existentes. Contudo, Stutchka está correto quando se refere a uma escola moderna de jurisprudência, a chamada escola sociológica, como defensora dessa definição do Direito como relações sociais. Ele diz:

---

[147] STUTCHKA, Pyotr I. "The Revolutionary Part Played by Law and the State: a General Doctrine of Law". *In*: LÊNIN, V. I.; STUCHKA, P. I.; REISNER, M. A.; PACHUKANIS, E. B.; STALIN, J. V.; VICHINSKI, A. Y.; YUDIN, P.; GOLUNSKI, S. A.; STROGOVICH, M. S.; TRAININ, I. P. *Soviet legal philosophy*. Trad. Hugh Baab. Cambridge, MA: Harvard University Press, 1951, p. 22.

CAPÍTULO III - A TEORIA DO DIREITO DE STUTCHKA

[n]a realidade, parece que desde que surgiu a tendência sociológica na ciência jurídica, uma coisa ao menos foi estabelecida
firmemente: que são as próprias relações especificamente sociais
que são o direito.[148]

A afirmação na *Pequena Enciclopédia Soviética* (1931) de que a
contribuição de Stutchka à teoria soviética do direito

... foi contrastar o Direito como um sistema de relações sociais
correspondentes aos interesses da classe dominante e protegido pela
força dessa classe com as teorias burguesas tradicionais e contem-
porâneas do Direito como norma, ou como emoções ou justiça...[149]

não é, portanto, exatamente correta. Não há "contraste" real entre a
definição de Direito de Stutchka e aquela da teoria burguesa contemporânea da jurisprudência sociológica.

O Direito como uma realidade social, não uma mera superestrutura ideológica

Ao definir o Direito como um conjunto de relações sociais e não
como um sistema de normas, Stutchka afirma estar "em completo acordo
com a visão de Marx".[150] Mas ao mesmo tempo ele rejeita a fórmula de

---

[148] STUTCHKA, Pyotr I. "The Revolutionary Part Played by Law and the State: a
General Doctrine of Law". *In*: LÊNIN, V. I.; STUCHKA, P. I.; REISNER, M. A.;
PACHUKANIS, E. B.; STALIN, J. V.; VICHINSKI, A. Y.; YUDIN, P.; GOLUNSKI,
S. A.; STROGOVICH, M. S.; TRAININ, I. P. *Soviet legal philosophy*. Trad. Hugh
Baab. Cambridge, MA: Harvard University Press, 1951, p. 22.

[149] STUTCHKA, Pyotr I. "The Revolutionary Part Played by Law and the State: a
General Doctrine of Law". *In*: LÊNIN, V. I.; STUCHKA, P. I.; REISNER, M. A.;
PACHUKANIS, E. B.; STALIN, J. V.; VICHINSKI, A. Y.; YUDIN, P.; GOLUNSKI,
S. A.; STROGOVICH, M. S.; TRAININ, I. P. *Soviet legal philosophy*. Trad. Hugh
Baab. Cambridge, MA: Harvard University Press, 1951, p. 24.

[150] STUTCHKA, Pyotr I. "The Revolutionary Part Played by Law and the State: a
General Doctrine of Law". *In*: LÊNIN, V. I.; STUCHKA, P. I.; REISNER, M. A.;
PACHUKANIS, E. B.; STALIN, J. V.; VICHINSKI, A. Y.; YUDIN, P.; GOLUNSKI,
S. A.; STROGOVICH, M. S.; TRAININ, I. P. *Soviet legal philosophy*. Trad. Hugh

HANS KELSEN

Marx da "superestrutura jurídica", que a seu ver reduz o Direito a mera ideologia.

> Quem assimilou a forma de pensar de Marx e Engels sobre o capital, o dinheiro e assim por diante como relações sociais compreenderá de uma vez o que estamos dizendo com um sistema de relações sociais. Esse será um tema mais difícil para um jurista a quem o direito é uma superestrutura puramente técnica e artificial, dominante − estranhamente − sobre sua fundação. A essa compreensão até Marx pagou tributo de algum modo quando e na medida em que ele fala do direito como uma superestrutura ideológica: pois Marx era, é claro, conhecedor do direito romano e − em geral − dos conceitos jurídicos da década de trinta que viam no direito uma expressão da vontade geral (*Volkswillen*) e era habituado a sua terminologia.[151]

Essa é, com certeza, uma má interpretação da doutrina da superestrutura ideológica de Marx, que não é nem "técnica" nem "artificial" e certamente não é "dominante" sobre sua fundação. E embora Marx, de fato, tenha estudado Direito romano na Universidade de Bonn, ele nunca aceitou a teoria burguesa do Direito e desde o início denunciou a definição do Direito como uma expressão da vontade geral como uma ideologia

---

Baab. Cambridge, MA: Harvard University Press, 1951, p. 31. Em um artigo "Notes on the Class Theory of Law" (*Sovestkoye Pravo*, n. 3, 1922, p. 10, citado em Vichinski, (VYSHINSKY, Andrei Y. (Coord.). *The law of the soviet state*. New York: The Macmillan Company, 1948, p. 15), Stutchka refere-se a *Zur Kritik der politischen Oekonomie*, de Marx, no qual as "relações de propriedade" são caracterizadas como "expressão jurídica das relações de produção existentes" (p. 7). Stutchka interpreta corretamente essa passagem como significando que as relações jurídicas são relações de produção. Portanto, sua definição do Direito como um conjunto de relações econômicas pode na verdade estar baseada em uma visão de Marx. Vichinski tenta em vão rejeitar essa interpretação da afirmação de *Zur Kritik der politischen Oekonomie* de Marx pela afirmação de que Stutchka usou uma tradução incorreta ou a traduziu incorretamente ele mesmo do alemão.

[151] STUTCHKA, Pyotr I. "The Revolutionary Part Played by Law and the State: a General Doctrine of Law". *In*: LÊNIN, V. I.; STUCHKA, P. I.; REISNER, M. A.; PACHUKANIS, E. B.; STALIN, J. V.; VICHINSKI, A. Y.; YUDIN, P.; GOLUNSKI, S. A.; STROGOVICH, M. S.; TRAININ, I. P. *Soviet legal philosophy*. Trad. Hugh Baab. Cambridge, MA: Harvard University Press, 1951, p. 27.

CAPÍTULO III - A TEORIA DO DIREITO DE STUTCHKA

ilusória. Stutchka está correto quando presume que de acordo com Marx – ou ao menos de acordo com algumas de suas afirmações – o Direito pertence à superestrutura ideológica, e não à subestrutura de relações sociais. E está certo, também, quando afirma que sua rejeição dessa visão, e sua definição do Direito como relação social estão, igualmente, em conformidade com a visão de Marx. Aqui, a ambiguidade da doutrina da ideologia de Marx torna-se manifesta. Mas Stutchka certamente está errado quando supõe – como ele parece fazer – que a definição do Direito como uma ordem normativa é incompatível com uma interpretação econômica ou materialista da sociedade. Como destacado, o conceito de norma não é em si uma ideologia ilusória e pode ser aplicado em uma descrição perfeitamente "científica" do Direito, mesmo que o termo "norma" tenha a conotação de "justiça". Pois, apresentar o Direito como norma é uma ideologia ilusória somente se o Direito não for, de fato, justo; se o Direito é justo – e a resposta a essa questão depende da definição de justiça – ele é corretamente apresentado como algo que deve ser. Uma interpretação da sociedade que culmina na previsão do comunismo como um Estado perfeito da humanidade não apenas não exclui a ideia de justiça e, portanto, o conceito de norma em um sentido moral do termo, mas essencialmente o implica. Stutchka, é verdade, rejeita o conceito de justiça. Ele diz:

> ... os conceitos eternos e indistintos de verdade e justiça universais entre a humanidade, sustentados pela burguesia, estão perecendo e conceitos puramente classistas assumem seu lugar entre nós. Mas quando falamos de Direito e justiça no sentido de classe, temos em mente as palavras de ordem revolucionárias de um conteúdo puramente classista...[152]

Assim, não apenas os ideólogos burgueses, mas também os comunistas falam de "Direito e justiça"; mas seu Direito e sua justiça são apenas Direito de classe e justiça de classe. Mas e quanto a uma sociedade

---

[152] STUTCHKA, Pyotr I. "The Revolutionary Part Played by Law and the State: a General Doctrine of Law". *In*: LÊNIN, V. I.; STUCHKA, P. I.; REISNER, M. A.; PACHUKANIS, E. B.; STALIN, J. V.; VICHINSKI, A. Y.; YUDIN, P.; GOLUNSKI, S. A.; STROGOVICH, M. S.; TRAININ, I. P. *Soviet legal philosophy*. Trad. Hugh Baab. Cambridge, MA: Harvard University Press, 1951, p. 27.

HANS KELSEN

sem classes, cuja existência no passado Stutchka afirma enfaticamente e cuja existência no futuro ele certamente não nega? Sobre tal sociedade sem classes ele diz apenas que "não há Direito em tal sociedade"[153]; ele não diz que não há justiça, e certamente não diz que não há verdade em uma sociedade sem classes. E se há justiça e verdade na sociedade comunista do futuro, não pode haver verdade de classe e justiça de classe, pois não haverá classes nessa sociedade. Mas a ideia de verdade e a ideia de justiça implicam o conceito de norma.

O Direito, Direito de classe por definição

É evidente que a definição de Stutchka do Direito como um conjunto de relações de produção e distribuição não está completa. Caso contrário, haveria Direito – como algo idêntico a essas relações – não apenas na sociedade capitalista, mas também na sociedade comunista, na sociedade comunista do passado, bem como na sociedade comunista do futuro. Mas Stutchka tenta evitar essa consequência, e pensa que é necessário evitá-la, a fim de não entrar em conflito com a doutrina do Direito de Marx-Engels. Pois ele interpreta que essa doutrina significa que o Direito pode existir apenas em uma sociedade dividida em classes opostas. Portanto, ele acrescenta "o ponto de vista de classe". Que esse ponto de vista não esteja presente na jurisprudência burguesa, é sua principal objeção contra ela. "Somente a compreensão de classe do Direito introduz o grau de determinação essencial sem o qual a jurisprudência é técnica verbal e nada mais".[154] O "ponto de vista de classe" fica expresso na afirmação de que o Direito é uma ordem, isto é, um

---

[153] STUTCHKA, Pyotr I. "The Revolutionary Part Played by Law and the State: a General Doctrine of Law". *In*: LÊNIN, V. I.; STUCHKA, P. I.; REISNER, M. A.; PACHUKANIS, E. B.; STALIN, J. V.; VICHINSKI, A. Y.; YUDIN, P.; GOLUNSKI, S. A.; STROGOVICH, M. S.; TRAININ, I. P. *Soviet legal philosophy*. Trad. Hugh Baab. Cambridge, MA: Harvard University Press, 1951, p. 33.

[154] STUTCHKA, Pyotr I. "The Revolutionary Part Played by Law and the State: a General Doctrine of Law". *In*: LÊNIN, V. I.; STUCHKA, P. I.; REISNER, M. A.; PACHUKANIS, E. B.; STALIN, J. V.; VICHINSKI, A. Y.; YUDIN, P.; GOLUNSKI, S. A.; STROGOVICH, M. S.; TRAININ, I. P. *Soviet legal philosophy*. Trad. Hugh Baab. Cambridge, MA: Harvard University Press, 1951, p. 24.

CAPÍTULO III - A TEORIA DO DIREITO DE STUTCHKA

sistema de relações sociais que "corresponde aos interesses (ou então que assegura os interesses) da classe dominante"; "onde quer que a forma de divisão da humanidade em classes e a dominação de uma classe sobre outra esteja presente, encontramos o Direito ou algo análogo a ele".[155] Stutchka enfatiza corretamente a conexão existente entre o conceito de classes e o de luta de classes revolucionária.[156] O caráter de classe do Direito leva necessariamente à coerção ou à restrição como um elemento essencial do Direito. As relações sociais estabelecidas no interesse da classe dominante são "salvaguardadas pela força organizada dessa classe", ou, o que dá no mesmo, "a dominação da classe dos opressores sobre os oprimidos" é salvaguardada pela "autoridade organizada".[157] Com esse termo Stutchka refere-se ao Estado.[158]

Quanto à relação entre Direito e Estado, Stutchka não deu um passo além de seus mestres. "Contudo, olhamos para o papel cumprido pelo Estado no problema do Direito, o laço próximo entre os conceitos de Direito e de Estado está além de qualquer dúvida. Naturalmente, a questão de suas relações mútuas aparece. O que veio primeiro – o Direito

---

[155] STUTCHKA, Pyotr I. "The Revolutionary Part Played by Law and the State: a General Doctrine of Law". *In*: LÊNIN, V. I.; STUCHKA, P. I.; REISNER, M. A.; PACHUKANIS, E. B.; STALIN, J. V.; VICHINSKI, A. Y.; YUDIN, P.; GOLUNSKI, S. A.; STROGOVICH, M. S.; TRAININ, I. P. *Soviet legal philosophy*. Trad. Hugh Baab. Cambridge, MA: Harvard University Press, 1951, p. 25.

[156] STUTCHKA, Pyotr I. "The Revolutionary Part Played by Law and the State: a General Doctrine of Law". *In*: LÊNIN, V. I.; STUCHKA, P. I.; REISNER, M. A.; PACHUKANIS, E. B.; STALIN, J. V.; VICHINSKI, A. Y.; YUDIN, P.; GOLUNSKI, S. A.; STROGOVICH, M. S.; TRAININ, I. P. *Soviet legal philosophy*. Trad. Hugh Baab. Cambridge, MA: Harvard University Press, 1951, pp. 42 e ss.

[157] STUTCHKA, Pyotr I. "The Revolutionary Part Played by Law and the State: a General Doctrine of Law". *In*: LÊNIN, V. I.; STUCHKA, P. I.; REISNER, M. A.; PACHUKANIS, E. B.; STALIN, J. V.; VICHINSKI, A. Y.; YUDIN, P.; GOLUNSKI, S. A.; STROGOVICH, M. S.; TRAININ, I. P. *Soviet legal philosophy*. Trad. Hugh Baab. Cambridge, MA: Harvard University Press, 1951, pp. 20 e 52.

[158] STUTCHKA, Pyotr I. "The Revolutionary Part Played by Law and the State: a General Doctrine of Law". *In*: LÊNIN, V. I.; STUCHKA, P. I.; REISNER, M. A.; PACHUKANIS, E. B.; STALIN, J. V.; VICHINSKI, A. Y.; YUDIN, P.; GOLUNSKI, S. A.; STROGOVICH, M. S.; TRAININ, I. P. *Soviet legal philosophy*. Trad. Hugh Baab. Cambridge, MA: Harvard University Press, 1951, p. 52.

HANS KELSEN

ou o Estado? Quem define quem? O Direito define o Estado ou o Estado define o Direito?"[159] Mas Stutchka não responde essas questões. Ele não tem nada a dizer além de que há uma relação próxima entre os dois conceitos. Parece que ele aceita a visão dos autores burgueses que veem a relação em primeiro lugar no fato de que o Estado cria o Direito. Pois ele diz: "Em geral e como um todo, o Estado é uma instituição monopolista que desempenha o papel de salvaguardar a regulação jurídica".[160]

Stutchka aceita a descrição de Engels da sociedade primitiva das *gentes* como uma sociedade comunista sem classes. Ele diz:

> [n]essa associação de *gens* há certo plano econômico – embora seja um plano fracamente organizado – e há também um tipo de divisão do trabalho: *mas não há direito* (...) Em suas relações mútuas, os parentes são guiados por *mores* (hábitos) e por costumes. Mas esses costumes são essencialmente apenas os modos técnicos que são sugeridos pela experiência e pelo instinto (...) Nosso único conhecimento do homem primordial é que levava uma vida de laços afetivos – mais ou menos abrangente. Não havia leis. Não havia direito. Embora houvesse uma sociedade extremamente estável e próxima, cuja única regulação (se é que há alguma) eram as leis da natureza.[161]

Se os membros dessa sociedade são "guiados" por *mores* e costumes, eles consideram seu comportamento mútuo como regulado por normas.

---

[159] STUTCHKA, Pyotr I. "The Revolutionary Part Played by Law and the State: a General Doctrine of Law". *In*: LÊNIN, V. I.; STUCHKA, P. I.; REISNER, M. A.; PACHUKANIS, E. B.; STALIN, J. V.; VICHINSKI, A. Y.; YUDIN, P.; GOLUNSKI, S. A.; STROGOVICH, M. S.; TRAININ, I. P. *Soviet legal philosophy*. Trad. Hugh Baab. Cambridge, MA: Harvard University Press, 1951, p. 56.

[160] STUTCHKA, Pyotr I. "The Revolutionary Part Played by Law and the State: a General Doctrine of Law". *In*: LÊNIN, V. I.; STUCHKA, P. I.; REISNER, M. A.; PACHUKANIS, E. B.; STALIN, J. V.; VICHINSKI, A. Y.; YUDIN, P.; GOLUNSKI, S. A.; STROGOVICH, M. S.; TRAININ, I. P. *Soviet legal philosophy*. Trad. Hugh Baab. Cambridge, MA: Harvard University Press, 1951, p. 65.

[161] STUTCHKA, Pyotr I. "The Revolutionary Part Played by Law and the State: a General Doctrine of Law". *In*: LÊNIN, V. I.; STUCHKA, P. I.; REISNER, M. A.; PACHUKANIS, E. B.; STALIN, J. V.; VICHINSKI, A. Y.; YUDIN, P.; GOLUNSKI, S. A.; STROGOVICH, M. S.; TRAININ, I. P. *Soviet legal philosophy*. Trad. Hugh Baab. Cambridge, MA: Harvard University Press, 1951, p. 33.

CAPÍTULO III - A TEORIA DO DIREITO DE STUTCHKA

Essas normas talvez não sejam Direito tal qual Stutchka o define; mas ele mesmo admite que elas são "Direito" em outro sentido, que a "regulação" de uma "sociedade próxima" – e ela podia ser próxima apenas por conta dessa regulação – "eram as leis da natureza". Esse é exatamente o modo como muitos seguidores da doutrina do Direito natural caracterizam a ordem social da humanidade primitiva.

O Direito não é necessariamente Direito do explorador: o Direito soviético

Embora Stutchka enfatize o ponto de vista de classe em sua definição do Direito e insista na conexão essencial entre o conceito de classes e o conceito de luta de classes revolucionária, embora caracterize a relação entre as classes opostas como opressão – ele fala da "dominação da classe dos opressores sobre os oprimidos, dos que têm sobre os que não têm"[162] – e assim se refira à exploração como um elemento essencial da opressão, o elemento da exploração não é inserido nesse conceito de Direito. Pois essa definição deve dar conta não apenas do Direito capitalista, mas também do Direito do Estado socialista estabelecido pela Revolução de Outubro. Sobre essa revolução, Stutchka diz:

> [a]plicando sua força real, ela primeiro toma o poder da burguesia e os meios de apropriação da burguesia: anula a propriedade privada dos meios de produção (ou, mais rigorosamente, dos meios de produção dos outros). Mas mesmo se esse trabalho de destruição parece um processo prolongando, o processo de reorganização da nova produção – e isso nas condições da ruína causada pela guerra – é então um trabalho extremamente longo. Antes de estarmos em um período de transição, no qual – levando em conta o material social de que dispomos – teremos que aplicar conscientemente as leis de desenvolvimento da sociedade capitalista

---

[162] STUTCHKA, Pyotr I. "The Revolutionary Part Played by Law and the State: a General Doctrine of Law". *In*: LÊNIN, V. I.; STUCHKA, P. I.; REISNER, M. A.; PACHUKANIS, E. B.; STALIN, J. V.; VICHINSKI, A. Y.; YUDIN, P.; GOLUNSKI, S. A.; STROGOVICH, M. S.; TRAININ, I. P. *Soviet legal philosophy*. Trad. Hugh Baab. Cambridge, MA: Harvard University Press, 1951, p. 52.

– leis que adquirimos ou que ainda estamos no processo de adquirir – com a finalidade de mudar nossas relações sociais. E esse trabalho deve fornecer uma síntese do comunismo primordial e todos os desenvolvimentos subsequentes da propriedade privada no comunismo científico.[163]

"As leis de desenvolvimento da sociedade capitalista" só pode significar "as leis" da sociedade capitalista como uma ordem normativa, não as leis causais da natureza que determinam a evolução social. Essas leis não podem ser "aplicadas" porque elas operam independentemente da vontade humana. Assim, o Direito do Estado socialista ainda é um Direito capitalista. Stutchka continua:

> [n]aturalmente, essa época de transição é como uma época de dominação de uma classe – mas é a classe da maioria escravizada até aqui. A época de transição, contudo, põe todas as relações sobre seus pés e as torna compreensíveis e manifestas a todos. No lugar da complicação artificial anterior, a época de transição introduz uma simplificação natural. Mas tendo sua forma de Estado, a ordem social soviética, o período de transição possui também sua própria ordem social característica bem como seu direito soviético.

O Direito soviético: uma ordem coercitiva mas natural, um Direito ao mesmo tempo capitalista e socialista

Stutchka não deixa qualquer dúvida em relação ao caráter coercitivo desse Direito. Referindo-se a uma afirmação de Engels, "o grande profeta", Stutchka declara que é necessário "um suporte coercitivo do Direito" no Estado da classe proletária "para empregar o terror".[164]

---

[163] STUTCHKA, Pyotr I. "The Revolutionary Part Played by Law and the State: a General Doctrine of Law". *In*: LÊNIN, V. I.; STUCHKA, P. I.; REISNER, M. A.; PACHUKANIS, E. B.; STALIN, J. V.; VICHINSKI, A. Y.; YUDIN, P.; GOLUNSKI, S. A.; STROGOVICH, M. S.; TRAININ, I. P. *Soviet legal philosophy*. Trad. Hugh Baab. Cambridge, MA: Harvard University Press, 1951, p. 40.

[164] STUTCHKA, Pyotr I. "The Revolutionary Part Played by Law and the State: a General Doctrine of Law". *In*: LÊNIN, V. I.; STUCHKA, P. I.; REISNER, M. A.; PACHUKANIS, E. B.; STALIN, J. V.; VICHINSKI, A. Y.; YUDIN, P.; GOLUNSKI,

CAPÍTULO III - A TEORIA DO DIREITO DE STUTCHKA

Isso apesar da afirmação citada logo acima de que o Direito do período de transição "põe todas as relações sobre seus pés" e "introduz uma simplificação natural". Isso só pode significar que esse Direito regula as relações sociais de uma maneira adequada, *i.e.*, justa, que corresponde a sua natureza e, portanto, torna o emprego da força supérfluo. E, além disso, a ideia do Direito, que corresponde à natureza das relações reguladas por sua típica doutrina do Direito natural. Quanto à qualificação desse Direito, a doutrina de Stutchka não é menos contraditória. O Direito aplicado pelo Estado da classe proletária, embora ainda seja Direito capitalista, é não obstante "a ordem social característica do próprio" Estado socialista, "seu Direito soviético". É um Direito socialista que ao mesmo tempo é Direito capitalista. Essa contradição é uma consequência inevitável de uma doutrina que defende que o Direito – como um elemento essencial do Estado – existe somente na sociedade capitalista, *i.e.*, uma sociedade na qual os meios de produção estão nas mãos de uma pequena minoria que ⬦ maioria, mas que é forçada a admitir que o Direito, bem ⬦ existe também em uma sociedade socialista na qual os me ⬦ são nacionalizados, ou seja, concentrados nas mãos de ⬦ m de abolir a exploração.

É altamente carac ⬦ liferença impressionante entre o Direito capitalista e o L ⬦ não seja mencionada de modo algum. Em vez disso, St ⬦ outra diferença:

> [a] classe dos exploradores nunca pode aspirar a destruir ou exterminar a classe que ela explora. Em casos em que esse princípio não se confirmou, ela pereceu junto com as classes exploradas. Disso decorre a adaptabilidade, a atitude conciliatória da classe dos opressores, e sua condescendência (que algumas vezes ela mal pode entender) em relação à classe dos explorados. Todo o desenvolvimento leva inevitavelmente à ditadura do proletariado – mas o proletariado, como a classe oprimida, não pode desejar outra coisa que não destruir a classe de seus opressores.[165]

S. A.; STROGOVICH, M. S.; TRAININ, I. P. *Soviet legal philosophy*. Trad. Hugh Baab. Cambridge, MA: Harvard University Press, 1951, pp. 67-69.

[165] STUTCHKA, Pyotr I. "The Revolutionary Part Played by Law and the State: a General Doctrine of Law". *In*: LÊNIN, V. I.; STUCHKA, P. I.; REISNER, M. A.;

Que o proletariado, como a classe "oprimida", pode "destruir a classe de seus opressores", é uma contradição em termos. Pois ao destruir a outra classe, a classe oprimida torna-se classe opressora e a classe opressora a classe oprimida. Essa não é apenas uma linguagem inexata, que poderia ser facilmente corrigida mencionando a *antiga* classe oprimida e a *antiga* classe opressora; essa contradição está implicada no conceito de "ditadura do proletariado", um dos conceitos fundamentais da teoria marxiana. Uma classe tem o caráter de proletariado apenas porque e na medida em que ela é oprimida por outra classe com a finalidade de sua exploração. Tão logo se torne uma classe opressora, ela deixa de ser proletariado. E uma classe tem o caráter de classe burguesa apenas porque e na medida em que ela oprime outra classe a fim de explorá-la. Tão logo se torne a classe oprimida, ela deixa de ser burguesia. Mas admitir essa mudança significa admitir que no interior do Estado chamado "a ditadura do proletariado" não há nem proletariado nem burguesia, porque não há exploração; e isso significa admitir que nem o Estado nem o Direito é um instrumento específico da sociedade capitalista.

O caráter científico da jurisprudência e o reconhecimento do caráter de classe do Direito

Assim como Lênin opôs sua doutrina marxista do Estado como uma verdadeira ciência à pseudociência do Estado desenvolvida por autores burgueses, Stutchka opõe sua doutrina marxista do Direito como uma doutrina verdadeiramente científica à doutrina burguesa do Direito, à qual ele nega qualquer caráter científico. A jurisprudência burguesa, diz ele,

> ... ainda orbita, mesmo hoje, em torno de uma fórmula miserável e é em si ambígua sobre se é ou não, em geral, uma ciência. Responderemos com franqueza que não – nunca foi e nem poderá ser uma ciência.[166]

O "mérito mais fundamental" de sua definição do Direito é:

PACHUKANIS, E. B.; STALIN, J. V.; VICHINSKI, A. Y.; YUDIN, P.; GOLUNSKI, S. A.; STROGOVICH, M. S.; TRAININ, I. P. *Soviet legal philosophy*. Trad. Hugh Baab. Cambridge, MA: Harvard University Press, 1951, p. 51.

[166] STUTCHKA, Pyotr I. "The Revolutionary Part Played by Law and the State: a

CAPÍTULO III - A TEORIA DO DIREITO DE STUTCHKA

> ... que pela primeira vez ela estabelece em termos científicos sólidos o problema do direito em geral: ela renuncia à visão puramente formal do Direito [que é a visão da jurisprudência burguesa] e vê o Direito como um fenômeno social mutável e não como uma categoria eterna [como faz a jurisprudência burguesa]. Ele renuncia à tentativa da ciência burguesa de reconciliar o irreconciliável, ao passo que encontra uma medida aplicável às espécies mais irreconciliáveis de Direito uma vez que repousa sobre o ponto de vista da luta de classes e das contradições de classes.[167]

A jurisprudência burguesa "oculta o caráter de classe de sua autoridade [jurídica]".[168] Os juristas burgueses estão "sonhando com um tipo de fenômeno eterno e imutável", ao passo que os juristas soviéticos "discernem numa instituição jurídica somente um conjunto de relações sociais historicamente mutáveis".[169] Essa crítica da jurisprudência burguesa é contraditória em si mesma e está direcionada contra um oponente imaginário. Uma teoria jurídica não pode ser formalista e ao mesmo tempo definir o Direito como uma categoria eterna. A escola da jurisprudência burguesa que tenta descrever o Direito como uma categoria eterna, a saber

---

General Doctrine of Law". *In*: LÊNIN, V. I.; STUCHKA, P. I.; REISNER, M. A.; PACHUKANIS, E. B.; STALIN, J. V.; VICHINSKI, A. Y.; YUDIN, P.; GOLUNSKI, S. A.; STROGOVICH, M. S.; TRAININ, I. P. *Soviet legal philosophy*. Trad. Hugh Baab. Cambridge, MA: Harvard University Press, 1951, p. 20.

[167] STUTCHKA, Pyotr I. "The Revolutionary Part Played by Law and the State: a General Doctrine of Law". *In*: LÊNIN, V. I.; STUCHKA, P. I.; REISNER, M. A.; PACHUKANIS, E. B.; STALIN, J. V.; VICHINSKI, A. Y.; YUDIN, P.; GOLUNSKI, S. A.; STROGOVICH, M. S.; TRAININ, I. P. *Soviet legal philosophy*. Trad. Hugh Baab. Cambridge, MA: Harvard University Press, 1951, p. 20.

[168] STUTCHKA, Pyotr I. "The Revolutionary Part Played by Law and the State: a General Doctrine of Law". *In*: LÊNIN, V. I.; STUCHKA, P. I.; REISNER, M. A.; PACHUKANIS, E. B.; STALIN, J. V.; VICHINSKI, A. Y.; YUDIN, P.; GOLUNSKI, S. A.; STROGOVICH, M. S.; TRAININ, I. P. *Soviet legal philosophy*. Trad. Hugh Baab. Cambridge, MA: Harvard University Press, 1951, p. 68.

[169] STUTCHKA, Pyotr I. "The Revolutionary Part Played by Law and the State: a General Doctrine of Law". *In*: LÊNIN, V. I.; STUCHKA, P. I.; REISNER, M. A.; PACHUKANIS, E. B.; STALIN, J. V.; VICHINSKI, A. Y.; YUDIN, P.; GOLUNSKI, S. A.; STROGOVICH, M. S.; TRAININ, I. P. *Soviet legal philosophy*. Trad. Hugh Baab. Cambridge, MA: Harvard University Press, 1951, p. 42.

HANS KELSEN

a doutrina do Direito natural, é justamente o oposto de uma jurisprudência formalista e está conscientemente direcionada contra o formalismo na jurisprudência. Além disso, Stutchka, que rejeita a doutrina do Direito natural – como mostrado acima –, aproxima-se dela algumas vezes, pois a maioria dos autores burgueses da época em que Stutchka publicou sua doutrina marxista do Direito certamente não era seguidora da doutrina do Direito natural e certamente não considerava o Direito uma categoria eterna. Eles insistiram e ainda insistem, em oposição à doutrina do Direito natural, no caráter histórico e mutável do Direito; e a escola sociológica da jurisprudência – certamente uma escola burguesa – enfatiza a relação essencial existente entre circunstâncias jurídicas e econômicas.

Se a jurisprudência burguesa que se opõe à doutrina do Direito natural mostra em sua definição do Direito uma tendência mais ou menos formalista, é somente porque tenta tornar o conceito de Direito "aplicável às espécies mais irreconciliáveis de Direito", o que, de acordo com Stutchka, é o mérito mais fundamental de sua própria definição, porque, como ele diz, ela estabelece "o conceito de Direito em geral e não somente do direito soviético"[170] – um mérito que essa definição pode ter somente porque é "formal" o suficiente para cobrir duas ordens jurídicas tão diversas quanto o Direito capitalista e o Direito socialista. Nenhum autor burguês sério que não seja seguidor da doutrina do Direito natural exclui de sua definição do Direito uma ordem social que serve ao interesse de uma classe dominante, e a maioria dos autores burgueses certamente não negará que o Direito existente serve mais ao interesse de uma classe do que de outra. Mesmo Stutchka admite em uma de suas afirmações citada acima que o Direito burguês protege até certo ponto também o interesse da "classe oprimida". É só porque a jurisprudência burguesa quer reivindicar o mérito de ter seu conceito de Direito "aplicável às espécies mais irreconciliáveis de Direito" que ela não inclui na definição o elemento da dominação de classe, de modo que não somente

---

[170] STUTCHKA, Pyotr I. "The Revolutionary Part Played by Law and the State: a General Doctrine of Law". *In*: LÊNIN, V. I.; STUCHKA, P. I.; REISNER, M. A.; PACHUKANIS, E. B.; STALIN, J. V.; VICHINSKI, A. Y.; YUDIN, P.; GOLUNSKI, S. A.; STROGOVICH, M. S.; TRAININ, I. P. *Soviet legal philosophy*. Trad. Hugh Baab. Cambridge, MA: Harvard University Press, 1951, p. 20.

CAPÍTULO III - A TEORIA DO DIREITO DE STUTCHKA

uma ordem social que protege os interesses de uma classe contra outra, mas também a ordem social de uma sociedade sem classes, isto é, de uma sociedade primitiva ou de uma futura sociedade perfeitamente comunista, possa ser concebida como Direito. Se o caráter científico de uma doutrina repousa sobre sua objetividade, isto é, em sua independência em relação a juízos de valor subjetivos do cientista, então a jurisprudência burguesa é certamente mais científica do que a jurisprudência soviética. Pois a primeira pretende conceber uma ordem social socialista e mesmo comunista a partir do mesmo conceito que concebe uma ordem social capitalista, embora os autores burgueses possam preferir o capitalismo ao socialismo e ao comunismo; ao passo que os juristas soviéticos se recusam a conceber a ordem social comunista a partir do mesmo conceito que uma ordem social capitalista exclusivamente porque preferem o comunismo e odeiam o capitalismo.

Contudo, Stuchka, que se gaba de ter posto o problema do Direito "em bases científicas sólidas", tem uma ideia diferente de ciência. Ele diz que a jurisprudência

> ... só pode se tornar uma ciência se adotar um ponto de vista de classe. Não faz diferença se é o ponto de vista de uma classe hostil à classe trabalhadora: mas deve ser um ponto de vista de classe.[171]

Isso significa que há dois pontos de vista de classe, um "hostil" ao outro; e isso é possível somente se esses pontos de vista forem pontos de vista de dois sistemas valorativos opostos. A "ciência" marxista em geral e a ciência marxista do Direito em particular, na verdade é caracterizada pelo fato de que adota o ponto vista da classe trabalhadora, hostil à classe dos capitalistas, pois é consciente e intencionalmente construída como um instrumento na luta da classe trabalhadora contra a classe capitalista. Stutchka pensa realmente que a jurisprudência burguesa não é uma ciência

---

[171] STUTCHKA, Pyotr I. "The Revolutionary Part Played by Law and the State: a General Doctrine of Law". *In*: LÊNIN, V. I.; STUCHKA, P. I.; REISNER, M. A.; PACHUKANIS, E. B.; STALIN, J. V.; VICHINSKI, A. Y.; YUDIN, P.; GOLUNSKI, S. A.; STROGOVICH, M. S.; TRAININ, I. P. *Soviet legal philosophy*. Trad. Hugh Baab. Cambridge, MA: Harvard University Press, 1951, p. 20.

HANS KELSEN

porque ela não descreve o Direito do ponto de vista de uma pessoa que prefere o capitalismo ao comunismo, ou seja, do ponto de vista de uma classe hostil à classe trabalhadora? Não era justo o contrário? Ele não nega o caráter científico da jurisprudência burguesa porque ela adota o ponto de vista da classe hostil à classe trabalhadora, e é prejudicada por seus interesses capitalistas e, portanto, "oculta o caráter de classe do direito"? Se for assim, então a jurisprudência soviética também não é ciência, pois ela certamente vê o Direito do ponto de vista de uma classe trabalhadora hostil à classe dos capitalistas e exatamente por isso enfatiza o caráter de classe da sociedade capitalista. Ele diz que a jurisprudência não pode adotar um ponto de vista de classe

> ... pois se a jurisprudência introduzisse o ponto de vista revolucionário (de classe) no conceito de Direito, a jurisprudência estaria "vindicando" – estaria legalizando – também a revolução proletária.[172]

Agora a frase "adotar um ponto de vista de classe" mudou de significado. Agora, ela não significa que a jurisprudência, para ser uma ciência, deve adotar o ponto de vista da classe capitalista ou da classe trabalhadora, isto é, adotar o ponto de vista de uma das duas classes hostis entre si, mas apenas que a jurisprudência deve introduzir o ponto de vista de classe no conceito de Direito; isto é, que somente a definição de Direito como uma ordem coercitiva imposta por uma classe sobre a outra é científica. Isso não é verdadeiro, porque tal definição dá conta de apenas um tipo particular de Direito; e nesse sentido restrito pode ser aceita por uma ciência que não adote o ponto de vista de uma das duas classes hostis. Mas Stutchka deturpa a jurisprudência burguesa ao afirmar que ela não aceita a definição do Direito como uma ordem coercitiva imposta por uma classe sobre outra, e, portanto, não pode reivindicar ser uma ciência

---

[172] STUTCHKA, Pyotr I. "The Revolutionary Part Played by Law and the State: a General Doctrine of Law". *In*: LÊNIN, V. I.; STUCHKA, P. I.; REISNER, M. A.; PACHUKANIS, E. B.; STALIN, J. V.; VICHINSKI, A. Y.; YUDIN, P.; GOLUNSKI, S. A.; STROGOVICH, M. S.; TRAININ, I. P. *Soviet legal philosophy*. Trad. Hugh Baab. Cambridge, MA: Harvard University Press, 1951, pp. 20 e ss.

CAPÍTULO III - A TEORIA DO DIREITO DE STUTCHKA

porque, caso contrário, justificaria a revolução proletária: a jurisprudência burguesa não é científica porque se recusa a justificar a revolução proletária. Se a jurisprudência burguesa não introduz o elemento de classe no conceito de Direito, isto é, se ela não restringe – como a jurisprudência soviética faz – o conceito de Direito a uma ordem social que corresponde apenas aos interesses da classe dominante, ela o faz não porque ignora o caráter de classe da sociedade. O próprio Marx admitiu expressamente que a ciência burguesa, muito antes dele, revelou o caráter de classe da sociedade capitalista.[173] A jurisprudência burguesa não restringe o conceito de Direito a um Direito de classe porque pretende incluir em sua descrição do fenômeno chamado Direito não apenas o Direito capitalista, mas qualquer tipo de Direito, mesmo o Direito de uma sociedade comunista; porque pretende compreender e explicar não apenas a ordem social de uma sociedade capitalista, mas de qualquer outra, sem justificar uma ou outra. O que os autores soviéticos chamam de ciência "burguesa" não considera a vindicação, legalização, justificação dos fenômenos sociais descritos por ela como sua função legítima; em oposição à "ciência" marxista, ela reconhece o postulado de uma ciência objetiva, e isso significa uma ciência independente de juízos de valor políticos. É claro, há autores burgueses que não concordam com esse postulado e tentam algum tipo de justificação "científica" do sistema capitalista. Mas há também autores que rejeitam energicamente qualquer tentativa desse tipo. Contudo, não há autor soviético que rejeitaria a vindicação da revolução proletária. É essa própria vindicação que constitui o caráter "científico" da jurisprudência soviética. É por tal vindicação que Stutchka pensa que colocou o problema do Direito "sobre uma base científica sólida".

As tendências políticas da teoria do Direito de Stutchka

As tendências políticas de sua teoria do Direito se manifestam em vários aspectos, por exemplo no modo como a teoria de Marx, a autoridade absoluta dos autores soviéticos, é visto: "A teoria de Marx não foi uma mera teoria em um livro: ela foi uma teoria viva. Personificada

---

[173] Cf. A passagem em sua carta a Weydemeyer, citada anteriormente na p. 27.

HANS KELSEN

pelas massas proletárias, ela estava batendo à porta da burguesia".[174] Que essa teoria seja "personificada pelas massas proletárias" é uma frase bombástica, cujo significado é simplesmente que essa teoria se desenvolveu a favor do proletariado, que é uma teoria proletária, em oposição a uma teoria burguesa; e que essa teoria "estava batendo à porta da burguesia" significa que ela é usada na luta política do proletariado contra a burguesia, que é um instrumento na luta de classes. Mas é o argumento de que a teoria burguesa é um instrumento e não, como finge ser, uma teoria pura, que desempenha um papel decisivo na crítica que Stutchka faz a essa teoria.

Uma vez que a própria função da doutrina soviética do Direito não é descrever e explicar a realidade social e especialmente a jurídica de maneira objetiva, mas formar essa realidade destruindo uma ordem social existente e substituí-la por outra, considerada melhor, não é surpreendente que essa doutrina do Direito considere-se competente para prescrever certas ações, para determinar as tarefas da classe proletária. Em seu livro, que ele apresenta como uma "doutrina geral do Direito", Stutchka escreve:

> [c]ontudo, nossa tarefa é evitar as excrescências (que são artificiais mas essenciais em nossa sociedade), uma vez que nossa força deve consistir na sinceridade e abertura (e não na hipocrisia e falta de sinceridade característica da sociedade burguesa). Conquistamos a classe dos grandes proprietários e a grande burguesia; e nossa tarefa é garantir que nem uma nem a outra passe a dominar de alguma forma nova.[175]

É em nome da ciência, a ciência do Direito soviética, que Stutchka proclama esse programa político.

---

[174] STUTCHKA, Pyotr I. "The Revolutionary Part Played by Law and the State: a General Doctrine of Law". *In*: LÊNIN, V. I.; STUCHKA, P. I.; REISNER, M. A.; PACHUKANIS, E. B.; STALIN, J. V.; VICHINSKI, A. Y.; YUDIN, P.; GOLUNSKI, S. A.; STROGOVICH, M. S.; TRAININ, I. P. *Soviet legal philosophy*. Trad. Hugh Baab. Cambridge, MA: Harvard University Press, 1951, p. 31.

[175] STUTCHKA, Pyotr I. "The Revolutionary Part Played by Law and the State: a General Doctrine of Law". *In*: LÊNIN, V. I.; STUCHKA, P. I.; REISNER, M. A.; PACHUKANIS, E. B.; STALIN, J. V.; VICHINSKI, A. Y.; YUDIN, P.; GOLUNSKI, S. A.; STROGOVICH, M. S.; TRAININ, I. P. *Soviet legal philosophy*. Trad. Hugh Baab. Cambridge, MA: Harvard University Press, 1951, p. 41.

Capítulo IV

A TEORIA DO DIREITO DE REISNER

Uma interpretação normativa do socialismo marxista

A ambiguidade da teoria social de Marx, em geral, e de sua teoria do Direito, em particular, mostra-se muito abertamente no fato de que com base nela M. A. Reisner[176] desenvolveu uma doutrina muito diferente e mesmo oposta à de Stutchka, seu contemporâneo. Reisner ficou muito impressionado com a abordagem psicológica de Petrajítski ao problema do Direito e tentou combiná-la com os princípios de uma interpretação econômica da sociedade. Em oposição à jurisprudência tradicional desse tempo, Petrajítski compreendeu como Direito certas ideias normativas existentes como realidade psicológica na mente dos homens, não idênticas ao direito estatal e às vezes dirigidas contra ele. Essas ideias normativas – chamadas "Direito intuído" – são diferentes

---

[176] REISNER, Mikhail A. "The theory of Petrazhitskii: Marxism and social ideology". *In*: LÊNIN, V. I.; STUCHKA, P. I.; REISNER, M. A.; PACHUKANIS, E. B.; STALIN, J. V.; VICHINSKI, A. Y.; YUDIN, P.; GOLUNSKI, S. A.; STROGOVICH, M. S.; TRAININ, I. P. *Soviet legal philosophy*. Trad. Hugh Baab. Cambridge, MA: Harvard University Press, 1951, pp. 71 e ss.; e REISNER, Mikhail A. "Law, our law, foreign law, general law". *In*: LÊNIN, V. I.; STUCHKA, P. I.; REISNER, M. A.; PACHUKANIS, E. B.; STALIN, J. V.; VICHINSKI, A. Y.; YUDIN, P.; GOLUNSKI, S. A.; STROGOVICH, M. S.; TRAININ, I. P. *Soviet legal philosophy*. Trad. Hugh Baab. Cambridge, MA: Harvard University Press, 1951, pp. 83 e ss.

HANS KELSEN

de acordo com o grupo no interior do qual se desenvolvem, então há um "Direito intuído"

> ... da própria família, do pequeno grupo, de um círculo particular, da sociedade, de uma classe e assim por diante. E na medida em que abrange círculos cada vez maiores, o direito intuído torna-se poderoso e dominante *pro tanto* em dado meio.[177] Não é necessário força para que ele possa existir (...) as normas do Direito intuído (...) são um ótimo padrão e critério para avaliação das normas positivas [o que quer dizer o direito do Estado], desaprovando-as se seus conteúdos forem incongruentes.[178]

Os Direitos intuídos de Petrajítski são evidentemente ideias de justiça que surgem de grupos definidos; sua teoria é um tipo pluralista de doutrina do Direito natural. O marxista Reisner provavelmente foi atraído por essa doutrina porque ele, desde o início, aceitou uma interpretação normativa do socialismo marxiano. Ele, como muitos outros marxistas, falou imediatamente depois da Revolução de Outubro de uma "consciência jurídica revolucionária do proletariado" e, portanto, pensou ser possível conceber a justiça requerida pela classe proletária como o Direito intuído dessa classe. Bem antes da Revolução de Outubro, ele escreveu:

> [q]uando as forças produtivas superam determinados meios de produção, e quando estes se transformam em um freio que as pressiona e em amarras que as prendem, então o direito intuído nasce sob o véu do Direito tradicional existente. Às vezes, ele cresce por muito tempo na quietude inconsciente. Finalmente

---

[177] REISNER, Mikhail A. "Law, our law, foreign law, general law". *In*: LÊNIN, V. I.; STUCHKA, P. I.; REISNER, M. A.; PACHUKANIS, E. B.; STALIN, J. V.; VICHINSKI, A. Y.; YUDIN, P.; GOLUNSKI, S. A.; STROGOVICH, M. S.; TRAININ, I. P. *Soviet legal philosophy*. Trad. Hugh Baab. Cambridge, MA: Harvard University Press, 1951, pp. 82 e 84.

[178] REISNER, Mikhail A. "Law, our law, foreign law, general law". *In*: LÊNIN, V. I.; STUCHKA, P. I.; REISNER, M. A.; PACHUKANIS, E. B.; STALIN, J. V.; VICHINSKI, A. Y.; YUDIN, P.; GOLUNSKI, S. A.; STROGOVICH, M. S.; TRAININ, I. P. *Soviet legal philosophy*. Trad. Hugh Baab. Cambridge, MA: Harvard University Press, 1951, p. 85.

CAPÍTULO IV - A TEORIA DO DIREITO DE REISNER

– como um Direito existente e operativo, definido a psique de dada classe – ele colide com o Direito positivo (e em particular com o Direito oficial) e com base na luta de dois direitos a tragédia da insurreição e dos esmagamentos, da revolução e dos recuos, é encenada. Cada classe toma posição sob a bandeira de seu próprio Direito: a classe opressora agarra-se à autoridade dos símbolos, ideias e práticas estatais tradicionais; enquanto a classe insurgente abraça reivindicações por "justiça" cujo fundamento está na filosofia, na moral e na história, e não em considerações sobre a necessidade histórica ou nas leis da sociologia.[179]

Na obra publicada em 1925, ele diz:

[r]emodelei a doutrina de Petrajítski relativa ao Direito intuído, no sentido de que lhe dou uma fundamentação marxista, e assim obtive não o direito intuído em geral (que poderia fornecer aqui e ali formas individuais adaptas a certas condições sociais) mas o mais genuíno direito de classe, que funciona na forma do direito intuído (nas fileiras da massa oprimida e explorada) independentemente de qualquer estrutura oficial; e é somente por essa razão que fomos capazes de utilizar "a consciência jurídica revolucionária do proletariado" como fundamento da atividade de nossa justiça revolucionária, que no início não contava com nenhuma norma positiva de qualquer tipo.[180]

Como consequência da doutrina do Direito intuído, Reisner teve de rejeitar a identificação do Direito com o Direito capitalista ou do explorador, e, portanto, a doutrina de que não haverá Direito na sociedade

---

[179] Citado por ele mesmo: REISNER, Mikhail A. "Law, our law, foreign law, general law". *In*: LÊNIN, V. I.; STUCHKA, P. I.; REISNER, M. A.; PACHUKANIS, E. B.; STALIN, J. V.; VICHINSKI, A. Y.; YUDIN, P.; GOLUNSKI, S. A.; STROGOVICH, M. S.; TRAININ, I. P. *Soviet legal philosophy*. Trad. Hugh Baab. Cambridge, MA: Harvard University Press, 1951, p. 86.

[180] REISNER, Mikhail A. "Law, our law, foreign law, general law". *In*: LÊNIN, V. I.; STUCHKA, P. I.; REISNER, M. A.; PACHUKANIS, E. B.; STALIN, J. V.; VICHINSKI, A. Y.; YUDIN, P.; GOLUNSKI, S. A.; STROGOVICH, M. S.; TRAININ, I. P. *Soviet legal philosophy*. Trad. Hugh Baab. Cambridge, MA: Harvard University Press, 1951, pp. 85 e ss.

comunista do futuro. Em 1908, ele escreveu que "o ideal de uma sociedade sem Direito de alguns marxistas, não obstante o verdadeiro significado e espírito da doutrina marxista (…) traz desvantagens práticas extraordinárias".

> As reivindicações do proletariado, afirmadas como a base das novas condições sociais, são, assim, privadas de todo o vigor das reivindicações jurídicas e caem na posição de importunações econômicas e políticas. Elas perdem toda a força de um ideal envolvido em vestes jurídicas e toda a autoridade de uma exigência jurídica categórica que não admite objeções. Elas são positivamente enfraquecidas em razão da ideologia instável da conveniência econômica, ainda que fundada na inevitabilidade do processo social (…) Somente quando a classe operária estiver consciente de suas demandas jurídicas fundamentais, quando a ideologia jurídica tornar-se parte do ideal social dessa classe e quando o direito tiver implantado como um elemento sistemático por essa classe em sua futura sociedade livre de todo tipo de constrangimento – só então a poderosa luta pela liberdade econômica atingirá seu ápice, e somente então, o novo direito tomará triunfalmente o lugar do constrangimento oficial dos tempos atuais.[181]

O Direito, não necessariamente Direito do explorador

Não há dúvida de que Reisner estava certo ao defender que sua interpretação do socialismo marxiano estava em conformidade com o verdadeiro significado e o espírito dessa doutrina, ocultos sob sua pretensão de ser uma ciência moralmente indiferente. Mas em 1925, Reisner só podia defender sua visão original com certas reservas. Ele não negou que anteriormente "protestou com toda a força" contra a identificação do Direito com o Direito do explorador, pois – como explicou – ele

---

[181] REISNER, Mikhail A. "The theory of Petrazhitskii: Marxism and social ideology". *In*: LÊNIN, V. I.; STUCHKA, P. I., REISNER, M. A.; PACHUKANIS, E. B.; STALIN, J. V.; VICHINSKI, A. Y.; YUDIN, P.; GOLUNSKI, S. A.; STROGOVICH, M. S.; TRAININ, I. P. *Soviet legal philosophy*. Trad. Hugh Baab. Cambridge, MA: Harvard University Press, 1951, pp. 72 e *ss*.

CAPÍTULO IV - A TEORIA DO DIREITO DE REISNER

"considerava que as massas revolucionárias têm seu próprio Direito intuído de classe, que deve se fundar em seu futuro domínio". Mas ele acrescentou:

> [e]m minha ansiedade de por novos meios organizacionais e revolucionários nas mãos do proletariado, é possível que eu tenha ido longe demais em 1908 e, seguindo a lei de que ação é igual a reação, exagerado a importância do elemento jurídico.[182]

Defendendo-se daqueles que acusaram sua teoria do Direito de idealista, ou seja, burguesa, ele continua:

> ... a composição idealista da superestrutura jurídica tornou-se clara para mim há bastante tempo, e isso me compeliu a examinar aqui e ali todos os aspectos perigosos sendo levados adiante pelo princípio jurídico...

A fim de demonstrar que ele aplica em sua teoria do Direito os princípios genuínos de uma interpretação econômica da sociedade, ele escreve:

> ... a história constantemente liga economia e Direito, quer se trate de relações entre *gentes* ou de relações entre classes. Onde não há economia, não há direito; e na sociedade das *gentes* o Direito é formado somente e na medida em que a competição econômica das *gentes* separadas produz colisões entre elas. Não há dúvida de que a base do Direito na sociedade de classes é econômica; pois cada classe constrói seu Direito com base em sua posição na produção e na troca, e a ordem jurídica geral reflete em si as características daquela forma de produção que, por sua vez, define a ordem de classes. Deve-se fazer a mesma observação quanto à futura sociedade comunista, cuja precursora é a moderna ordem socialista e soviética: aqui, o Direito é construído em

---

[182] REISNER, Mikhail A. "Law, our law, foreign law, general law". *In*: LÊNIN, V. I.; STUCHKA, P. I.; REISNER, M. A.; PACHUKANIS, E. B.; STALIN, J. V.; VICHINSKI, A. Y.; YUDIN, P.; GOLUNSKI, S. A.; STROGOVICH, M. S.; TRAININ, I. P. *Soviet legal philosophy*. Trad. Hugh Baab. Cambridge, MA: Harvard University Press, 1951, pp. 89 e ss.

conformidade com sua economia coletiva e com o papel desempenhado pelo proletariado na produção. A associação entre Direito e economia, portanto, nos fornece o primeiro ponto de nossa definição: o Direito é o resultado de relações econômicas – e em particular das relações de produção. Quanto a esse aspecto, todos sabem que a teoria marxista do Direito é defendida por uma série de pensadores, mesmo do campo burguês.[183]

A visão de que o Direito é o resultado das – e não idêntico às – relações econômicas é compatível com uma ciência do Direito específica, diferente de uma teoria da economia, e com uma definição do Direito como um sistema de normas ou ordem normativa.

[p]or variadas razões certos marxistas dão lugar a uma dúvida estranha quanto a um ponto específico, qual seja: deve-se saber se o Direito – sendo somente uma categoria das relações de classe – não existiu antes do aparecimento da sociedade de classes, e consequentemente, foi desconhecido enquanto o modo de viver das *gens* [*sic*] persistiu. Essa hipótese apenas revela o fato de que nossos marxistas não estão suficientemente familiarizados com a genuína teoria de Marx e Engels.[184]

Assim, Reisner tenta demonstrar que a identificação do Direito com o Direito da sociedade capitalista não é a consequência necessária de uma interpretação econômica da sociedade, que de um ponto de vista estritamente marxista, a existência do Direito em uma sociedade não capitalista, como a sociedade das *gentes* e mesmo a futura sociedade

---

[183] REISNER, Mikhail A. "Law, our law, foreign law, general law". *In*: LÊNIN, V. I.; STUCHKA, P. I.; REISNER, M. A.; PACHUKANIS, E. B.; STALIN, J. V.; VICHINSKI, A. Y.; YUDIN, P.; GOLUNSKI, S. A.; STROGOVICH, M. S.; TRAININ, I. P. *Soviet legal philosophy*. Trad. Hugh Baab. Cambridge, MA: Harvard University Press, 1951, pp. 97 e ss.

[184] REISNER, Mikhail A. "Law, our law, foreign law, general law". *In*: LÊNIN, V. I.; STUCHKA, P. I., REISNER, M. A.; PACHUKANIS, E. B.; STALIN, J. V.; VICHINSKI, A. Y.; YUDIN, P.; GOLUNSKI, S. A.; STROGOVICH, M. S.; TRAININ, I. P. *Soviet legal philosophy*. Trad. Hugh Baab. Cambridge, MA: Harvard University Press, 1951, pp. 98 e ss. Conforme mencionado na p. 47.

CAPÍTULO IV - A TEORIA DO DIREITO DE REISNER

perfeitamente comunista, pode ser admitida. Reisner cita certas passagens de *Zur Kritik der politischen Oekonomie* de Marx, especialmente a afirmação de que "cada forma de produção produz suas próprias relações jurídicas características", o que de fato confirma a visão de Reisner a respeito da existência do Direito em uma futura sociedade perfeitamente comunista; e ele mostra que Engels em sua descrição do comunismo da sociedade das *gentes* fala em "Direitos", o que pressupõe a existência de uma lei estipulando esses direitos.[185] Isso, é claro, estava em aberta contradição com a interpretação da doutrina de Marx-Engels predominante em seu tempo na União Soviética.

A renovação da doutrina de Marx sobre o caráter ideológico do Direito

Com o objetivo de defender-se dos ataques contra sua doutrina, ele deflagra um contra-ataque ao acusar os juristas soviéticos de terem ignorado completamente ou pervertido um dos pontos mais importantes da teoria marxiana do Direito: o caráter ideológico do Direito. Sobre a literatura jurídica que segue as obras de Stutchka, ele diz: "o ensinamento fundamental do marxismo em relação ao Direito – seu ensinamento sobre o caráter ideológico do Direito – é, com raras exceções, ou ignorado ou invertido".[186] Ao mesmo tempo, ele denuncia essa literatura como ideológica:

> [o] traço mais típico desses panfletos e brochuras é seu pronunciado caráter ideológico. A grande maioria deles é construída

---

[185] REISNER, Mikhail A. "Law, our law, foreign law, general law". *In*: LÊNIN, V. I.; STUCHKA, P. I.; REISNER, M. A.; PACHUKANIS, E. B.; STALIN, J. V.; VICHINSKI, A. Y.; YUDIN, P.; GOLUNSKI, S. A.; STROGOVICH, M. S.; TRAININ, I. P. *Soviet legal philosophy*. Trad. Hugh Baab. Cambridge, MA: Harvard University Press, 1951, pp. 98 e ss. Conforme mencionado na p. 38.

[186] REISNER, Mikhail A. "Law, our law, foreign law, general law". *In*: LÊNIN, V. I.; STUCHKA, P. I.; REISNER, M. A.; PACHUKANIS, E. B.; STALIN, J. V.; VICHINSKI, A. Y.; YUDIN, P.; GOLUNSKI, S. A.; STROGOVICH, M. S.; TRAININ, I. P. *Soviet legal philosophy*. Trad. Hugh Baab. Cambridge, MA: Harvard University Press, 1951, p. 95.

HANS KELSEN

como comentário – às vezes comentários extremamente arriscados – de proposições isoladas sobre o direito que estão espalhadas mais ou menos ao acaso nas produções de Marx e Engels, e não de acordo com os métodos de uma pesquisa científica. (...) O objetivo desses trabalhos é, contudo, esclarecido de uma vez: vestir a qualquer custo a ditadura do proletariado e a república soviética com os trajes de um direito de tipo burguês.[187]

Nessa afirmação Reisner opõe o caráter ideológico da literatura jurídica ao da pesquisa científica, ou seja, ele usa o termo "ideologia" para caracterizar certo tipo de pensamento, certo tipo de teoria, a saber, um pensamento invertido, uma teoria ilusória, que veste um objeto real com um "traje" a fim de esconder sua verdadeira natureza. O objeto real nessa afirmação é o Estado soviético. Mas aí aparece uma pequena incorreção. O Estado soviético não pode ser vestido ideologicamente com o traje de um Direito porque ele tem de fato um Direito; e Reisner é o último a negar isso. Se há um elemento ideológico na teoria jurídica rejeitada por Reisner, é a apresentação do Direito soviético como algo "decente" apesar de seu caráter burguês. Que o Direito soviético seja de tipo burguês é um fato que o próprio Reisner enfatiza. Ele diz que "a ordem jurídica socialista ou o Direito soviético" contém elementos do Direito burguês.

A influência da ordem jurídica burguesa pode variar muito, e a ordem jurídica socialista pode assumir certas características da ordem jurídica burguesa, como demonstrado pelo exemplo da Rússia soviética, e isso foi previsto por Marx e Lênin.[188]

---

[187] REISNER, Mikhail A. "Law, our law, foreign law, general law". *In*: LÊNIN, V. I.; STUCHKA, P. I.; REISNER, M. A.; PACHUKANIS, E. B.; STALIN, J. V.; VICHINSKI, A. Y.; YUDIN, P.; GOLUNSKI, S. A.; STROGOVICH, M. S.; TRAININ, I. P. *Soviet legal philosophy*. Trad. Hugh Baab. Cambridge, MA: Harvard University Press, 1951, pp. 94 e e ss.

[188] REISNER, Mikhail A. "Law, our law, foreign law, general law". *In*: LÊNIN, V. I.; STUCHKA, P. I.; REISNER, M. A.; PACHUKANIS, E. B.; STALIN, J. V.; VICHINSKI, A. Y.; YUDIN, P.; GOLUNSKI, S. A.; STROGOVICH, M. S.; TRAININ, I. P. *Soviet legal philosophy*. Trad. Hugh Baab. Cambridge, MA: Harvard University Press, 1951, p. 97.

CAPÍTULO IV - A TEORIA DO DIREITO DE REISNER

Evidentemente, Reisner refere-se aqui ao Direito como realidade social e não ao Direito como mera ideologia. Mas ele diz que os autores soviéticos são ideólogos porque eles vestem o Estado soviético com os trajes de um Direito de tipo burguês, em vez de dizer que eles são ideólogos porque descrevem o Direito soviético como um traje decente; pois, se usasse essa fórmula, ele poderia apresentar o direito como uma realidade social, e somente uma teoria equivocada sobre esse direito como uma ideologia. Mas sua principal objeção aos autores que tratam do Direito soviético foi a de que eles não concebem esse Direito como uma ideologia. A fim de evitar – ao menos em sua linguagem – essa contradição, ele substituiu o Direito soviético pelo Estado soviético, embora segundo a fórmula marxiana na qual ele baseia sua tese do caráter ideológico do Direito, a fórmula da "superestrutura política e jurídica", o Estado seja uma ideologia no mesmo sentido que o Direito. A contradição que Reisner tentou, em vão, evitar é uma implicação da doutrina que ele usa como fundamento teórico. É a identificação de certa teoria, interpretação ou avaliação de um objeto real com esse objeto, de uma teoria do Estado com o Estado, de uma teoria do Direito com o Direito. Reisner enfatiza que o Direito deve ser definido "como uma das formas ideológicas".[189] Mas se analisarmos a afirmação na qual ele especifica essa definição, veremos que ele não se refere ao Direito em si, mas a certa interpretação ou avaliação do Direito, a uma doutrina que afirma que o Direito é justo porque é a realização do princípio da igualdade. Assim, *e.g.*, ele diz:

> ... se, já em 1912, defini o Direito como uma ideologia que "depende, em nossa consciência, antes de tudo, do conceito de verdade, justiça e igualdade na distribuição e da equalização entre pessoas e coisas", eu tinha notado as características básicas do Direito com seu critério mais elevado de "justiça".[190]

---

[189] REISNER, Mikhail A. "Law, our law, foreign law, general law". *In*: LÊNIN, V. I.; STUCHKA, P. I.; REISNER, M. A.; PACHUKANIS, E. B.; STALIN, J. V.; VICHINSKI, A. Y.; YUDIN, P.; GOLUNSKI, S. A.; STROGOVICH, M. S.; TRAININ, I. P. *Soviet legal philosophy*. Trad. Hugh Baab. Cambridge, MA: Harvard University Press, 1951, p. 102.

[190] REISNER, Mikhail A. "Law, our law, foreign law, general law". *In*: LÊNIN, V. I.; STUCHKA, P. I.; REISNER, M. A.; PACHUKANIS, E. B.; STALIN, J.

HANS KELSEN

Isso significa que o Direito é uma ideologia pois repousa "em nossa consciência", no conceito de justiça, *i.e.*, igualdade; e isso significa que em sua consciência os homens interpretam o Direito como uma ordem justa regulando as relações humanas de acordo com o princípio da igualdade. Mas na realidade o Direito não é justo, e não é uma regulação das relações humanas de acordo com o princípio da igualdade. Não é um Direito igual. Assim, o que é "ideológico", ou seja, "ilusório", não é o Direito, mas essa interpretação ou avaliação dele. Depois, para mostrar como ele considerou o Direito uma ideologia, Reisner fala da

> ... ideologia incomensuravelmente elástica e ambígua que (...) parece em condições de santificar pelo princípio da justiça os mais contraditórios interesses de classe – e com a ajuda de uma justiça perfeitamente "justa".[191]

Mas o Direito real não faz nada além de estipular que um ladrão deve ser punido, que uma execução civil deve ser realizada contra a propriedade de um homem que não paga sua dívida. Essas normas jurídicas não fingem ser justas. É uma certa interpretação dessas normas que explora a ideologia incomensuravelmente elástica e ambígua da justiça. Reisner diz, de modo bastante característico, que "os componentes da forma ideológica são inerentes ao Direito do mesmo modo que são inerentes a toda uma série de outras formas similares".[192] Mas a religião, *e.g.*, é uma ideologia; a ideologia não é "inerente" à religião. Apenas se uma realidade

---

V.; VICHINSKI, A. Y.; YUDIN, P.; GOLUNSKI, S. A.; STROGOVICH, M. S.; TRAININ, I. P. *Soviet legal philosophy*. Trad. Hugh Baab. Cambridge, MA: Harvard University Press, 1951, p. 89.

[191] REISNER, Mikhail A. "Law, our law, foreign law, general law". *In*: LÊNIN, V. I.; STUCHKA, P. I.; REISNER, M. A.; PACHUKANIS, E. B.; STALIN, J. V.; VICHINSKI, A. Y.; YUDIN, P.; GOLUNSKI, S. A.; STROGOVICH, M. S.; TRAININ, I. P. *Soviet legal philosophy*. Trad. Hugh Baab. Cambridge, MA: Harvard University Press, 1951, p. 90.

[192] REISNER, Mikhail A. "Law, our law, foreign law, general law". *In*: LÊNIN, V. I.; STUCHKA, P. I.; REISNER, M. A.; PACHUKANIS, E. B.; STALIN, J. V.; VICHINSKI, A. Y.; YUDIN, P.; GOLUNSKI, S. A.; STROGOVICH, M. S.; TRAININ, I. P. *Soviet legal philosophy*. Trad. Hugh Baab. Cambridge, MA: Harvard University Press, 1951, p. 103.

CAPÍTULO IV - A TEORIA DO DIREITO DE REISNER

social, uma instituição real é chamada de ideologia, a ideologia ou a forma ideológica é inerente a ela, pois uma interpretação ideológica foi projetada nela. Como uma realidade, uma instituição social, o Estado ou o Direito, não podem ser algo ilusório, um fingimento, uma distorção; somente a reflexão dessa realidade na mente do homem poderia ter tal caráter "ideológico". Além disso, Reisner nem sempre identifica uma instituição social, como o Direito ou o Estado, com sua reflexão ideológica na consciência do homem. Em sua obra publicada em 1908, ele diz referindo-se à ditadura do proletariado:

> [o] proletariado conquista o Estado apenas com o propósito de privá-lo de qualquer possibilidade de existência futura. Esse, segundo os ensinamentos do marxismo, é o curso da revolução social, que termina com a vitória do proletariado e a organização de um novo modo de produção. Manifestamente, uma parte proeminente desse processo é atribuída ao Estado, enquanto ao mesmo tempo toda ideologia – e, portanto, também a ideologia política – é rejeitada. Neste caso, é possível, é claro, diferenciar dois tipos de estruturas ideológicas: a preocupação aqui recai sobre a velha ideologia do Estado burguês, ou sobre a criação de uma nova ideologia do domínio estatal proletário – a assim chamada ditadura da dominação temporária dos proletários. Obviamente, quando negamos o velho Estado, devemos ao mesmo tempo renunciar à sua ideologia na íntegra. Assim como em relação aos princípios da ditadura do proletariado, o marxismo não deseja ver neles ideologias, mas algo que corresponde às demandas de uma teoria científica do socialismo.[193]

Aqui, Reisner distingue o Estado e sua ideologia como duas coisas diferentes. E ele evidentemente pensa que somente o Estado capitalista tem uma ideologia no mau sentido do termo, ao passo que a ideologia do Estado proletário será uma verdadeira ciência do Estado. Mas mesmo nessa

---

[193] REISNER, Mikhail A. "The theory of Petrazhitskii: Marxism and social ideology". *In*: LÊNIN, V. I.; STUCHKA, P. I.; REISNER, M. A.; PACHUKANIS, E. B.; STALIN, J. V.; VICHINSKI, A. Y.; YUDIN, P.; GOLUNSKI, S. A.; STROGOVICH, M. S.; TRAININ, I. P. *Soviet legal philosophy*. Trad. Hugh Baab. Cambridge, MA: Harvard University Press, 1951, pp. 80 e ss.

HANS KELSEN

afirmação há certa ambiguidade, pois Reisner diz que o marxismo não verá "ideologias" na ditadura proletária.

A fim de confirmar sua afirmação relativa à "forma ideológica inerente ao direito", Reisner diz:

> [q]uando Marx e Engels enumeram essas formas, eles sempre mencionam o direito no mesmo nível que a forma moral, a religiosa e a artística, além da política e filosófica. Contudo, surge a questão de qual a distinção entre direito e as formas pré-existentes.[194]

Sua resposta a essa questão é que há um "indício de 'justiça'; esse indício está, por sua vez, associado aos conceitos de igualdade e desigualdade..." Mas esses "conceitos" são produtos do pensamento e da avaliação, e desempenham um papel como ideologia na teoria do direito, não no direito. Explicando o conceito de ideologia, Reisner diz:

> ... o caráter de ideologia jurídica – como uma ideologia que reflete por meio da igualdade e da desigualdade e da justiça construída sobre esse fundamento – não muda nada em razão do fato de que a ideologia jurídica depende de uma base econômica, mas apenas demonstra a direção da distorção e refração da reflexão jurídica. Isso, na linguagem da ciência óptica, é o mesmo que estudar os ângulos de reflexão de um ou outro objeto em espelhos de diferentes formas. Desse ponto de vista, o direito não é nada além de um desses espelhos, embora a reflexão ocorra não por meio de uma linha curva, mas pelo ângulo de uma igualdade direta que ao mesmo tempo equaliza e distribui e que por sua vez nos fornece uma fórmula dessa ou daquela justiça. Assim, falamos da forma jurídica como um dos modos de retratar que desempenha um papel no processo social do mesmo modo que vários outros retratos se manifestam nele e exercem influência nele.[195]

---

[194] REISNER, Mikhail A. "Law, our law, foreign law, general law". *In*: LÊNIN, V. I.; STUCHKA, P. I.; REISNER, M. A.; PACHUKANIS, E. B.; STALIN, J. V., VICHINSKI, A. Y.; YUDIN, P.; GOLUNSKI, S. A.; STROGOVICH, M. S.; TRAININ, I. P. *Soviet legal philosophy*. Trad. Hugh Baab. Cambridge, MA: Harvard University Press, 1951, p. 103.

[195] REISNER, Mikhail A. "Law, our law, foreign law, general law". *In*: LÊNIN,

CAPÍTULO IV - A TEORIA DO DIREITO DE REISNER

A visão de que a consciência humana é um espelho que reflete um retrato da realidade está na base da doutrina da ideologia de Reisner – que a esse respeito é idêntica à doutrina de Marx. Dizer, como faz Reisner, que o Direito é um espelho – e ele deve dizê-lo a fim de sustentar sua tese de que o Direito é uma ideologia – é possível somente caso se identifique a consciência, o pensamento, a interpretação, a avaliação dos homens, com o objeto refletido no pensamento, na interpretação, na avaliação.

Não haverá Direito nem teoria ideológica do Direito na sociedade comunista do futuro?

A obscura e bombástica passagem citada logo acima é compreensível apenas em conexão com a afirmação que Marx fez sobre o futuro do Direito em sua crítica ao programa de Gotha.[196] Reisner interpreta essa afirmação da seguinte maneira:

> Marx baseia sua posição no ponto de vista comparativo entre igualdade e desigualdade, de um lado, e Direito do outro. Desse ponto de vista, todos os tipos de Direito são direitos da desigualdade, a despeito de sua pretensão de serem direitos da igualdade.[197]

O Direito é uma "ideologia" porque ele "finge" ser um Direito da igualdade, isto é, justiça, embora na realidade ele seja um Direito da desigualdade, isto é, injusto. Reisner cita também a afirmação de Lênin segundo a qual o Direito burguês é uma violação da igualdade e, portanto,

---

V. I.; STUCHKA, P. I.; REISNER, M. A.; PACHUKANIS, E. B.; STALIN, J. V.; VICHINSKI, A. Y.; YUDIN, P.; GOLUNSKI, S. A.; STROGOVICH, M. S.; TRAININ, I. P. *Soviet legal philosophy*. Trad. Hugh Baab. Cambridge, MA: Harvard University Press, 1951, pp. 103 e ss.

[196] Conforme mencionado na p. 42.

[197] REISNER, Mikhail A. "Law, our law, foreign law, general law". *In*: LÊNIN, V. I.; STUCHKA, P. I.; REISNER, M. A.; PACHUKANIS, E. B.; STALIN, J. V.; VICHINSKI, A. Y.; YUDIN, P.; GOLUNSKI, S. A.; STROGOVICH, M. S.; TRAININ, I. P. *Soviet legal philosophy*. Trad. Hugh Baab. Cambridge, MA: Harvard University Press, 1951, p. 106.

uma "injustiça".[198] É claro que não é o Direito burguês, mas uma teoria ideológica do Direito burguês que finge que o Direito é justo. Então, Reisner aborda o problema do Direito na futura sociedade perfeitamente comunista.

> Para a solução do problema do Direito como uma forma ideológica baseada na igualdade dos desiguais, enorme importância recai sobre a organização da sociedade comunista em seu estágio mais alto. Em relação a isso, temos encontrado muito frequentemente a pressuposição de que não existirá mais qualquer tipo de Direito nela.[199]

A frase "Direito como uma forma ideológica baseada na igualdade dos desiguais" não tem outra função além de obscurecer o fato de que não é o Direito que é baseado na igualdade dos desiguais, mas que há uma teoria do Direito que o apresenta como um Direito da igualdade, embora ele seja um Direito da desigualdade. A interpretação da teoria de Marx de acordo com a qual não existirá Direito de qualquer tipo na sociedade comunista do futuro, foi rejeitada de maneira expressa e sem ambiguidades em uma passagem citada acima.[200] Agora, referindo-se à afirmação de Marx sobre "o estreito horizonte do direito burguês" que será completamente superado na sociedade comunista do futuro, Reisner interroga: "Isso significa que quando o estreito horizonte do direito burguês for abandonado todos os tipos de direito desaparecerão também?" Ele responde assim:

> Esse problema não é decidido de maneira tão simples, visto que o excerto de Marx contém uma proposição que – assinalando o contraste entre a desigualdade factual e a igualdade jurídica – diz que "para eliminar todos esses maus, o Direito deve ser desigual,

---

[198] Conforme mencionado na p. 72.

[199] REISNER, Mikhail A. "Law, our law, foreign law, general law". *In*: LÊNIN, V. I.; STUCHKA, P. I.; REISNER, M. A.; PACHUKANIS, E. B.; STALIN, J. V.; VICHINSKI, A. Y.; YUDIN, P.; GOLUNSKI, S. A.; STROGOVICH, M. S.; TRAININ, I. P. *Soviet legal philosophy*. Trad. Hugh Baab. Cambridge, MA: Harvard University Press, 1951, p. 107.

[200] Conforme mencionado na p. 96.

CAPÍTULO IV - A TEORIA DO DIREITO DE REISNER

e não igual". Disso se pode depreender que o Direito pode continuar a existir na sociedade comunista na forma de uma ideologia jurídica que, entretanto, inscreverá em sua bandeira a fórmula da mais alta justiça a ser encontrada na sociedade comunista – ou seja, o Direito que diz: "De cada um segundo suas capacidades, a cada um segundo suas necessidades".[201]

Essa resposta significa: Haverá um Direito na sociedade comunista do futuro: "o Direito que diz: 'De cada um segundo suas capacidades, a cada um segundo suas necessidades'". É claro que não é o Direito que diz isso, é uma teoria do Direito que descreve a essência, o princípio fundamental de acordo com o qual esse Direito se formou. E não é o Direito que existe como uma ideologia, mas é a teoria do Direito, e essa teoria é uma ideologia não no sentido derrogatório do termo, não uma doutrina ilusória do Direito. A teoria que caracteriza o Direito no segundo estágio do comunismo como a realização do princípio da igualdade é uma reflexão verdadeira, científica disso na consciência do homem. A afirmação de que haverá Direito na sociedade comunista está em conformidade com a afirmação de Marx citada acima de que cada forma de produção cria suas próprias relações jurídicas características.[202]

Contudo, Reisner não defende essa visão. Ele pergunta, "Seria esse Direito" – o Direito que diz: de cada um segundo suas capacidades, a cada um segundo suas necessidades – "Direito"? E sua resposta é, em aberta contradição com suas afirmações prévias, negativa. E ele constrói essa resposta negativa com a ajuda de sua – ou melhor, de Marx – ambígua doutrina da ideologia.

> ... o Direito e a ideologia jurídica de modo algum são uma formulação meramente objetiva (diríamos, meramente técnica) das

---

[201] REISNER, Mikhail A. "Law, our law, foreign law, general law". *In*: LÊNIN, V. I.; STUCHKA, P. I.; REISNER, M. A.; PACHUKANIS, E. B.; STALIN, J. V.; VICHINSKI, A. Y.; YUDIN, P.; GOLUNSKI, S. A.; STROGOVICH, M. S.; TRAININ, I. P. *Soviet legal philosophy*. Trad. Hugh Baab. Cambridge, MA: Harvard University Press, 1951, pp. 107 e ss.

[202] Conforme mencionado na p. 47.

HANS KELSEN

relações de produção existentes. Então ele deixaria de ser uma ideologia e se tornaria somente uma expressão científica e técnica de dadas relações sem a menor adição de qualquer subjetivismo, refração ou inversão de qualquer tipo. Não se deve esquecer que o Direito é uma "forma ideológica", e portanto sempre traz dentro de si a semente de uma inversão similar e é capaz (com a ajuda do método formal de apresentação) de ser isolado no cômputo da realidade. Pois ele é apenas uma teoria adequada que é capaz de expressar a realidade com precisão – isso de modo algum pode ser obtido por meio do pensamento formal com seus desvios estéticos.[203]

Nessas afirmações o Direito não é identificado à ideologia jurídica. Reisner fala do Direito *e* da ideologia jurídica, e a ideologia jurídica é concebida como uma teoria falsa; se ela estiver correta, não é ideológica, mas científica, expressão da realidade; e tal expressão científica não pode ser obtida por meio do "pensamento formal" – o pensamento da teoria burguesa e ideológica do Direito. Assim, Reisner chega à conclusão de que "o Direito, manifestamente, morrerá para sempre – lado a lado com toda uma série de outras formas de pensamento ideológico".[204] Mas o Direito não é uma função do pensamento, mas da vontade, não é uma teoria como um produto da cognição, mas uma instituição social estabelecida por atos de vontade. O Direito como uma forma de pensamento é uma teoria do Direito; e se o Direito como apenas uma forma de pensamento, de pensamento ideológico, invertido, morrerá para sempre, o Direito como uma instituição real, o Direito verdadeiramente justo – como Reisner defendeu anteriormente – seguirá existindo. Mas

---

[203] REISNER, Mikhail A. "Law, our law, foreign law, general law". *In*: LÊNIN, V. I.; STUCHKA, P. I.; REISNER, M. A.; PACHUKANIS, E. B.; STALIN, J. V.; VICHINSKI, A. Y.; YUDIN, P.; GOLUNSKI, S. A.; STROGOVICH, M. S.; TRAININ, I. P. *Soviet legal philosophy*. Trad. Hugh Baab. Cambridge, MA: Harvard University Press, 1951, p. 108.

[204] REISNER, Mikhail A. "Law, our law, foreign law, general law". *In*: LÊNIN, V. I.; STUCHKA, P. I.; REISNER, M. A.; PACHUKANIS, E. B.; STALIN, J. V.; VICHINSKI, A. Y.; YUDIN, P.; GOLUNSKI, S. A.; STROGOVICH, M. S.; TRAININ, I. P. *Soviet legal philosophy*. Trad. Hugh Baab. Cambridge, MA: Harvard University Press, 1951, pp. 108 e ss.

CAPÍTULO IV - A TEORIA DO DIREITO DE REISNER

essa realidade jurídica não necessitará de uma teoria ideológica. Na sociedade comunista a jurisprudência terá um caráter de ciência exata. Mas na época em que Reisner publicou seu livro já era perigoso demais expressar essa ideia sem nenhuma ambiguidade. Pois a afirmação de que na sociedade comunista somente a teoria ideológica do Direito, não o Direito, morrerá para sempre estava abertamente em conflito com a interpretação oficial da teoria do Direito de Marx-Engels.

Capítulo V

A TEORIA DO DIREITO DE PACHUKANIS

Uma doutrina antinormativa

O mais proeminente representante da teoria jurídica soviética durante o primeiro período de seu desenvolvimento[205] é E. B. Pachukanis. Em sua principal obra, *Teoria geral do Direito e marxismo*[206], ele tenta desenvolver uma doutrina 100% marxista do Direito em oposição à teoria jurídica burguesa, que ele acusa de ocultar a realidade social em uma "neblina ideológica". É contra a teoria normativa do Direito, a que

---

[205] De acordo com Hazard, (HAZARD, John. "Introduction". *In*: LÊNIN, V. I.; STUCHKA, P. I.; REISNER, M. A.; PACHUKANIS, E. B.; STALIN, J. V.; VICHINSKI, A. Y.; YUDIN, P.; GOLUNSKI, S. A.; STROGOVICH, M. S.; TRAININ, I. P. *Soviet legal philosophy*. Trad. Hugh Baab. Com uma introdução de John Hazard. Cambridge, MA: Harvard University Press, 1951, p. 19), alguns especialistas distinguem três e outros apenas dois períodos no desenvolvimento da filosofia jurídica soviética. Os três períodos são definidos ou como "(1) O período inicial, (2) O clímax da teoria marxista e (3) O recuo às posições burguesas" ou como "(1) O período inicial (1918-1928), (2) O período intermediário (1929-1937), e (3) O período de depuração e estabelecimento de uma nova base (1938 até hoje)". Os dois períodos são caracterizados assim: "(1) quando o Direito e o socialismo ainda são tratados como incompatíveis e (2) depois que a ideia de incompatibilidade foi abertamente abandonada, entre 1936-1937". O autor concorda em princípio com a divisão em dois períodos.

[206] PACHUKANIS, Evguiéni B. *Teoria geral do direito e marxismo*. Trad. Paula Vaz de Almeida. São Paulo: Boitempo, 2017. A primeira edição foi publicada em 1924.

define o Direito como um sistema de normas e especialmente a chamada teoria pura do Direito, que Pachukanis dirige sua crítica do ponto de vista de um marxismo ortodoxo, embora tenha sido a teoria pura do Direito que, bem antes de Pachukanis, tentou purificar a ciência tradicional do Direito de seus elementos ideológicos. O resultado paradoxal da tentativa de Pachukanis é que ele toma alguns elementos realmente ideológicos da *teoria* burguesa do Direito a fim de depreciar o *Direito* burguês, que ele – como de costume – confunde com uma teoria ideológica desse Direito. E, finalmente, seguindo estritamente uma linha de Marx e Engels, ele declara o Direito burguês, o Direito da desprezível sociedade capitalista, como o único direito no sentido rigoroso do termo.

A fim de injetar na teoria do Direito a maior dose possível de marxismo, Pachukanis imita a interpretação econômica de Marx dos fenômenos políticos ao reduzir, no campo da jurisprudência, os fenômenos jurídicos aos fenômenos econômicos em geral, e em particular a fenômenos econômicos que só podem existir no interior da economia do sistema capitalista baseado no princípio da propriedade privada dos meios de produção. Ele rejeita a definição do Direito como um sistema de normas como "ideológica" e tenta abordar o Direito como uma parte da realidade social. Ele diz:

> [a] norma como tal, ou seja, o conteúdo lógico, ou deriva diretamente de uma relação já existente ou, se é dada na forma de uma lei do Estado, representa apenas um sintoma por meio do qual é possível prever com certa probabilidade o surgimento em um futuro próximo das relações correspondentes. Mas, para afirmar a existência objetiva do direito, não basta conhecer seu conteúdo normativo, é necessário, antes, saber se o conteúdo normativo tem lugar na vida, ou seja, nas relações sociais.[207]

Ele se refere ao fato de que mesmo a teoria normativa deve admitir que um sistema de normas é considerado válido somente se elas forem amplamente efetivas. Mas isso não justifica – como a teoria pura do Direito

---

[207] PACHUKANIS, Evguiéni B. *Teoria geral do direito e marxismo*. Trad. Paula Vaz de Almeida. São Paulo: Boitempo, 2017, pp. 98-99.

CAPÍTULO V - A TEORIA DO DIREITO DE PACHUKANIS

demonstrou – identificar a validade da norma com sua efetividade, as normas jurídicas com as relações humanas efetivamente reguladas por essas normas, o Direito com o comportamento humano que está em conformidade com o Direito. Mas é exatamente essa identificação errônea que está na base da teoria de Pachukanis, segundo a qual "o aspecto principal" do Direito não é a "norma enquanto tal", mas "as forças reguladoras objetivas que atuam na sociedade".[208] Consequentemente, ele concebe o Direito – como Stutchka fez – como um sistema de relações sociais.

O Direito: as relações sociais da sociedade produtora de mercadorias

Pachukanis formula o problema de uma teoria do Direito da seguinte maneira: "seria possível entender o Direito como uma relação social naquele mesmo sentido que Marx usou ao chamar o capital de relação social?".[209] Uma vez que o Direito evidentemente não é idêntico à sociedade, mas apenas um fenômeno entre muitos outros, como a moral, a religião, a arte e assim por diante, surge a questão de quais relações sociais são relações jurídicas em oposição àquelas que não são; em outros termos, qual é o critério para distinguir umas das outras. Pachukanis critica a definição de Direito de Stutchka como um sistema de relações sociais (que corresponde aos interesses da classe dominante) bastante corretamente ao dizer que Stutchka não responde à questão de "como as relações sociais se transformam em instituições jurídicas ou como o Direito se transformou no que é".[210] Tendo rejeitado a única resposta possível, a de que as relações jurídicas são aquelas determinadas ou constituídas por uma ordem normativa específica, Pachukanis precisa encontrar um critério imanente às relações sociais, não fora delas (como é uma ordem normativa). Sua resposta é: a relação jurídica é "a

---

[208] PACHUKANIS, Evguiéni B. *Teoria geral do direito e marxismo*. Trad. Paula Vaz de Almeida. São Paulo: Boitempo, 2017, p. 100, *Tradução modificada*.

[209] PACHUKANIS, Evguiéni B. *Teoria geral do direito e marxismo*. Trad. Paula Vaz de Almeida. São Paulo: Boitempo, 2017, p. 88.

[210] PACHUKANIS, Evguiéni B. *Teoria geral do direito e marxismo*. Trad. Paula Vaz de Almeida. São Paulo: Boitempo, 2017, p. 96.

HANS KELSEN

relação entre os proprietários de mercadorias"[211], "as relações sociais de uma sociedade produtora de mercadorias".[212] Mas somente a sociedade capitalista é uma sociedade produtora de mercadorias:

> [a] sociedade capitalista é antes de tudo uma sociedade de proprietários de mercadorias. Isso significa que as relações sociais entre as pessoas no processo de produção adquirem aqui a forma reificada dos produtos do trabalho, que se relacionam uns com os outros pelo valor. A mercadoria é um objeto por meio do qual a diversidade concreta de propriedades úteis se torna um simples invólucro reificado da propriedade abstrata do valor, que se manifesta como a capacidade de ser trocada por outras mercadorias a uma proporção determinada. [213]

Ele diz:

> [d]isso resulta que a análise da relação jurídica em sua forma mais simples não precisa partir do conceito de norma como ditame de uma autoridade externa. Basta tomar como base uma relação jurídica cujo conteúdo "é dado pela própria relação econômica" e, em seguida, examinar a forma "legal" dessa relação jurídica como uma hipótese particular.[214]

Seguindo uma teoria burguesa específica, Pachukanis escreve:

> [t]oda relação jurídica é uma relação entre sujeitos. O sujeito é o átomo da teoria jurídica, o elemento mais simples e indivisível, que não pode mais ser descomposto. [215]

---

[211] PACHUKANIS, Evguiéni B. *Teoria geral do direito e marxismo*. Trad. Paula Vaz de Almeida. São Paulo: Boitempo, 2017, p. 95.

[212] PACHUKANIS, Evguiéni B. *Teoria geral do direito e marxismo*. Trad. Paula Vaz de Almeida. São Paulo: Boitempo, 2017, p. 148.

[213] PACHUKANIS, Evguiéni B. *Teoria geral do direito e marxismo*. Trad. Paula Vaz de Almeida. São Paulo: Boitempo, 2017, p. 119.

[214] PACHUKANIS, Evguiéni B. *Teoria geral do direito e marxismo*. Trad. Paula Vaz de Almeida. São Paulo: Boitempo, 2017, p. 106.

[215] PACHUKANIS, Evguiéni B. *Teoria geral do direito e marxismo*. Trad. Paula Vaz de Almeida. São Paulo: Boitempo, 2017, p. 117.

CAPÍTULO V - A TEORIA DO DIREITO DE PACHUKANIS

Mas, na realidade o sujeito não é nada além de um possuidor de mercadorias e o objeto é a mercadoria:

> [a] relação mercantil transforma essa oposição entre sujeito e objeto em um significado jurídico particular. O objeto é a mercadoria, o sujeito, o possuidor da mercadoria, que dispõe dela nos atos de aquisição e alienação. Justamente no ato de troca o sujeito revela, pela primeira vez, a plenitude de suas determinações.[216]
>
> Assim, o sujeito de Direito é um possuidor de mercadorias abstrato e ascendido aos céus. Sua vontade, entendida no sentido jurídico, tem um fundamento real no desejo de alienar ao adquirir e adquirir ao alienar. Para que esse desejo se efetive, é indispensável que a vontade do possuidor de mercadorias vá ao encontro de um desejo de outro proprietário de mercadorias. Juridicamente, essa relação se expressa na forma do contrato ou do acordo entre vontades independentes. Por isso o contrato é um dos conceitos centrais do direito. Erigindo-se de maneira grandiloquente, o contrato é uma parte constitutiva da ideia de direito.[217]
>
> Quando uma coisa opera na qualidade de valor de troca, ela se torna impessoal, puro objeto do direito; por sua vez, ao dispor dela, o sujeito se torna puro sujeito de direito.[218]
>
> Dessa maneira, apenas o desenvolvimento do mercado cria a possibilidade e a necessidade de converter o homem, que se apropria das coisas por meio do trabalho (ou da pilhagem), em proprietário jurídico.[219]

É evidente que no Direito da sociedade capitalista – que Pachukanis toma como o Direito *par excellence* – não apenas as relações dos possuidores

---

[216] PACHUKANIS, Evguiéni B. *Teoria geral do direito e marxismo*. Trad. Paula Vaz de Almeida. São Paulo: Boitempo, 2017, p. 124.

[217] PACHUKANIS, Evguiéni B. *Teoria geral do direito e marxismo*. Trad. Paula Vaz de Almeida. São Paulo: Boitempo, 2017, p. 127.

[218] PACHUKANIS, Evguiéni B. *Teoria geral do direito e marxismo*. Trad. Paula Vaz de Almeida. São Paulo: Boitempo, 2017, p. 129.

[219] PACHUKANIS, Evguiéni B. *Teoria geral do direito e marxismo*. Trad. Paula Vaz de Almeida. São Paulo: Boitempo, 2017, p. 130.

de mercadorias têm o caráter de relações jurídicas como, *e.g.*, a relação entre marido e esposa, pais e filhos, que podem existir também na sociedade comunista. Mas mesmo que aceitemos esse estreitamento artificial do conceito de Direito e admitamos que somente as relações de possuidores de mercadorias são relações jurídicas ou, como Pachukanis formula, assumem a "forma" de relações jurídicas, "refletem" a "forma jurídica", surge a questão: o que é essa "forma jurídica"? Ela não pode ser idêntica às relações especificamente econômicas que "reflete". Mas a essa questão, que é a questão essencial de uma teoria do Direito que se diferencie de uma teoria econômica, Pachukanis não responde e não pode responder, pois a interpretação econômica da sociedade o força a identificar as relações jurídicas com relações especificamente econômicas. O fato de que um indivíduo possua efetivamente algo não significa que ele é proprietário jurídico. Pachukanis não pode ignorar isso completamente. Ele diz: "Antes mesmo de os possuidores de mercadorias 'reconhecerem-se' uns aos outros, eles, evidentemente, já existiam como tal". Contudo, como jurista, ele tem de admitir a diferença entre a posse de fato e a propriedade, e por isso acrescenta: "mas em outro sentido, num sentido orgânico e extrajurídico".[220] "Propriedade" em um "sentido extrajurídico" é uma contradição em termos. Pachukanis inevitavelmente entra em contradição porque ele descreve a relação jurídica de propriedade sem recorrer às normas jurídicas constitutivas dessa relação.

Todo Direito é Direito privado

A fim de identificar o Direito com relações especificamente econômicas, Pachukanis declara que somente o Direito privado – como uma relação entre indivíduos isolados, sujeitos de interesses egoístas – é Direito no verdadeiro sentido do termo. O chamado Direito público como uma relação entre o Estado e indivíduos privados não pode ser verdadeiramente direito porque o Estado é um fenômeno metajurídico, inconcebível como sujeito de direito. "O Estado", diz Pachukanis expressamente, "não exige uma interpretação jurídica e, de fato, nem

---

[220] PACHUKANIS, Evguiéni B. *Teoria geral do direito e marxismo*. Trad. Paula Vaz de Almeida. São Paulo: Boitempo, 2017, p. 128.

CAPÍTULO V - A TEORIA DO DIREITO DE PACHUKANIS

sequer a admite. Esse é um domínio em que reina a assim chamada *raison d'état*, ou seja, o princípio da conveniência nua e crua".[221] Em sua "busca pelas relações que constituem o fundamento real desta forma" que chamamos Direito, Pachukanis chega ao resultado de que "as relações que são chamadas de relações de Direito público não são o fundamento que procuramos". Ele aprova a afirmação do autor marxista Gumplowicz de que somente o Direito privado é o domínio da jurisprudência e afirma:

> [n]a verdade, o núcleo mais consolidado do universo jurídico (se é possível expressar-se dessa maneira) repousa precisamente sobre o domínio das relações de Direito privado. É justamente aí que o sujeito de Direito, a "persona", encontra sua encarnação mais adequada na personalidade concreta do sujeito econômico egoísta, do proprietário detentor dos interesses privados. É justamente no Direito privado que o pensamento jurídico age com mais liberdade e segurança; sua construção adquire o aspecto mais acabado e harmonioso. (...) O comportamento das pessoas pode ser regulado pelas mais diferentes regras, mas o momento jurídico dessa regulamentação começa onde têm início as diferenças e oposições de interesses. "O litígio", diz Gumplowicz, "é o elemento fundamental de todo fato jurídico."[222]

É certamente verdade que a existência de interesses conflitantes é a *raison d'être* do Direito. Mas não é menos verdade que onde há interesses humanos há sempre também conflitos de interesses. Além disso, no campo do chamado Direito privado não há apenas conflitos entre interesses individuais, *i.e.*, privados, mas também conflitos entre interesses coletivos, *i.e.*, públicos, e interesses individuais-privados. Se o Estado aplica a lei contra a propriedade de um devedor que não paga suas dívidas ao credor, não é apenas a fim de proteger o interesse individual deste, mas também porque existe – no plano de fundo – um interesse coletivo, *i.e.*, público,

---

[221] PACHUKANIS, Evguiéni B. *Teoria geral do direito e marxismo*. Trad. Paula Vaz de Almeida. São Paulo: Boitempo, 2017, p. 142.

[222] PACHUKANIS, Evguiéni B. *Teoria geral do direito e marxismo*. Trad. Paula Vaz de Almeida. São Paulo: Boitempo, 2017, pp. 93-94.

em proteger os interesses individuais-privados de todos os possíveis credores. No campo do chamado Direito público, o conflito entre interesses coletivos-públicos e individuais-privados está em primeiro plano, ao passo que no campo do chamado Direito privado o conflito entre interesses individuais-privados está em primeiro plano. Portanto, o fato de que o Direito é uma ordem social para ajuste dos conflitos de interesses não é razão suficiente para identificar Direito e Direito privado, e isso quer dizer, para negar qualquer caráter jurídico àquela parte do Direito que normalmente é chamada de Direito público. Aqueles que se recusam a considerar o chamado Direito público como "Direito" verdadeiro baseiam sua visão não na suposição impossível de que não há interesses conflitantes no reino do Direito público, mas na suposição de que o Estado por sua própria natureza está além e acima do Direito, isto é, no dogma da soberania do Estado. Esse dogma, contudo, é cientificamente insustentável.

A visão de Pachukanis do Direito público como uma doutrina ideológica de juristas burgueses

A doutrina de que somente o Direito privado, e não o Direito público, é o verdadeiro direito, porque o Estado como um fato meta-jurídico não pode ser concebido como sujeito ao Direito e, portanto, não é um sujeito de Direito, de modo algum é uma doutrina especifi-camente marxista. Muitos autores "burgueses" e especificamente juris-tas alemães de atitude altamente conservadora defenderam essa doutrina, que tem em sua base o dualismo entre Direito privado e Direito públi-co, intimamente conectado com o dualismo entre Direito e Estado, Direito subjetivo (direitos) e Direito objetivo. E esses dualismos são um elemento característico de certas teorias jurídicas desenvolvidas por autores burgueses.

Mas outros autores burgueses, especialmente os representantes da teoria pura do Direito – que, de acordo com Pachukanis e outros cien-tistas do Direito soviético é a mais pronunciada teoria "burguesa" do Direito – mostraram que esses dualismos e, em particular, o dualismo entre Direito privado e público, tem um caráter puramente ideológico e não encontra fundamento na realidade jurídica, que é uma descrição

CAPÍTULO V - A TEORIA DO DIREITO DE PACHUKANIS

cientificamente correta do Direito existente – o Direito burguês, o Direito da sociedade capitalista –, é possível somente se ele se emancipar desses dualismos. Foi provado, especialmente pela teoria normativa, a teoria pura do Direito, que o dualismo entre Direito privado e público, que implica a visão de que o Direito público não é o Direito verdadeiro porque o Estado como um fato metajurídico não pode estar limitado pelo Direito, é o resultado de uma hipóstase inadmissível do conceito de Estado; que o Estado apresentado como uma pessoa atuante não é nada além da personificação de uma ordem jurídica; que os atos do Estado são atos de seres humanos determinados de uma maneira específica pela ordem jurídica; que imputar esses atos ao Estado significa nada além de referi-los à ordem jurídica, cuja unidade é personificada nessa metáfora: que o Estado está agindo por meio desses indivíduos como seus órgãos; que esses atos como atos do Estado são determinados como obrigações ou direitos dos indivíduos agentes; que, consequentemente, o Estado como uma pessoa atuante está sujeito ao Direito assim como qualquer outro sujeito de obrigações jurídicas ou direitos jurídicos; e que, se o Estado não tivesse obrigações jurídicas, não poderia haver direitos dos indivíduos privados; que não há relações jurídicas das quais o Estado não seja – direta ou indiretamente – uma parte, de modo que todo Direito é por sua própria natureza Direito público, e o chamado Direito privado é somente uma parte dele, caso queiramos afirmar alguma distinção entre Direito privado e público. E não se pode afirmá-la como uma distinção entre normas que são e normas que não são direitos, ou entre normas de maior grau de juridicidade e normas de menor grau de juridicidade; mas apenas como uma diferença técnica entre dois tipos de normas que são ambas direito no sentido verdadeiro do termo; e isso significa que o chamado Direito público é Direito no mesmo grau e no mesmo sentido que qualquer norma geralmente chamada de Direito privado. Foi provado pela teoria pura do Direito "burguesa" que a doutrina de acordo com a qual somente o Direito privado, e não o público, é Direito no verdadeiro sentido do termo é defendida com o propósito político de justificar atos do governo, se o governo por razões políticas não aplicar o Direito existente que impõe certas obrigações a ele, mas criar novo direito que o libera dessas obrigações.

133

Foi demonstrado, novamente pela teoria pura do Direito, rejeitada pelos autores soviéticos, que do ponto de vista de uma descrição objetiva, isto é, científica, do Direito, o Estado como uma ordem social é por sua própria natureza não um fato metajurídico, mas jurídico, *o* fato jurídico *por excelência*, uma vez que é uma ordem coercitiva do comportamento humano e como tal uma ordem jurídica, que por definição não é nada além de uma ordem coercitiva. Mas Pachukanis aceita o dualismo entre Direito e Estado porque os profetas de sua religião, Marx e Engels, absorveram esse dualismo do filósofo burguês Hegel e dos juristas burgueses de sua época, embora o modo como eles falam do Estado burguês e do Direito burguês mostre claramente que falam de uma única e mesma coisa, chamando-a uma hora de Estado, outra de Direito. Apenas o fato de que o Estado é uma ordem jurídica específica, a saber, relativamente centralizada, explica o fato – de outro modo incompreensível – de que segundo a doutrina de Marx e Engels o Estado passa a existir e desaparece junto com seu "Direito". Com essa afirmação de que somente as relações de Direito privado, e não as de Direito público, são relações jurídicas, Pachukanis não descreve nem o Direito em geral nem o Direito da sociedade capitalista. Ele reproduz uma doutrina burguesa do Direito equivocada e ideológica.

O dualismo ideológico entre Direito subjetivo e objetivo

A teoria antiburguesa, pois supostamente anti-ideológica de Pachukanis não apenas retoma certa doutrina burguesa do dualismo ideológico entre Direito privado e público, mas também a não menos ideológica doutrina do dualismo entre Direito subjetivo e objetivo, que em inglês é expressa como o dualismo entre "direito" e "lei". Pachukanis diz que:

> ... a rigor, existem dois tipos de direito: o subjetivo e o objetivo, *jus agendi* e *norma agendi*. Além disso, a possibilidade de tal dicotomia não está de modo nenhum prevista na própria definição, por isso somos levados a negar um dos dois tipos, tomando-o por ficção, fantasma etc., ou a estabelecer uma ligação puramente exterior entre o conceito geral de direito e seus dois tipos. Entretanto, essa dupla natureza do direito, essa decomposição em

CAPÍTULO V - A TEORIA DO DIREITO DE PACHUKANIS

norma e faculdade jurídica, tem um significado não menos importante que, por exemplo, a decomposição da mercadoria em valor de troca e valor de uso.[223]

Seguindo a doutrina de alguns autores burgueses, Pachukanis defende que o Direito, o Direito subjetivo, tem primado sobre a obrigação "pois ele, em última instância, apoia-se nos interesses materiais que existem independentemente de regulamentação externa, ou seja, consciente, da vida social".[224] O Direito, diz ele, não é um reflexo possível de um dever; mas, ao contrário. " O dever não se esgota no conteúdo lógico da forma jurídica. Ele não é nem mesmo um elemento autônomo. O dever surge sempre como reflexo e correlato de um direito subjetivo".[225] Mas foi provado, especialmente pela teoria normativa, isto é, a teoria pura do Direito, que o dualismo entre Direito subjetivo e objetivo tem uma tendência político-ideológica similar àquela entre Direito privado e público. Ela implica a visão de que o Direito subjetivo (os direitos) é logicamente e historicamente anterior ao Direito objetivo, a ordem jurídica, e que ele tem precedência em relação ao dever (obrigação); ou seja, que primeiro existem os direitos e depois o Estado garante esses direitos ao estabelecer uma ordem jurídica objetiva, impondo as obrigações correspondentes. Uma teoria científica, isto é, sem viés político, mostra que o exato oposto é verdadeiro, que não pode haver direito sem um dever, embora possa haver deveres sem direitos correspondentes; que o direito bem como o dever (obrigação) não é nada diferente da ordem jurídica como Direito objetivo, que ambos são somente esse Direito em sua relação com indivíduos definidos; que o único propósito dessa interpretação dualista do direito é garantir os direitos existentes, isto é, salvaguardar certas disposições do direito existente estipulando esses direitos, especialmente os direitos de propriedade, contra sua abolição por uma

---

[223] PACHUKANIS, Evguiéni B. *Teoria geral do direito e marxismo*. Trad. Paula Vaz de Almeida. São Paulo: Boitempo, 2017, p. 75.

[224] PACHUKANIS, Evguiéni B. *Teoria geral do direito e marxismo*. Trad. Paula Vaz de Almeida. São Paulo: Boitempo, 2017, p. 109.

[225] PACHUKANIS, Evguiéni B. *Teoria geral do direito e marxismo*. Trad. Paula Vaz de Almeida. São Paulo: Boitempo, 2017, p. 109.

mudança da ordem jurídica e, em particular, para impedir a expropriação sem compensação em caso de uma reforma do Direito existente, ao defender que tal reforma seria contrária à natureza do Direito. Foi demonstrado, especialmente pela teoria normativa, isto é, a teoria pura do Direito, que o dualismo entre direito subjetivo e objetivo, assim como o dualismo entre Direito e Estado, levam inevitavelmente a contradições insuperáveis. Mas, por mais estranho que pareça, é justamente por conta dessas contradições que o marxista Pachukanis aceita a doutrina dualista da jurisprudência burguesa. Pois, como seguidor de Marx e do filósofo burguês Hegel, ele acredita que essas contradições – que, na verdade, estão apenas no pensamento ideológico incorreto de alguns juristas burgueses – são inerentes à realidade jurídica, e que descrever essa realidade como "contraditória" por sua própria natureza é o verdadeiro modo marxista de fazê-lo. Pachukanis escreve: O Direito – e, para ele, isso quer dizer o Direito da sociedade capitalista – "não existe senão em antíteses: direito objetivo e Direito subjetivo, Direito público e Direito privado etc." Ele está satisfeito em afirmar: "[s]ó a sociedade burguesa capitalista cria todas as condições necessárias para que o momento jurídico alcance plena determinação nas relações sociais[226];" o que quer dizer que somente a sociedade capitalista cria essas contradições ou antíteses pelas quais certas relações sociais assumem o caráter de relações jurídicas. Mas na verdade essas contradições não são inerentes à sociedade capitalista ou ao Direito capitalista; elas são características de uma teoria do Direito que sob a roupagem de uma ciência objetiva do Direito, isto é, ao simular descrever e explicar o Direito existente, tenta influenciar a formação do Direito do ponto de vista de interesses políticos definidos.

O Direito penal como Direito privado

Não se pode negar que o Direito privado é um elemento específico de um sistema econômico capitalista, e foi, novamente, uma teoria burguesa, a teoria normativa ou teoria pura do Direito, que demonstrou a conexão existente entre uma técnica jurídica definida – como a do

---

[226] PACHUKANIS, Evguiéni B. *Teoria geral do direito e marxismo*. Trad. Paula Vaz de Almeida. São Paulo: Boitempo, 2017, p. 75.

CAPÍTULO V - A TEORIA DO DIREITO DE PACHUKANIS

Direito privado e a do Direito subjetivo – e um sistema econômico definido – como o capitalismo. Mas como é possível ignorar o fato de que no interior da ordem jurídica da sociedade capitalista existe não apenas o Direito privado e o Direito subjetivo, mas também o Direito de uma técnica diferente, como o administrativo, o constitucional, e especialmente o Direito penal? No que diz respeito ao Direito constitucional e administrativo, Pachukanis refere-se aos autores "burgueses" que negam o caráter jurídico dessas partes da ordem social como Direito público típico. Mas e quanto ao Direito penal, que mesmo os mais reacionários seguidores da doutrina de que o Direito público não é verdadeiramente Direito não ousam declarar como não Direito? Uma vez que Pachukanis não pode sustentar que o verdadeiro Direito é somente o Direito privado, ele precisa tentar mostrar que o Direito penal é Direito privado.

De acordo com sua doutrina, a essência do Direito privado – e, portanto, de todo o Direito – é a antítese entre interesses privados existente somente em uma sociedade na qual as mercadorias são possuídas por indivíduos privados. As relações jurídicas são relações de mercado, relações constituídas pelo intercâmbio de bens (troca de mercadorias). A fim de conceber o Direito penal desse modo, Pachukanis interpreta a relação entre crime e punição como uma relação de troca. Assim como o vendedor fornece a mercadoria e o comprador paga o preço, como o equivalente, o criminoso fornece o crime e o Estado paga com a punição. A punição é o equivalente do crime; e a ideia de um equivalente está na base do princípio da retribuição, que, de acordo com a sua teoria, é o princípio do Direito penal. Pachukanis diz:

> [a] ideia de equivalente, essa primeira ideia puramente jurídica, tem sua fonte na forma da mercadoria. O delito pode ser considerado uma variante particular de circulação, na qual a relação de troca, ou seja, contratual, é estabelecida *post factum*, ou seja, depois de uma ação arbitrária de uma das partes. A proporção entre o delito e a reparação se reduz à mesma proporção da troca.[227]

---

[227] PACHUKANIS, Evguiéni B. *Teoria geral do direito e marxismo*. Trad. Paula Vaz de Almeida. São Paulo: Boitempo, 2017, p. 167.

HANS KELSEN

Para justificar essa visão absurda, Pachukanis refere-se a Aristóteles, que de fato interpretou a punição como uma equalização adequada em troca do crime. Com base nessa autoridade – que, a propósito, também justificou a escravidão como uma instituição jurídica em completa conformidade com a natureza do homem – Pachukanis assevera:

> [d]essa maneira, o direito penal se torna parte integrante da superestrutura jurídica, uma vez que encarna uma variedade dessa forma fundamental à qual a sociedade moderna está subordinada: a forma da troca de equivalentes com todas as suas consequências e implicações.[228]
>
> O direito penal, assim como o direito em geral, é uma forma de relação entre sujeitos egoístas isolados portadores de interesse privado autônomo ou entre proprietários ideais.[229]

Se alguém objetar que no procedimento penal não é a vítima do dano que busca uma compensação equivalente pela violação de seu interesse privado, mas o promotor público, que, como órgão do Estado, defende um interesse público, Pachukanis responde: a vítima

> ... não desaparece, mas continua a representar o fundo da ação jurídico-penal que está em disputa. A abstração da violação do interesse público apoia-se totalmente na figura da vítima, que toma parte no processo pessoalmente ou por meio de um representante e confere a esse processo um sentido vital. Além disso, até mesmo nos casos em que a vítima concreta não existe na realidade, quando se "reclama" alguma lei, tal abstração encontra encarnação real na pessoa do promotor de justiça. Essa dicotomia, por meio da qual o próprio poder estatal surge no papel de parte (o promotor) e no papel de juiz, demonstra que o processo penal, como forma jurídica, é indissociável da figura da vítima, que exige "reparação" e, consequentemente, é indissociável da

---

[228] PACHUKANIS, Evguiéni B. *Teoria geral do direito e marxismo*. Trad. Paula Vaz de Almeida. São Paulo: Boitempo, 2017, p. 147.

[229] PACHUKANIS, Evguiéni B. *Teoria geral do direito e marxismo*. Trad. Paula Vaz de Almeida. São Paulo: Boitempo, 2017, p. 183.

CAPÍTULO V - A TEORIA DO DIREITO DE PACHUKANIS

forma mais geral do contrato. O promotor, como é esperado de uma "parte", reclama um "valor alto", ou seja, uma pena severa, o infrator solicita uma indulgência – "um desconto" –, e o tribunal decide "pela justiça". Coloque completamente de lado essa forma de contrato e você privará o processo penal da sua "alma jurídica".[230]

A ideologia da retribuição

Essa interpretação do Direito penal, novamente, não é uma descrição científica objetiva da realidade jurídica que, no Direito penal como no Direito civil, não mostra nada além de um ato coercitivo, a sanção, como uma reação contra um comportamento humano definido considerado como indesejado pela autoridade jurídica. Que essa reação signifique retribuição é uma interpretação dessa realidade de acordo com certa ideologia. E essa interpretação ideológica é altamente problemática. Aliás, ela foi rejeitada ainda na antiguidade quando Protágoras ensinou que a punição não tem sentido se ela é justificada como equivalente ao crime de acordo com o princípio da retribuição; que a única justificativa razoável para a punição é a prevenção por dissuasão. Quando Aristóteles, ignorando a doutrina de Protágoras, fala da punição como o equivalente do crime, ele apenas defende a justificação tradicional do Direito penal como uma aplicação do princípio da retribuição. Pachukanis justifica a interpretação aristotélica do Direito penal referindo-se especialmente ao postulado de que o grau de punição deve corresponder à gravidade do crime, como se o crime fosse uma substância quantitativamente mensurável. Ele diz:

> [a] pena proporcional à culpa representa, fundamentalmente, a mesma forma que a reparação proporcional ao prejuízo. É, antes de mais nada, a expressão aritmética que caracteriza a "severidade" da sentença: a quantidade de dias, meses etc. de privação da liberdade, esta ou aquela soma de dinheiro de multa, a privação de tais

---

[230] PACHUKANIS, Evguiéni B. *Teoria geral do direito e marxismo*. Trad. Paula Vaz de Almeida. São Paulo: Boitempo, 2017, p. 174.

e quais direitos. A privação da liberdade por um prazo determinado de antemão e especificado por uma sentença do tribunal é aquela forma específica por meio da qual o direito penal moderno, ou seja, burguês-capitalista, realiza o princípio da reparação equivalente.[231]

Contudo, a ideia de uma certa proporção entre crime e punição deixa de ser absurda tão logo a doutrina da retribuição é substituída pela da prevenção. É bastante razoável diferenciar os crimes de acordo com o grau de lesão que eles causam à sociedade, isto é, diferenciar entre crimes que são mais danosos à sociedade e, portanto, devem ser prevenidos por meio de punições mais efetivas, e crimes que são menos danosos e, portanto, podem ser punidos com penalidades menos efetivas. E é bastante razoável presumir que uma punição é mais efetiva quanto maior o mal representado, segundo o sentimento do indivíduo a quem ela será infligida como punição. Ninguém pode negar que hoje em dia a interpretação aristotélica do Direito penal como retribuição foi, de forma geral, abandonada e que a teoria da prevenção é geralmente aceita pelos criminólogos da sociedade capitalista; e que, consequentemente, os criminólogos burgueses discutem seriamente a questão de se a técnica punitiva é o único método possível ou o melhor método a ser aplicado com o propósito de prevenir crimes.

O Direito penal e a sociedade capitalista

Pode ser que alguns crimes puníveis de acordo com o Direito da sociedade capitalista sejam específicos do sistema econômico capitalista. Mas certamente isso não é verdade quanto aos crimes aos quais o Direito reage com a punição mais severa, a saber, o assassinato. Pois esse crime é frequentemente causado por motivos que não têm nada a ver com qualquer sistema econômico, como, por exemplo, sexo ou ambição. A visão de que em uma sociedade comunista não haverá crimes, isto é, violações à ordem social constitutiva da sociedade, é utópica e não tem base na experiência social. De qualquer forma, não há nenhuma razão para que uma sociedade capitalista não possa abolir o Direito penal e usar

---

[231] PACHUKANIS, Evguiéni B. *Teoria geral do direito e marxismo*. Trad. Paula Vaz de Almeida. São Paulo: Boitempo, 2017, p. 177.

CAPÍTULO V - A TEORIA DO DIREITO DE PACHUKANIS

outros métodos, se tais métodos se provarem mais efetivos na prevenção daqueles crimes que, até hoje, essa sociedade tentou prevenir com a punição dos criminosos. A ideologia da retribuição na qual Pachukanis baseia sua grotesca interpretação do Direito penal não é mais um obstáculo à reforma radical, que poderia substituir completamente o Direito penal por outras instituições na sociedade capitalista. É nessa sociedade capitalista que acadêmicos tidos como burgueses pelos soviéticos estão fazendo os mais sérios esforços para encontrar métodos substitutivos para a técnica da punição, métodos que eles consideram mais humanos e mais efetivos do que o Direito penal. Que esses métodos ainda não tenham sido aplicados na sociedade capitalista de modo algum se deve ao fato de que sejam incompatíveis com o capitalismo, mas exclusivamente ao fato de que ainda não foi possível elaborar a nova técnica social de uma maneira que pudesse ser considerada satisfatória de um ponto de vista científico objetivo. Somente deturpando o fato indiscutível de que na sociedade capitalista, nas universidades e instituições científicas dessa sociedade, financiadas pelos governos dos Estados capitalistas, existe um movimento pela reforma e mesmo pela abolição do Direito penal, Pachukanis pode, referindo--se a esse movimento, dizer que:

> ... não se pode pensar que, no princípio, o direito penal tenha sido dominado pela falsa teoria da reparação e que depois prevaleceu o ponto de vista justo da defesa social. Não se pode considerar que o desenvolvimento se deu apenas no plano das ideias.[232]

A afirmação de que os objetivos da escola reformista podem ser alcançados somente após "a realização do socialismo" não tem fundamento. Além disso, na União Soviética, que se orgulha de ter derrubado o capitalismo e estabelecido firmemente o socialismo, a velha técnica do Direito penal ainda prevalece.

A teoria de Pachukanis: uma negação do conceito de Direito

A tentativa de Pachukanis, levada a cabo no verdadeiro espírito do marxismo, de uma interpretação econômica do fenômeno jurídico

---

[232] PACHUKANIS, Evguiéni B. *Teoria geral do direito e marxismo*. Trad. Paula Vaz de Almeida. São Paulo: Boitempo, 2017, p. 180.

não resulta em uma definição, mas em uma completa negação do conceito de Direito. Se o Direito é reduzido à economia, surge a questão de por que o Direito deveria ser identificado como um tipo específico de economia, a saber, a economia capitalista. Se economia capitalista é Direito capitalista, por que uma economia comunista não seria um Direito comunista? A resposta – do ponto de vista da teoria do Estado e do Direito de Marx-Engels – é que a economia capitalista, por causa da exploração de uma classe por outra essencialmente conectada a esse método de produção e distribuição, pode ser mantida somente por uma maquinaria coercitiva, de modo que uma economia comunista pode ser mantida sem coerção. Então, o Direito é essa maquinaria coercitiva, o meio específico para a manutenção de uma economia específica, não essa economia em si. A fim de conformar a teoria do Direito à profecia de Marx-Engels de uma sociedade sem Estado e sem Direito perfeitamente comunista, a identificação do Direito com a economia não era necessária. Essa identificação reduz a profecia a uma tautologia vazia de que o comunismo não é o capitalismo.

Regras jurídicas e regras "técnicas"

Uma vez que Pachukanis define as relações jurídicas como relações de produção e distribuição capitalista, ele pode subscrever incondicionalmente à tese de que não haverá direito na sociedade comunista do futuro. Mas isso não significa – de acordo com sua interpretação – que a ordem social dessa sociedade não terá nenhum caráter coercitivo. Ele admite que mesmo no interior dessa sociedade algum tipo de coação deve ser exercido, mas essa coação terá um caráter meramente técnico, e não jurídico. Seguindo a afirmação de Engels de que na sociedade comunista do futuro o governo sobre as pessoas será substituído pela administração das coisas e a direção dos processos produtivos, ele faz uma distinção entre normas jurídicas e normas técnicas. A regulação jurídica refere-se a interesses em conflito; "a unidade de finalidades representa a premissa da regulamentação técnica". A cura de um doente, ele explica,

> ... pressupõe uma série de regras, tanto para o próprio doente quanto para o pessoal médico, mas, na medida em que essas regras

CAPÍTULO V - A TEORIA DO DIREITO DE PACHUKANIS

são estabelecidas do ponto de vista da unidade de fim – o restabelecimento da saúde do doente –, elas possuem um caráter técnico. A aplicação dessas regras pode estar relacionada a uma espécie de coerção da sociedade sobre o doente. Mas, enquanto essa coerção for considerada sob o ponto de vista da unidade de fim (para o coagente e para o coagido) idêntico tanto para quem a exerce como para aquele que lhe está submetido, ela não será mais que uma ação tecnicamente racional, e só. Nesse quadro, o conteúdo das regras será definido pela ciência médica e mudará ao par de seu progresso. O jurista não tem nada a fazer aqui. Sua atuação começa quando ele é forçado a abandonar esse terreno da unidade dos fins e a adotar outro ponto de vista, o de sujeitos isolados que se opõem uns aos outros e dos quais cada um é portador dos próprios interesses privados.[233]

A suposição de que existe uma "unidade de finalidade" em algum caso no qual haja exercício de coação por um indivíduo contra outro é obviamente uma ficção. O próprio fato de um indivíduo dever ser forçado a cumprir as expectativas alheias mostra claramente que a finalidade de um, e isso quer dizer sua finalidade imediata, não é a finalidade do outro; e é a finalidade imediata que é considerada quando a "unidade" está em questão. Caso contrário, haveria "unidade" onde existem os maiores antagonismos. Liberais e socialistas concordam quanto à finalidade última de uma ordem social: satisfazer o máximo possível as necessidades econômicas de todos. Mas o fato de que aqueles tentem obter esse resultado pelo livre mercado, e estes pela economia planificada, isto é, de eles não concordarem quanto a sua finalidade imediata, constitui o conflito mais radical de nosso tempo; e por isso, também, uma ordem coercitiva, o Direito – o "jurista", como Pachukanis diz – necessariamente tem de apoiar um sistema econômico ou outro. Se a relação entre a sociedade comunista futura e um indivíduo que não está de acordo com a ordem social que constitui essa sociedade deve ser do mesmo tipo que a relação entre um médico e um paciente, e se presumirmos que há nessa relação uma unidade de finalidade, então a "unidade de finalidade" pode significar

---

[233] PACHUKANIS, Evguiéni B. *Teoria geral do direito e marxismo*. Trad. Paula Vaz de Almeida. São Paulo: Boitempo, 2017, p. 94.

apenas que a sociedade comunista, quando exerce coação contra um membro recalcitrante, o faz no verdadeiro interesse desse membro, embora o próprio membro possa não compreender, e, portanto, é necessário forçá-lo. Uma escola ideológica da jurisprudência burguesa defende o mesmo quanto à punição por um órgão penal do Estado capitalista. É a mesma ficção que os juristas romanos usaram a fim de sustentarem sua doutrina de que um indivíduo pode ser escravizado apenas por vontade própria; uma ficção que eles formularam como *coactus tamen volui,* a mesma ficção da qual Rousseau tirou vantagem quando ele, a fim de manter sua doutrina de que um homem pode ser livre mesmo sob a ordem coercitiva do Estado, foi tão longe a ponto de dizer que um homem pode ser forçado a ser livre. É uma das muitas ficções pelas quais tenta-se velar o fato indesejável de que nenhuma sociedade humana é possível sem o exercício de coerção por um homem contra outro. E se os autores burgueses fingem que o Estado é a expressão da unidade de um desejo coletivo ou do interesse coletivo, eles produzem a mesma ideologia que os marxistas que dizem que haverá uma solidariedade completa de interesses em uma sociedade comunista. Distinguir regulação jurídica de regulação técnica, isto é, opor Direito e técnica, é sem sentido, porque o Direito, se não for visto pelas lentes coloridas de uma ideologia capitalista ou socialista, burguesa ou proletária, é por sua própria natureza uma técnica, uma técnica social específica.

O Direito do Estado soviético: o Direito burguês fadado a definhar

Da identificação do Direito com a economia capitalista por Pachukanis decorre não apenas que não pode haver direito na sociedade comunista do futuro, mas também que não pode haver Direito socialista proletário no período de transição da ditadura proletária. Pachukanis rejeita expressamente a visão de que uma teoria marxista do Direito deveria descobrir os conceitos gerais de um "direito proletário". Ele diz:

> [e]xigir do direito proletário seus próprios, novos, conceitos gerais... [é proclamar] a imortalidade da forma do direito, pois aspira a extrair tal forma daquelas condições históricas fundamentais

CAPÍTULO V - A TEORIA DO DIREITO DE PACHUKANIS

que asseguraram seu completo florescimento, e declara sua capacidade de se renovar permanentemente. A extinção das categorias (precisamente das categorias, não de uma ou outra prescrição) do direito burguês de modo nenhum significa a substituição por novas categorias do direito proletário... A extinção das categorias do direito burguês nessas condições significará a extinção do direito em geral, ou seja, o desaparecimento gradual do momento jurídico nas relações humanas.[234]

Para justificar essa visão, Pachukanis refere-se à afirmação de Marx sobre o "estreito horizonte do direito burguês" em *Crítica do programa de Gotha*. Ele está convencido de que está em completa conformidade com a doutrina do direito e do Estado de Marx-Engels quando diz:

> Marx, portanto, concebia a transição para o comunismo desenvolvido não como uma transição para novas formas de direito, mas como a extinção da forma jurídica em geral, como uma extinção dessa herança da época burguesa que se destina a sobreviver à própria burguesia.[235]

Ele declara ainda:

> [a]ssim, chega-se à conclusão de que a moral, o direito e o Estado são formas da sociedade burguesa. Se o proletariado necessita usá-las, isso não significa de modo nenhum a possibilidade do desenvolvimento futuro dessas formas recheadas com um conteúdo socialista. Elas não têm condições de acomodar esse conteúdo e devem perecer na medida de sua realização. Mas, por enquanto, na atual época de transição, o proletariado tem o dever de usar segundo seus interesses de classe tais heranças das formas da sociedade burguesa e, assim, esgotá-las completamente.[236]

---

[234] PACHUKANIS, Evguiéni B. *Teoria geral do direito e marxismo*. Trad. Paula Vaz de Almeida. São Paulo: Boitempo, 2017, p. 77.

[235] PACHUKANIS, Evguiéni B. *Teoria geral do direito e marxismo*. Trad. Paula Vaz de Almeida. São Paulo: Boitempo, 2017, p. 79.

[236] PACHUKANIS, Evguiéni B. *Teoria geral do direito e marxismo*. Trad. Paula Vaz de Almeida. São Paulo: Boitempo, 2017, pp. 160-161.

HANS KELSEN

E em seu artigo *O Estado soviético e a revolução no Direito* (publicado em 1930),[237] no qual ele – forçado pela mudança da situação política – confessa ter cometido alguns erros em sua teoria do direito, ele diz sobre o direito no estágio de transição:

> [c]omo construir um sistema jurídico final quando se parte de relações sociais que já compreendem a necessidade de que todo direito definhe? Essa é uma tarefa completamente impensável. Mas caso se reduza tudo meramente a um elemento de vontade subjetiva – "coagir" – então é inconcebível por que Marx e Engels falaram da forma "burguesa" do direito. É especificamente porque estamos partindo das relações objetivas que a ditadura proletária está reconstruindo a cada momento – é especificamente por essa razão que não podemos nos ocupar com a criação do direito proletário.[238]

O Direito socialista soviético: o Direito em uma sociedade sem classes

Não pode haver dúvida de que essa, se não é a única interpretação correta de afirmações vagas de Marx concernentes ao Direito em uma sociedade após o estabelecimento de uma ditadura proletária, ao menos é uma interpretação possível. E não pode haver dúvida de que – ao menos de acordo com Engels – não haverá Estado, e, portanto, não haverá

---

[237] PACHUKANIS, Evguiéni B. "The Soviet State and the Revolution in Law". *In*: LÊNIN, V. I.; STUCHKA, P. I.; REISNER, M. A.; PACHUKANIS, E. B.; STALIN, J. V.; VICHINSKI, A. Y.; YUDIN, P.; GOLUNSKI, S. A.; STROGOVICH, M. S.; TRAININ, I. P. *Soviet legal philosophy*. Trad. Hugh Baab. Cambridge, MA: Harvard University Press, 1951, pp. 237 e ss.

[238] PACHUKANIS, Evguiéni B. "The Soviet State and the Revolution in Law". *In*: LÊNIN, V. I.; STUCHKA, P. I.; REISNER, M. A.; PACHUKANIS, E. B.; STALIN, J. V.; VICHINSKI, A. Y.; YUDIN, P.; GOLUNSKI, S. A.; STROGOVICH, M. S.; TRAININ, I. P. *Soviet legal philosophy*. Trad. Hugh Baab. Cambridge, MA: Harvard University Press, 1951, p. 278. Ainda em um artigo "Estado e Direito", publicado em 1936, Pachukanis sustentou o caráter jurídico burguês de uma sociedade socialista no campo da distribuição. Cf. SCHLESINGER, Rudolf. *Soviet Legal theory*: its social background and development. 2. ed. London: Routledge & Kegan Paul Ltd., 1951, p. 207.

146

CAPÍTULO V - A TEORIA DO DIREITO DE PACHUKANIS

Direito idêntico ao e em conexão essencial com o Estado, uma vez que por meio da nacionalização dos meios de produção a exploração capitalista, e consequentemente a divisão da sociedade em duas classes hostis, será completamente abolida. Que o desenvolvimento político e econômico da União Soviética alcançou esse estágio, foi afirmado em 1936 da forma mais solene e autêntica por sua mais alta autoridade, o próprio Stálin, em seu relatório sobre o projeto da Constituição. Lá ele afirma que:

> ... a vitória completa do sistema socialista em todas as esferas da economia nacional é hoje um fato (...) Isso significa que a exploração do homem pelo homem foi abolida, eliminada, ao passo que a propriedade socialista dos implementos e meios de produção foi estabelecida como a fundação inabalável da sociedade soviética. (...) Consequentemente, não há mais uma classe capitalista que poderia explorar a classe trabalhadora. Consequentemente, nossa classe trabalhadora (...) os possui conjuntamente com todo o povo. E uma vez que os possui, e a classe capitalista foi eliminada, toda possibilidade de a classe trabalhadora ser explorada está eliminada (...) nossa classe trabalhadora pode ser chamada de proletariado? Claramente, não. (...) O proletariado da URSS foi transformado em uma classe totalmente nova, na classe operária da URSS.[239]

Essa nova "classe", evidentemente, não é uma classe no sentido específico do termo usado por Marx e Engels. No início de sua atividade literária, Stálin também compreendeu o conceito de "classe" desse modo. Em uma série de artigos publicados em 1905 e 1906, sob o título "Anarquismo ou socialismo", ele defendeu a doutrina do partido socialdemocrata contra os ataques de alguns autores pertencentes ao partido dos anarquistas. Em um desses artigos, Stálin escreveu:

> [a] sociedade futura será uma sociedade socialista. Isso significa em primeiro lugar que não haverá classes nessa sociedade: não haverá nem capitalistas nem proletários, e, consequentemente, não

---

[239] Cf. KELSEN, Hans. *The political theory of Bolshevism.* Berkeley; Los Angeles: University of California Press, 1948, p. 24.

haverá exploração. Nessa sociedade, haverá somente trabalhadores engajados em um trabalho coletivo.[240]

Não haverá classes porque não haverá capitalistas e proletários, nem exploração. Portanto, a sociedade da União Soviética já é uma sociedade sem classes no sentido da doutrina de Marx-Engels conforme interpretada pelo próprio Stálin. Não obstante, o Estado soviético não mostra o menor sintoma de estar desaparecendo. Ao contrário, em uma nova Constituição ele criou para si uma sólida base jurídica. De acordo com o artigo 4 dessa Constituição:

> [a] fundação econômica da URSS é o sistema socialista da economia e a propriedade socialista dos instrumentos e meios de produção, firmemente estabelecida como resultado da liquidação do sistema econômico capitalista, a abolição da propriedade privada dos instrumentos e meios de produção e a eliminação da exploração do homem pelo homem.

Portanto, de acordo com essa Constituição não há classes na União Soviética. No artigo 1 da Constituição consta: "A União das Repúblicas Socialistas Soviéticas é um Estado socialista dos operários e camponeses". Os "operários e camponeses" não são duas classes hostis como a classe burguesa e a classe proletária, mas formam – como declara expressamente o artigo 6 da Constituição – "todo o povo". De acordo com sua constituição, o Estado soviético é a organização jurídica de uma sociedade sem classes. É supérfluo dizer que essa constituição – como qualquer outra constituição – não antecipa qualquer dissolução do Estado que ela constitui, que essa constituição, como qualquer outra, afirma ser válida por um período ilimitado de tempo.

Parece lógico que uma teoria anarquista como a doutrina de Marx e Engels não pode ser aplicada a esse Estado ou a qualquer outro Estado. Em um discurso realizado em abril de 1929,[241] Stálin rejeitou a tendência

---

[240] STALIN, Joseph V. *Works*. vol. 1. London: Foreign Languages Publishing House, 1953, p. 336.

[241] STALIN, Josef V. "The right deviation in the Communist Party of Bolsheviks". *In*: LÊNIN, V. I.; STUCHKA, P. I.; REISNER, M. A.; PACHUKANIS, E. B.; STALIN,

CAPÍTULO V - A TEORIA DO DIREITO DE PACHUKANIS

anarquista da teoria de Bukhárin, sua "hostilidade de princípio a qualquer tipo de Estado, bem como ao Estado no período de transição", embora essa tendência anarquista estivesse em total conformidade com o espírito da doutrina de Marx e Engels.[242] Em seu Relatório ao Décimo Oitavo Congresso do Partido[243], no qual ele novamente proclamou "o completo triunfo do sistema econômico socialista", a "aniquilação da exploração", Stálin declarou que apesar dessas conquistas o Estado não pode ser extinto. Ele chegou mesmo a prever:

> [o] Estado será preservado entre nós também durante o período do comunismo? A resposta é "sim": ele será preservado a menos

---

J. V.; VICHINSKI, A. Y.; YUDIN, P.; GOLUNSKI, S. A.; STROGOVICH, M. S.; TRAININ, I. P. *Soviet legal philosophy*. Trad. Hugh Baab. Cambridge, MA: Harvard University Press, 1951, pp. 227 e ss.

[242] Em "Anarquismo ou socialismo", citado acima, Stálin caracteriza a diferença decisiva entre anarquismo e socialismo marxista da seguinte maneira: "A pedra angular do anarquismo é o indivíduo, cuja emancipação, segundo seus princípios, é a condição principal para a emancipação das massas, do corpo coletivo. Segundo os princípios do anarquismo, a emancipação das massas é impossível até que o indivíduo seja emancipado. De acordo com isso, seu slogan é: Tudo para o indivíduo. A pedra angular do marxismo, contudo, são as massas, cuja emancipação, segundo seus princípios, é a condição principal para a emancipação do indivíduo. Isso quer dizer, de acordo com os princípios do marxismo, que a emancipação do indivíduo é impossível até que as massas estejam emancipadas. De acordo com isso, seu slogan é: "Tudo para as massas" (STALIN, Joseph V. *Works*. vol. 1. Londres: Foreign Languages Publishing House, 1953, p. 299).

Assim, Stálin expressa a ideia de que o anarquismo tem um caráter individualista, ao passo que o socialismo marxismo tem um caráter coletivista. Mas isso não está correto, pois ambos se dirigem à libertação das massas bem como à libertação dos indivíduos. É a ideia moral da liberdade do indivíduo que está na base tanto do anarquismo quanto do socialismo marxista. Outras diferenças são, de acordo com Stálin, que os autores que chamam a si mesmos de anarquistas e contra quem ele escreve esses artigos, recusaram o método dialético que Marx tomou de Hegel e o materialismo que emprestou de Feuerbach. Nenhuma dessas diferenças tem a ver com a questão decisiva: a relação com o Estado, a doutrina de que o Estado é um mal, o ideal de uma sociedade sem Estado, que é o elemento essencial do anarquismo e que o anarquismo tem em comum com o socialismo marxista.

[243] STALIN, Josef V. "Report to the XVIII Party Congress". *In*: LÊNIN, V. I.; STUCHKA, P. I.; REISNER, M. A.; PACHUKANIS, E. B.; STALIN, J. V.; VICHINSKI, A. Y.; YUDIN, P.; GOLUNSKI, S. A.; STROGOVICH, M. S.; TRAININ, I. P. *Soviet legal philosophy*. Trad. Hugh Baab. Cambridge, MA: Harvard University Press, 1951, pp. 343 e ss.

HANS KELSEN

que o cerco capitalista tenha sido liquidado e o perigo de ataques militares vindos do exterior eliminado...[244]

Essa é, de fato, uma mudança radical da doutrina desenvolvida por Marx e Engels, que evidentemente não previram, ou não levaram em consideração, a situação que existiria caso o socialismo tivesse que ser realizado em um único Estado cercado por Estados capitalistas hostis. Eles imaginaram a transição da ditadura do proletariado ao estágio de perfeito comunismo como um período relativamente curto e consequentemente lidaram com o Estado como uma instituição moribunda. Uma vez que eles consideravam o Estado um instrumento do capitalismo, sua hostilidade ao capitalismo era necessariamente uma hostilidade ao Estado enquanto tal, a todo tipo de Estado, de modo que sua atitude anticapitalista era necessariamente anarquista. Mas assim que se tornou evidente que o Estado não era somente uma maquinaria coercitiva que assegura um sistema econômico capitalista, mas um instrumento necessário para a defesa de um sistema econômico socialista, as tendências anarquistas da doutrina marxista não podiam mais ser sustentadas. Consequentemente, os autores soviéticos que de boa-fé tinham seguido a direção hoje indesejável caíram no ostracismo. Esse foi o destino de Pachukanis, cuja teoria jurídica é a única aplicação consistente da doutrina anarquista de Marx-Engels ao problema do Direito.

O que Stálin disse sobre o Estado soviético é verdade também em relação ao Direito soviético; pois o Estado não pode ser separado do Direito. Quando o Estado e, portanto, o Direito é reconhecido como uma instituição essencial, então não há razões políticas para negar seu caráter normativo. Foi por razões políticas, de desenvolver uma teoria anticapitalista do Direito, que os autores soviéticos, na época em que o Estado soviético estava preocupado principalmente com a luta contra e a destruição do capitalismo no interior de sua sociedade, pensaram ser

---

[244] STALIN, Josef V. "Report to the XVIII Party Congress". *In*: LÊNIN, V. I.; STUCHKA, P. I.; REISNER, M. A.; PACHUKANIS, E. B.; STALIN, J. V.; VICHINSKI, A. Y.; YUDIN, P.; GOLUNSKI, S. A.; STROGOVICH, M. S.; TRAININ, I. P. *Soviet legal philosophy*. Trad. Hugh Baab. Cambridge, MA: Harvard University Press, 1951, p. 349.

CAPÍTULO V - A TEORIA DO DIREITO DE PACHUKANIS

necessário negar que o Direito, que eles menosprezaram como ideologia capitalista, é um sistema de normas obrigatórias. Mas depois que o sistema econômico socialista foi estabelecido e o Estado soviético estabilizado como seu poderoso garantidor, o governo soviético, novamente por razões políticas, interessou-se de maneira vital por uma teoria jurídica que reconhecesse a autoridade do Estado soviético, e isso quer dizer o caráter normativo, a força obrigatória de seu Direito como uma ordem jurídica especificamente socialista e não como mera reminiscência do Direito burguês.[245]

---

[245] Schlesinger (SCHLESINGER, Rudolf. *Soviet Legal theory*: its social background and development. 2. ed. London: Routledge & Kegan Paul Ltd., 1951, pp. 164 e ss.) escreve: "Não é difícil compreender por que os soviéticos abandonaram uma teoria que só poderia ser interpretada como uma apologia ou ao capitalismo ou à ausência de direito, no sentido da anarquia ou do governo arbitrário. Seu sucesso temporário só pode ser explicado pela insatisfação profunda em relação às características capitalistas da N.E.P., aliada à impressão que o aparente restabelecimento do capitalismo causou em muitos intelectuais soviéticos. Ambas as tendências trabalharam juntas em promover a aceitação de uma teoria aberta a interpretações muitos ambíguas, conforme se acentuava o caráter necessariamente capitalista de qualquer Direito ou o desejo de sua rápida "extinção". Com a queda da N.E.P., essa intepretação pareceu chegar a seu auge.

Capítulo VI

A REJEIÇÃO DA TEORIA DE PACHUKANIS

O retorno à teoria normativa do Direito

A oposição à teoria do Direito de Pachukanis começou com um artigo de P. Yudin, "Socialismo e Direito"[246], que pretendia apresentar a teoria do Direito correta, isto é, marxista. A única contribuição interessante desse artigo é a definição de Direito:

> [o] Direito é um sistema de normas estabelecido pelo Estado para salvaguardar a ordem da organização social existente. Ele é a vontade ativamente refletida da classe dominante, que consagra e perpetua os interesses econômicos e políticos dessa classe.[247]

Essa definição está em oposição direta à teoria de Pachukanis de que o Direito não é um sistema de normas, mas um conjunto de relações

---

[246] YUDIN, P. "Socialism and law". *In*: LÊNIN, V. I.; STUCHKA, P. I.; REISNER, M. A.; PACHUKANIS, E. B.; STALIN, J. V.; VICHINSKI, A. Y.; YUDIN, P.; GOLUNSKI, S. A.; STROGOVICH, M. S.; TRAININ, I. P. *Soviet legal philosophy*. Trad. Hugh Baab. Cambridge, MA: Harvard University Press, 1951, pp. 281 e ss.

[247] YUDIN, P. "Socialism and law". *In*: LÊNIN, V. I.; STUCHKA, P. I.; REISNER, M. A.; PACHUKANIS, E. B.; STALIN, J. V.; VICHINSKI, A. Y.; YUDIN, P.; GOLUNSKI, S. A.; STROGOVICH, M. S.; TRAININ, I. P. *Soviet legal philosophy*. Trad. Hugh Baab. Cambridge, MA: Harvard University Press, 1951, p. 284.

HANS KELSEN

específicas. Não há nada sobre capitalismo ou exploração na definição de Yudin, de modo que ela pode ser aplicada não apenas ao Direito capitalista, mas também a uma ordem coercitiva cujo propósito não seja manter a exploração capitalista (de uma classe por outra), mas o contrário: aboli-la e implantar uma economia socialista. A definição, é verdade, ainda contém o elemento de classe, embora Yudin admita expressamente que na União Soviética "o socialismo está sendo levado a cabo" e "sob o socialismo não há mais qualquer exploração".[248]

A terminologia da classe na definição do Direito de Yudin é evidentemente preservada apenas para manter a fraseologia marxista. O ponto decisivo dessa nova teoria do Direito, seu principal propósito, é reconhecer a ordem coercitiva estabelecida pelo governo soviético durante o chamado período de transição – em oposição à teoria de Pachukanis – como Direito verdadeiro, como Direito soviético ou Direito socialista, e a comunidade constituída por ele como um Estado verdadeiro, o Estado socialista, para "livrar-se de uma vez por todas das teorias hostis que se esforçam para mostrar que o Estado deve necessariamente se extinguir no estágio atual".[249] Essas "teorias hostis" são estigmatizadas como "contrarrevolucionárias". A verdadeira doutrina "revolucionária" segundo Yudin é: "O Estado – um instrumento nas mãos da classe dominante – cria seu Direito, salvaguardando e protegendo os interesses específicos dessa classe".[250] O traço mais característico dessa doutrina é que a exploração é substituída pela "dominação". Que o Estado é – como Engels ensinou – um instrumento nas mãos da classe

---

[248] YUDIN, P. "Socialism and law". *In*: LÊNIN, V. I.; STUCHKA, P. I.; REISNER, M. A.; PACHUKANIS, E. B.; STALIN, J. V.; VICHINSKI, A. Y.; YUDIN, P.; GOLUNSKI, S. A.; STROGOVICH, M. S.; TRAININ, I. P. *Soviet legal philosophy*. Trad. Hugh Baab. Cambridge, MA: Harvard University Press, 1951, p. 297.

[249] YUDIN, P. "Socialism and law". *In*: LÊNIN, V. I.; STUCHKA, P. I.; REISNER, M. A.; PACHUKANIS, E. B.; STALIN, J. V.; VICHINSKI, A. Y.; YUDIN, P.; GOLUNSKI, S. A.; STROGOVICH, M. S.; TRAININ, I. P. *Soviet legal philosophy*. Trad. Hugh Baab. Cambridge, MA: Harvard University Press, 1951, pp. 295 e ss.

[250] YUDIN, P. "Socialism and law". *In*: LÊNIN, V. I.; STUCHKA, P. I.; REISNER, M. A.; PACHUKANIS, E. B.; STALIN, J. V.; VICHINSKI, A. Y.; YUDIN, P.; GOLUNSKI, S. A.; STROGOVICH, M. S.; TRAININ, I. P. *Soviet legal philosophy*. Trad. Hugh Baab. Cambridge, MA: Harvard University Press, 1951, p. 286.

154

CAPÍTULO VI - A REJEIÇÃO DA TEORIA DE PACHUKANIS

capitalista, usado para manter a exploração da classe proletária, e que o Estado e o seu Direito definharão tão logo a exploração seja abolida pela nacionalização dos meios de produção, não é mais verdadeiro. A doutrina verdadeira agora é que pela abolição da exploração de uma classe pela outra, e isso quer dizer pela abolição do Estado capitalista e do Direito capitalista, um novo Estado socialista soviético e um novo Direito socialista soviético foram estabelecidos, aos quais a doutrina do definhamento não se aplica.

O Direito soviético: Direito público socialista

O espírito dessa nova teoria do Direito manifesta-se mais claramente no fato de que o Direito soviético é declarado, por sua própria natureza, "Direito público", em aberta oposição à doutrina de Pachukanis segundo a qual o chamado Direito público não é Direito.

> A ditadura do proletariado é um Estado de novo tipo, e o Direito criado por esse Estado é um Direito de novo tipo: o Direito democrático soviético que protege os interesses de todo e cada membro da maioria do povo: os trabalhadores. Esse magnífico trabalho revolucionário foi coroado com a criação de uma estrutura exata e estrita de Direito público pela declaração e pelo pacto de formação da URSS, adotados em 30 de dezembro de 1922, no Primeiro Congresso dos Sovietes da URSS.[251]

Yudin refere-se à afirmação de Lênin: "Não reconhecemos nada como 'privado' – para nós *tudo* no campo da economia tem caráter de *direito público* e não de direito privado...";[252] e diz ainda:

---

[251] YUDIN, P. "Socialism and law". *In*: LÊNIN, V. I.; STUCHKA, P. I.; REISNER, M. A.; PACHUKANIS, E. B.; STALIN, J. V.; VICHINSKI, A. Y.; YUDIN, P.; GOLUNSKI, S. A.; STROGOVICH, M. S.; TRAININ, I. P. *Soviet legal philosophy*. Trad. Hugh Baab. Cambridge, MA: Harvard University Press, 1951, pp. 290 e ss.

[252] Em uma carta a Kurski (1922), YUDIN, P. "Socialism and law". *In*: LÊNIN, V. I.; STUCHKA, P. I.; REISNER, M. A.; PACHUKANIS, E. B.; STALIN, J. V.; VICHINSKI, A. Y.; YUDIN, P.; GOLUNSKI, S. A.; STROGOVICH, M. S.;

HANS KELSEN

Somente um inimigo implacável do socialismo ou um completo idiota deixaria de compreender que o direito socialista soviético – novo tanto em termos de conteúdo quanto dos problemas que procura solucionar – começou a ser criado desde os primeiros dias da existência da autoridade soviética.[253]

Uma vez que enfatiza o caráter jurídico da ordem social estabelecida pelo governo soviético e especialmente a "autoridade soviética", Yudin tem de rejeitar a visão de Pachukanis de que durante o período de transição o Direito é uma reminiscência do Direito burguês. Ele diz:

Uma quantidade infinita de absurdos foi dita por pseudoespecialistas em Direito sobre o problema da forma do Direito soviético. Sua compreensão sobre a forma do direito não tem nada em comum com a compreensão científica de Marx sobre a relação entre forma e substância. Até recentemente uma única opinião prevaleceu em todo o chamado front jurídico: temos um direito soviético, mas sua forma é a do direito burguês (...) Esse raciocínio levou as pessoas a pensarem o que é mera terminologia jurídica – algo que se refere à forma externa – como a forma do Direito, embora não seja o conteúdo genuíno do Direito. "Juristas" individuais – que separavam a forma do conteúdo, perdidos na terminologia jurídica, manipulando apenas abstrações vazias, fazendo malabarismos aqui e ali, travando polêmicas uns com os outros e pondo em movimento conceitos desprovidos de conteúdo – ficaram confusos em tal grau que foram incapazes de distinguir onde estava a direita e onde estava a esquerda. Assim, facilitaram aos inimigos da pátria socialista perpetrar seu trabalho abominável.[254]

TRAININ, I. P. *Soviet legal philosophy*. Trad. Hugh Baab. Cambridge, MA: Harvard University Press, 1951, p. 292.

[253] YUDIN, P. "Socialism and law". *In*: LÊNIN, V. I.; STUCHKA, P. I.; REISNER, M. A.; PACHUKANIS, E. B.; STALIN, J. V.; VICHINSKI, A. Y.; YUDIN, P.; GOLUNSKI, S. A.; STROGOVICH, M. S.; TRAININ, I. P. *Soviet legal philosophy*. Trad. Hugh Baab. Cambridge, MA: Harvard University Press, 1951, p. 291.

[254] YUDIN, P. "Socialism and law". *In*: LÊNIN, V. I.; STUCHKA, P. I.; REISNER, M. A.; PACHUKANIS, E. B.; STALIN, J. V.; VICHINSKI, A. Y.; YUDIN, P.;

CAPÍTULO VI - A REJEIÇÃO DA TEORIA DE PACHUKANIS

O Estado soviético: uma pátria

A nova teoria jurídica toma da ciência burguesa do Direito não apenas a visão de que o Direito – o Direito socialista e o Direito capitalista – é um sistema de normas, mas também uma das ideologias mais características daquela teoria: a glorificação dos Estados como "pátrias"[255]; e isso está em conformidade com a Constituição Soviética de 1936, que no artigo 133 declara a defesa do país como um dever "sagrado", e a "traição à pátria" como "punível com toda a severidade do Direito como o mais hediondo de todos os crimes". Nada é mais significativo da teoria jurídica do que a afirmação de Yudin de que não apenas os escritos de Lênin e as obras de Stálin, mas também "a Constituição da URSS e a legislação eleitoral são os seus documentos mais importantes. Eles fornecem decisões corretas para o problema da natureza do Direito e do Estado soviéticos".[256] A questão científica da natureza do Estado e do Direito é decidida pela Constituição da União Soviética, isto é, a teoria do Estado e do Direito assentada na Constituição é obrigatória aos autores que escrevem sobre o Estado e o Direito.

GOLUNSKI, S. A.; STROGOVICH, M. S.; TRAININ, I. P. *Soviet legal philosophy*. Trad. Hugh Baab. Cambridge, MA: Harvard University Press, 1951, p. 293.

[255] Vladimir Gsovski, em um artigo publicado em 1938, ("The Soviet Concept of Law", *Fordham Law Review*, vol. 7, n. 1, pp. 1-44, 1938), escreveu: "Ao resumirmos a evolução do pensamento jurídico soviético, pode-se dizer que os conceitos da jurisprudência tradicional que formam a técnica do raciocínio jurídico foram agora restabelecidos na doutrina soviética do Direito. O marxismo, oferecido como uma conceituação compreensiva única da vida, uma *Weltanschauung*, implicando sua própria resposta em cada campo das ciências sociais, provou-se fútil para a jurisprudência. Deixando de desejar criar seu próprio conjunto de recursos técnicos jurídicos, os juristas soviéticos estão contentes em aceitar o tradicional" (p. 42).

[256] YUDIN, P. "Socialism and law". *In*: LÊNIN, V. I.; STUCHKA, P. I.; REISNER, M. A.; PACHUKANIS, E. B.; STALIN, J. V.; VICHINSKI, A. Y.; YUDIN, P.; GOLUNSKI, S. A.; STROGOVICH, M. S.; TRAININ, I. P. *Soviet legal philosophy*. Trad. Hugh Baab. Cambridge, MA: Harvard University Press, 1951, p. 285.

Capítulo VII
A TEORIA DO DIREITO DE VICHINSKI

Condenação da doutrina soviética anterior como um instrumento inadequado do proletariado em sua luta pelo socialismo

O principal jurista do segundo período é A. Y. Vichinski, que, em um discurso feito no Primeiro Congresso sobre os Problemas das Ciências do Estado e do Direito Soviéticos (Moscou, 1938)[257], esboçou "as tarefas fundamentais da ciência do Direito socialista soviético". Um dos traços mais característicos dessa teoria do Direito é que ela é aberta e expressamente apresentada como um instrumento efetivo da política do governo soviético, dirigido à abolição do capitalismo e à realização do socialismo. O ponto essencial dessa violenta crítica a outras teorias jurídicas desenvolvidas por autores soviéticos durante o primeiro período, especialmente por Pachukanis – e essa crítica aparece na maior parte de seu discurso –, é a afirmação de que essas teorias não são um instrumento de governo mas podem ser usadas pelos inimigos do governo soviético e do socialismo, que seus autores, portanto, são inimigos

---

[257] VICHINSKI, A. Y. "The fundamental tasks of the science of Soviet socialist law". *In*: LÊNIN, V. I.; STUCHKA, P. I.; REISNER, M. A.; PACHUKANIS, E. B.; STALIN, J. V.; VICHINSKI, A. Y.; YUDIN, P.; GOLUNSKI, S. A.; STROGOVICH, M. S.; TRAININ, I. P. *Soviet legal philosophy*. Trad. Hugh Baab. Cambridge, MA: Harvard University Press, 1951, pp. 303 e ss.

HANS KELSEN

do povo soviético, traidores, provocadores e afins. Sobre essas teorias, Vichinski diz que:

> ... por um período suficientemente (e desafortunadamente) longo, a tendência de nossa ciência do Direito não esteve de acordo com os interesses da causa da construção socialista. (...) Por vários anos uma posição de quase monopólio da ciência jurídica foi ocupada por um grupo de pessoas que se revelaram provocadores e traidores – pessoas que sabiam de fato como levar adiante o trabalho de traição de nossa ciência, de nosso Estado e de nossa pátria sob a máscara da defesa do marxismo-leninismo e da luta pelo marxismo ortodoxo e pela metodologia de Marx- -Lênin.
>
> Essas pessoas dirigiram suas energias para frear o desenvolvimento de nosso pensamento jurídico e perverter a essência de nossa doutrina de Marx-Lênin sobre o Direito e o Estado. Essas pessoas se esforçaram para arrancar das mãos do proletariado e dos trabalhadores de nossa terra a doutrina do Direito e do Estado de Marx-Lênin, que se provou um instrumento tão potente na luta contra os muitos inimigos bestiais do socialismo.[258]
>
> ... o front da ciência jurídica ainda continua em atraso em relação às demandas de nossa época – em relação às demandas do partido e do governo.[259]

Segundo Vichinski, que segue estritamente a linha dada por Stálin, a ciência social só pode ser o marxismo. O socialismo, diz ele, deve seu triunfo na União Soviética não apenas ao "heroísmo dos operários e

---

[258] VICHINSKI, A. Y. "The fundamental tasks of the science of Soviet socialist law". *In*: LÊNIN, V. I.; STUCHKA, P. I.; REISNER, M. A.; PACHUKANIS, E. B.; STALIN, J. V.; VICHINSKI, A. Y.; YUDIN, P.; GOLUNSKI, S. A.; STROGOVICH, M. S.; TRAININ, I. P. *Soviet legal philosophy*. Trad. Hugh Baab. Cambridge, MA: Harvard University Press, 1951, pp. 303-304.

[259] VICHINSKI, A. Y. "The fundamental tasks of the science of Soviet socialist law". *In*: LÊNIN, V. I.; STUCHKA, P. I.; REISNER, M. A.; PACHUKANIS, E. B.; STALIN, J. V.; VICHINSKI, A. Y.; YUDIN, P.; GOLUNSKI, S. A.; STROGOVICH, M. S.; TRAININ, I. P. *Soviet legal philosophy*. Trad. Hugh Baab. Cambridge, MA: Harvard University Press, 1951, p. 313.

CAPÍTULO VII - A TEORIA DO DIREITO DE VICHINSKI

camponeses", mas também ao fato de que o partido comunista "que liderou o movimento dos trabalhadores já desde o fim do século XIX"

> ... o fez sob a bandeira do marxismo – sob a bandeira da tendência genuinamente científica – (a maior e a única tendência desse tipo no mundo) –, sob a bandeira da genuína ciência: o marxismo.[260]

Um movimento político é apresentado como uma tendência científica. O marxismo, que é em primeiro lugar um postulado político de realização do socialismo, é ao mesmo tempo uma ciência, a única ciência genuína existente. Isso significa que o marxismo é ciência não apenas na medida em que encontra os meios pelos quais o socialismo, como um fim, pode ser realizado – o que pode ser considerado uma tarefa científica, embora dificilmente uma tarefa da ciência jurídica; isso significa que o marxismo é ciência também, e em primeiro lugar, na medida em que está direcionado ao socialismo, o objetivo do movimento operário, uma vez que ele proclama o socialismo como o fim que deve ser atingido por esse movimento. Isso, contudo, não é uma função científica, mas política. Citando Stálin, Vichinski diz: "O marxismo é a expressão científica dos interesses firmemente enraizados e inerentes à classe trabalhadora".[261] O interesse da classe trabalhadora é o socialismo, assim como o interesse da classe burguesa é o capitalismo. Se o movimento voltado à realização ou à manutenção do capitalismo não é, de acordo com Vichinski, científico, então, o movimento dos trabalhadores em direção ao socialismo, a preocupação essencial do marxismo, também não é científico. Vichinski afirma que Marx e Engels –

---

[260] VICHINSKI, A. Y. "The fundamental tasks of the science of Soviet socialist law". *In*: LÊNIN, V. I.; STUCHKA, P. I.; REISNER, M. A.; PACHUKANIS, E. B.; STALIN, J. V.; VICHINSKI, A. Y.; YUDIN, P.; GOLUNSKI, S. A.; STROGOVICH, M. S.; TRAININ, I. P. *Soviet legal philosophy*. Trad. Hugh Baab. Cambridge, MA: Harvard University Press, 1951, p. 305.

[261] VICHINSKI, A. Y. "The fundamental tasks of the science of Soviet socialist law". *In*: LÊNIN, V. I.; STUCHKA, P. I.; REISNER, M. A.; PACHUKANIS, E. B.; STALIN, J. V.; VICHINSKI, A. Y.; YUDIN, P.; GOLUNSKI, S. A.; STROGOVICH, M. S.; TRAININ, I. P. *Soviet legal philosophy*. Trad. Hugh Baab. Cambridge, MA: Harvard University Press, 1951, p. 306.

... puseram nas mãos do proletariado – em luta por sua libertação – um instrumento até então desconhecido: uma teoria científica. Armado com essa teoria, o proletariado adquire poderes para conquistar o velho mundo e construir um mundo novo – uma nova sociedade socialista.[262]

Mas a burguesia, também, conquistou um mundo antigo, o mundo do feudalismo, e estabeleceu um novo, a sociedade capitalista; e essa sociedade ainda prevalece, ao menos tanto quanto a sociedade socialista. A ciência certamente desempenhou um papel importante na vitória da burguesia sobre o feudalismo e ainda desempenha um papel importante na defesa do capitalismo contra o socialismo. Mas ninguém pretende que o sistema político do capitalismo seja uma "ciência". Pois a ciência, como busca por meios apropriados para um fim pressuposto, pode servir a fins muito diferentes, e se ela serve à realização do socialismo ela é tão pouco "socialista" quanto seria "capitalista" se servisse à realização ou à manutenção do capitalismo. Se um sistema político como o socialismo é apresentado como uma ciência, e mesmo como a única ciência genuína, essa "ciência" é o exemplo típico de uma ideologia no pior sentido do termo usado por Marx.

A teoria soviética do Direito "correta e científica": uma doutrina do Direito natural

Se a ciência é socialismo, então somente é consistente esperar que uma ciência soviética do Direito produza as normas de uma ordem jurídica socialista. Stálin disse que a ciência "sabe como criar novas tradições, novas normas, novos propósitos".[263] Portanto, Vichinski diz:

---

[262] VICHINSKI, A. Y. "The fundamental tasks of the science of Soviet socialist law". *In*: LÊNIN, V. I.; STUCHKA, P. I.; REISNER, M. A.; PACHUKANIS, E. B.; STALIN, J. V.; VICHINSKI, A. Y.; YUDIN, P.; GOLUNSKI, S. A.; STROGOVICH, M. S.; TRAININ, I. P. *Soviet legal philosophy*. Trad. Hugh Baab. Cambridge, MA: Harvard University Press, 1951, p. 307.

[263] *Bolshevik*, 1938, n. 10-11, p. 2, apud VICHINSKI, A. Y. "The fundamental tasks of the science of Soviet socialist law". *In*: LÊNIN, V. I.; STUCHKA, P. I.; REISNER,

CAPÍTULO VII - A TEORIA DO DIREITO DE VICHINSKI

> [u]ma teoria do Direito é um sistema de princípios jurídicos com base nos quais toda a ciência do direito – e todos os ramos dessa ciência (independentemente de seu conteúdo definido) são construídos. Claramente, o trabalho sobre esses princípios não pode ter como ponto de partida as normas do Direito positivo: ao contrário, as normas do Direito positivo – e o Direito positivo como um todo – devem ser construídas em conformidade com os princípios estabelecidos por uma teoria jurídica.[264]

A "teoria do Direito" que Vichinski tem em mente evidentemente não é uma teoria do Direito positivo. É uma teoria que tem de produzir "princípios jurídicos". Mas esses princípios jurídicos não são o Direito positivo a ser estabelecido com base nesses princípios. Se eles têm de ser princípios "jurídicos", eles são jurídicos não no sentido do Direito positivo, mas no sentido de normas de um Direito ideal, o Direito que deve ser estabelecido em uma sociedade socialista. Parece lógico que esses princípios são as normas ideais de um Direito socialista. Pois, segundo Vichinski, a "teoria jurídica" que consiste no "sistema de princípios jurídicos" com base nos quais o Direito positivo do Estado socialista deve ser estabelecido "repousa sobre os princípios do socialismo – sobre os princípios da revolução socialista, do Estado e a da ordem social socialistas".[265] Os princípios normativos, as normas ideais de um Direito socialista, não podem ser deduzidos do Direito positivo por uma teoria do Direito. "A tentativa de construir uma teoria do Direito – uma assim chamada Teoria Geral do

---

M. A.; PACHUKANIS, E. B.; STALIN, J. V.; VICHINSKI, A. Y.; YUDIN, P.; GOLUNSKI, S. A.; STROGOVICH, M. S.; TRAININ, I. P. *Soviet legal philosophy*. Trad. Hugh Baab. Cambridge, MA: Harvard University Press, 1951, p. 318.

[264] VICHINSKI, A. Y. "The fundamental tasks of the science of Soviet socialist law". *In*: LÊNIN, V. I.; STUCHKA, P. I.; REISNER, M. A.; PACHUKANIS, E. B.; STALIN, J. V.; VICHINSKI, A. Y.; YUDIN, P.; GOLUNSKI, S. A.; STROGOVICH, M. S.; TRAININ, I. P. *Soviet legal philosophy*. Trad. Hugh Baab. Cambridge, MA: Harvard University Press, 1951, pp. 323 e ss.

[265] VICHINSKI, A. Y. "The fundamental tasks of the science of Soviet socialist law". *In*: LÊNIN, V. I.; STUCHKA, P. I.; REISNER, M. A.; PACHUKANIS, E. B.; STALIN, J. V.; VICHINSKI, A. Y.; YUDIN, P.; GOLUNSKI, S. A.; STROGOVICH, M. S.; TRAININ, I. P. *Soviet legal philosophy*. Trad. Hugh Baab. Cambridge, MA: Harvard University Press, 1951, p. 324.

HANS KELSEN

Direito – por meio da adaptação lógica das normas do Direito positivo" é uma característica da ciência jurídica burguesa.

> Podemos encontrá-la em todas as tendências da ciência jurídica burguesa que emprega o método dogmático-jurídico. Toda a ciência burguesa ocupa-se exclusivamente do esforço de construir uma teoria do Direito por meio da adaptação de normas do Direito positivo e temperando a teoria com todo tipo de postulado – como o postulado de um espírito absoluto, e assim por diante. Contudo, esse tipo de tratamento não pode fornecer – e não forneceu – um conhecimento do Direito de fato correto e científico. Seguir esse caminho da derrota da ciência burguesa (...) não pode nos oferecer nenhuma esperança. Tentar construir uma teoria do Direito com base no método jurídico (...) está fora de questão. A construção de uma teoria marxista do Direito e do Estado é impossível enquanto nos apegarmos a essas proposições e afirmações de que o método do pensamento jurídico – com seus modos específicos de pensar – permanece válido; ele não significa nada além da perpetuação do método jurídico que foi a causa básica da esterilidade e impotência da ciência jurídica burguesa.[266]

Porque a tarefa de uma teoria do Direito genuína, e isso quer dizer a teoria soviética do Direito, é produzir um conhecimento do Direito "efetivamente correto e científico" – e que só pode significar o conhecimento do Direito certo – o método dessa teoria do Direito não pode ser o "método jurídico", o "método do pensamento jurídico". Mas qual poderia ser o método específico de uma teoria "do Direito", isto é, "jurídica" se não um método jurídico? Onde a teoria do Direito pode encontrar os princípios normativos com base nos quais o Direito socialista certo pode ser estabelecido? A resposta de Vichinski é: na vida.

> Os princípios da teoria jurídica têm de ser construídos desde o começo – e eles podem ser construídos, não a partir do Direito

---

[266] VICHINSKI, A. Y. "The fundamental tasks of the science of Soviet socialist law". *In*: LÊNIN, V. I.; STUCHKA, P. I.; REISNER, M. A.; PACHUKANIS, E. B.; STALIN, J. V.; VICHINSKI, A. Y.; YUDIN, P.; GOLUNSKI, S. A.; STROGOVICH, M. S.; TRAININ, I. P. *Soviet legal philosophy*. Trad. Hugh Baab. Cambridge, MA: Harvard University Press, 1951, p. 324.

CAPÍTULO VII - A TEORIA DO DIREITO DE VICHINSKI

(mesmo que seja o direito positivo), mas a partir da vida. Da vida eles retiram seu ponto de partida e na vida repousam todas as suas fontes. Da vida eles bebem toda sua força vital: do conteúdo das relações sociais em cuja base repousam as relações de produção de uma dada sociedade e das características especiais da construção de uma dada sociedade e de um dado Estado. Assim, uma teoria do Direito pode ser construída somente com base nos princípios da organização das relações sociais que são explicados em última análise pelas relações de produção. Estas são a base de todas as relações sociais em qualquer sociedade e em qualquer época.[267]

O que é mais incrível nessa teoria do bolchevique Vichinski é que ela é exatamente do mesmo tipo que aquela teoria burguesa que os autores soviéticos desprezaram e ridicularizaram mais do que qualquer outra teoria: a teoria do Direito natural que, assim como Vichinski, rejeita uma mera teoria do Direito positivo por causa de sua "esterilidade e impotência" e que, precisamente de acordo com a receita de Vichinski, constrói, ou pretende construir, os princípios do Direito "a partir da vida", isto é, a partir da natureza em geral e a partir da natureza da sociedade ou, o que dá no mesmo, a partir das relações sociais em particular; com a única diferença de que esses princípios são as normas ideias do Direito capitalista. Se os representantes da doutrina burguesa do Direito natural a constroem a partir das relações sociais de uma sociedade capitalista, as normas ideais do Direito capitalista, seu conhecimento do Direito é tão "correto e científico" quanto o conhecimento do Direito dos autores soviéticos que a partir das relações sociais de uma sociedade socialista constroem as normas ideais do Direito socialista. Mas nem uma nem outra é "correta e científica". Pois princípios normativos – sejam socialistas ou capitalistas – não podem ser construídos a partir da vida como relações sociais efetivas. Eles só podem ser pressupostos como válidos, e a "vida", isto é, as relações sociais

---

[267] VICHINSKI, A. Y. "The fundamental tasks of the science of Soviet socialist law". *In*: LÊNIN, V. I.; STUCHKA, P. I.; REISNER, M. A.; PACHUKANIS, E. B.; STALIN, J. V.; VICHINSKI, A. Y.; YUDIN, P.; GOLUNSKI, S. A.; STROGOVICH, M. S.; TRAININ, I. P. *Soviet legal philosophy*. Trad. Hugh Baab. Cambridge, MA: Harvard University Press, 1951, p. 324.

HANS KELSEN

efetivamente estabelecidas em conformidade com esses princípios podem ser justificadas por eles. É a essa justificação que a doutrina burguesa do Direito natural, bem como a teoria jurídica soviética postulada por Vichinski, se dirige. E é porque uma mera teoria do Direito positivo não fornece tal justificação que ela é rejeitada pelos representantes da doutrina burguesa do Direito natural bem como por Vichinski, o representante da doutrina soviética do Direito natural.

Uma vez que Vichinski dá como certo que uma verdadeira "ciência" do Direito pode construir a partir da vida nada além dos princípios do Direito socialista, ele chega à conclusão:

> [a]o colocar o problema da teoria do Direito e do Estado de Marx-Lênin ou, como é chamada, a teoria geral do Direito e do Estado – o que quer dizer uma teoria do Direito e do Estado que forneceria um sistema de proposições baseadas em princípios e obrigatórias com referência à direção e ao desenvolvimento de toda a ciência jurídica em sua integralidade e cada uma das disciplinas jurídicas específicas em particular – temos em vista os princípios que diferenciam o Direito soviético do direito burguês. A teoria soviética do Direito e do Estado tem de proporcionar um sistema de princípios socialistas soviéticos que explicam e são uma condição do *conteúdo socialista* das disciplinas jurídicas e institutos jurídicos soviéticos.[268]

Isso quer dizer: uma teoria do Direito "deve" fornecer os princípios do socialismo como "obrigatórios" para o desenvolvimento de *toda* a ciência jurídica, o que só pode significar obrigatórios para todos aqueles que lidam "cientificamente" com o problema do Direito. Isso é bastante consistente do ponto de vista do marxismo, que, negando a possibilidade de uma ciência objetiva, politicamente independente, considera a ciência como uma mera "superestrutura" ideológica e, portanto, como um instrumento político.

---

[268] VICHINSKI, A. Y. "The fundamental tasks of the science of Soviet socialist law". *In*: LÊNIN, V. I.; STUCHKA, P. I.; REISNER, M. A.; PACHUKANIS, E. B.; STALIN, J. V.; VICHINSKI, A. Y.; YUDIN, P.; GOLUNSKI, S. A.; STROGOVICH, M. S.; TRAININ, I. P. *Soviet legal philosophy*. Trad. Hugh Baab. Cambridge, MA: Harvard University Press, 1951, pp. 324 e ss.

CAPÍTULO VII - A TEORIA DO DIREITO DE VICHINSKI

O ideal da legalidade socialista

Após ter degradado a ciência do Direito em um instrumento de política soviética, Vichinski alerta essa ciência contra a redução do Direito a política. "Ao reduzir direito a política", certos autores soviéticos

> ... despersonalizaram o Direito como a totalidade dos estatutos – minando a estabilidade e a autoridade dos estatutos, e sugerindo a falsa ideia de que a aplicação do estatuto é definida no Estado socialista por considerações políticas, e não pela força e autoridade do estatuto soviético. Uma ideia como essa significa levar a legalidade soviética e o Direito soviético a um descrédito substancial, uma vez que nessa hipótese eles são evocados para desenvolver uma "política" e não para defender os direitos dos cidadãos e devem partir das demandas da política (e não das demandas dos estatutos) para decidir quaisquer problemas da prática dos tribunais. Tagarelar sobre o Direito soviético como uma mera forma de política é declarar que nos estatutos soviéticos, na justiça soviética e na atividade dos tribunais soviéticos, a força de um estatuto e a força do Direito são feitas para depender das demandas políticas do Estado.[269]

Essas afirmações podem muito bem ser feitas por um cientista jurídico burguês, que descreve o Direito sem olhar para ele como um meio de exercício de poder político, mas com a única intenção de compreendê-lo em sua própria autoridade, e, portanto, tenta separar a ciência do Direito da política. Mas, agora, o governo soviético – assim como o governo de qualquer Estado capitalista – quer inculcar em seus cidadãos o ideal da legalidade. Consequentemente, os cientistas jurídicos soviéticos não devem reduzir o Direito a política. A teoria jurídica soviética deve lançar os fundamentos da "legalidade soviética" ou da "legalidade

---

[269] VICHINSKI, A. Y. "The fundamental tasks of the science of Soviet socialist law". *In*: LÊNIN, V. I.; STUCHKA, P. I.; REISNER, M. A.; PACHUKANIS, E. B.; STALIN, J. V.; VICHINSKI, A. Y.; YUDIN, P.; GOLUNSKI, S. A.; STROGOVICH, M. S.; TRAININ, I. P. *Soviet legal philosophy*. Trad. Hugh Baab. Cambridge, MA: Harvard University Press, 1951, p. 329.

HANS KELSEN

na sociedade socialista".[270] A fim de se distinguir dos autores burgueses, os autores soviéticos chamam a legalidade de o fundamento a partir do qual devem erigir a "legalidade revolucionária"[271], o que, é claro, é uma contradição em termos.

O Direito soviético como uma ordem normativa socialista definhará apenas na última fase do comunismo

Em sua luta contra a teoria jurídica do primeiro período conforme desenvolvida por Stuchka e Pachukanis, Vichinski chega a rejeitar mesmo a parte de suas teorias resultantes da submissão mais ortodoxa ao marxismo, isto é, a interpretação econômica do Direito, a redução do Direito à economia. Ele diz corretamente que essa é uma "distorção", cujo efeito é:

> ... destruir o caráter específico do Direito como o conjunto das regras de conduta. (...) Ao reduzir o Direito à economia – como Stuchka fez, quando afirmou que o Direito coincide com as relações de produção – esses senhores tombaram no pântano do materialismo econômico.[272]

O materialismo econômico, o próprio fundamento do marxismo, um pântano? É lógico que Vichinski também rejeita a interpretação de Pachukanis da afirmação de Marx sobre o Direito em uma sociedade socialista; ele diz:

---

[270] VICHINSKI, A. Y. "The fundamental tasks of the science of Soviet socialist law". *In*: LÊNIN, V. I.; STUCHKA, P. I.; REISNER, M. A.; PACHUKANIS, E. B.; STALIN, J. V.; VICHINSKI, A. Y.; YUDIN, P.; GOLUNSKI, S. A.; STROGOVICH, M. S.; TRAININ, I. P. *Soviet legal philosophy*. Trad. Hugh Baab. Cambridge, MA: Harvard University Press, 1951, p. 340.

[271] Por exemplo, Vichinski em seu livro *Revolutionary legality on the present stage*. Moscou, 1933. Cf. SCHLESINGER, Rudolf. *Soviet legal theory*: its social background and development 2. ed. London: Routledge & Kegan Paul Ltd., 1951, pp. 200 e ss.

[272] VICHINSKI, A. Y. "The fundamental tasks of the science of Soviet socialist law". *In*: LÊNIN, V. I.; STUCHKA, P. I.; REISNER, M. A.; PACHUKANIS, E. B.; STALIN, J. V.; VICHINSKI, A. Y.; YUDIN, P.; GOLUNSKI, S. A.; STROGOVICH, M. S.; TRAININ, I. P. *Soviet legal philosophy*. Trad. Hugh Baab. Cambridge, MA: Harvard University Press, 1951, p. 329.

CAPÍTULO VII - A TEORIA DO DIREITO DE VICHINSKI

> [a]o afirmar que o Direito não é nada além de uma forma das relações capitalistas, e que o Direito pode se desenvolver apenas nas condições do capitalismo (quando o Direito supostamente atinge seu máximo grau de desenvolvimento), esses sabotadores que ocuparam nosso front jurídico se esforçaram para cumprir um único objetivo: provar que o Direito não é necessário ao Estado soviético – e que o Direito é supérfluo, como uma reminiscência do capitalismo, nas condições do socialismo. Ao reduzir o Direito soviético ao Direito burguês, e afirmar que não há fundamento para um maior desenvolvimento do Direito sob o socialismo, os sabotadores procuraram liquidar o Direito soviético e a ciência do Direito soviética. Esse é o sentido básico de sua atividade como provocadores e sabotadores.[273]

Se uma teoria está errada ela tem de ser antimarxista, e se é antimarxista é anticientífica. Em seu trabalho *O Direito e o Estado soviético*[274], Vichinski escreve:

> [é] fácil desmascarar a "teoria" pseudocientífica e antimarxista dos sabotadores Pachukanis, Krilenko e outros que declararam que o Direito soviético tinha simplesmente assimilado e adaptado o Direito burguês. O caráter pernicioso e pseudocientífico dessas proposições "teóricas" está em sua perversão dos princípios fundamentais da teoria marxista-leninista do Direito.

Não pode haver a menor dúvida de que a interpretação de Pachukanis do Direito soviético como um Direito burguês assimilado e adaptado estava em completa conformidade com a doutrina de Marx de que o Direito no período de transição ainda será *"mit einer buergerlichen Schranke behaftet"*[275]; não pode haver a menor dúvida de que em vista

---

[273] VICHINSKI, A. Y. "The fundamental tasks of the science of Soviet socialist law". *In*: LÊNIN, V. I.; STUCHKA, P. I.; REISNER, M. A.; PACHUKANIS, E. B.; STALIN, J. V.; VICHINSKI, A. Y.; YUDIN, P.; GOLUNSKI, S. A.; STROGOVICH, M. S.; TRAININ, I. P. *Soviet legal philosophy*. Trad. Hugh Baab. Cambridge, MA.: Harvard University Press, 1951, p. 328.

[274] VICHINSKI, Andrey Y. *The law of the soviet state*. Trad. Hugh W. Babb. Nova Iorque: MacMillan Co., 1948, pp. 57-58.

[275] N.T.: "marcado por uma limitação burguesa". MARX, Karl. *Crítica ao programa de Gotha*. Trad. Rubens Enderle. São Paulo: Boitempo, 2012, p. 30.

do fato de que na doutrina de Marx-Engels o Estado e o Direito estão inseparavelmente conectados um ao outro, o dogma do definhamento do Estado no curso do período de transição pode ser aplicado também ao Direito. Mas uma vez que por razões políticas essa visão não é mais aceitável ao governo soviético, Vichinski diz:

> [é] uma rude perversão da doutrina do Direito de Marx que os Pachukanis, os Bermans e outros de sua laia afirmem que a transição ao comunismo desenvolvido era concebida por Marx não como uma transição para novas formas do Direito, mas como o definhamento da forma jurídica em geral – como emancipação em relação ao legado da época burguesa que estava destinado a sobreviver à própria burguesia. Tal proposição seria possível se – e apenas se – a transição do capitalismo ao comunismo não dependesse de um período de transição, o que é inimaginável sem recair em utopismo.

Vichinski acusa Pachukanis de ter "pervertido a proposição marxista de que cada época histórica da sociedade de classes tem seu Direito correspondente...". Isso só pode ser uma referência à afirmação de *Einleitung zu einer Kritik der politischen Oekonomie* citada acima "de que cada forma de produção cria suas próprias relações jurídicas...". Marx não restringe a correlação entre forma de produção e Direito à sociedade de classes, como Vichinski pretende – e precisa pretender – a fim de evitar a conclusão, de outro modo inevitável, que Reisner deduz da afirmação de Marx: que também a forma de produção na sociedade comunista do futuro criará suas próprias relações jurídicas. Pois Vichinski defende a ideia utópica de uma sociedade sem Direito do comunismo futuro. Em conformidade com a reinterpretação da doutrina de Marx-Engels de Stálin, ele diz: "O Direito – como o Estado – desaparecerá somente na fase mais alta do comunismo, com a aniquilação do cerco capitalista".[276]

O Direito como uma ordem normativa, não uma mera ideologia

Vichinski rejeita não somente as teorias antinormativas e, portanto, antilegalistas de Stutchka e Pachukanis, mas também a doutrina normativa de Reisner, como "antimarxistas".

---

[276] VICHINSKI, Andrey Y. *The law of the soviet state*. Trad. Hugh W. Babb. New York: MacMillan Co., 1948, p. 52.

CAPÍTULO VII - A TEORIA DO DIREITO DE VICHINSKI

De acordo com Reisner, o Direito é um amontoado de fragmentos ideológicos de várias classes. Partindo de uma visão tão absolutamente incorreta da natureza e da essência do Direito, ele construiu sua visão anticientífica, antimarxista, do Direito soviético como um Direito de compromisso, como um Direito "de apaziguamento e conciliação", chegando ao extremo do descrever o Direito soviético como a totalidade do Direito proletário, o Direito camponês, e – com base em "tolerância e compromisso" – o Direito burguês.[277]

Uma vez que Vichinski, por razões políticas, não pode aceitar a doutrina genuinamente marxista de que o Direito no primeiro período do comunismo ainda tem o caráter de Direito burguês porque continua um Direito da desigualdade, ele precisa declarar essa doutrina como antimarxista. É evidentemente que é pelas mesmas razões políticas que ele rejeita também a outra, não menos genuína doutrina marxista, enfatizada por Reisner, de que o Direito é uma mera ideologia. De sua rejeição a essa doutrina segue a forma depreciativa com a qual ele a caracteriza. Qualquer doutrina que possa arranhar a autoridade do Direito soviético – e a doutrina de que o Direito é uma mera ideologia bem como a doutrina de que o Direito é por sua própria natureza burguês o fazem – deve ser condenada; e não há condenação mais forte do que estigmatizá-la como antimarxista.

A doutrina do Estado de Vichinski

A contribuição de Vichinski para a solução do principal problema da teoria do Direito soviética, o da natureza do Direito, consiste em seu esforço de adaptar a definição do Direito à nova doutrina do Estado, decretada por seu mestre, "o gênio mais poderoso que deu continuidade ao trabalho de Marx, Engels e Lênin: Stálin".[278] Um servilismo repugnante

---

[277] VICHINSKI, Andrey Y. *The law of the soviet state.* Trad. Hugh W. Babb. New York: MacMillan Co., 1948, p. 58.

[278] VICHINSKI, A. Y. "The fundamental tasks of the science of Soviet socialist law". *In*: LÊNIN, V. I.; STUCHKA, P. I.; REISNER, M. A.; PACHUKANIS, E. B.; STALIN,

HANS KELSEN

em relação ao então ditador, uma prostração intelectual que supera as piores formas do bizantinismo, é um dos traços característicos dessa ciência jurídica, cuja maior ambição é ser um servo submisso do governo. Na linguagem dessa ciência o partido bolchevique é o "invencível partido comunista, o partido de Lênin e Stálin"; Stálin é o "grande Stálin"[279], um "gênio de erudição e da teoria marxista".[280] A constituição é "a grande Constituição de Stálin".[281] Não são simplesmente Lênin e Stálin, é "o gênio de Lênin e Stálin" que "continuaram o trabalho daqueles que assentaram as fundações do marxismo, aumentando enormemente a riqueza do marxismo...".[282] Do "partido dos bolcheviques, e do governo soviético liderado por Lênin e Stálin", Vichinski diz que eles

> ... definiram a direção da política do Estado soviético – tendo iluminado as linhas dessa direção com uma previsão genial do futuro e com uma penetração genial – abrindo antes do povo

---

J. V.; VICHINSKI, A. Y.; YUDIN, P.; GOLUNSKI, S. A.; STROGOVICH, M. S.; TRAININ, I. P. *Soviet legal philosophy*. Trad. Hugh Baab. Cambridge, MA: Harvard University Press, 1951, p. 305.

[279] VICHINSKI, A. Y. "The fundamental tasks of the science of Soviet socialist law". *In*: LÊNIN, V. I.; STUCHKA, P. I.; REISNER, M. A.; PACHUKANIS, E. B.; STALIN, J. V.; VICHINSKI, A. Y.; YUDIN, P.; GOLUNSKI, S. A.; STROGOVICH, M. S.; TRAININ, I. P. *Soviet legal philosophy*. Trad. Hugh Baab. Cambridge, MA: Harvard University Press, 1951, p. 304.

[280] VICHINSKI, A. Y. "The fundamental tasks of the science of Soviet socialist law". *In*: LÊNIN, V. I.; STUCHKA, P. I.; REISNER, M. A.; PACHUKANIS, E. B.; STALIN, J. V.; VICHINSKI, A. Y.; YUDIN, P.; GOLUNSKI, S. A.; STROGOVICH, M. S.; TRAININ, I. P. *Soviet legal philosophy*. Trad. Hugh Baab. Cambridge, MA: Harvard University Press, 1951, p. 429.

[281] VICHINSKI, A. Y. "The fundamental tasks of the science of Soviet socialist law". *In*: LÊNIN, V. I.; STUCHKA, P. I.; REISNER, M. A.; PACHUKANIS, E. B.; STALIN, J. V.; VICHINSKI, A. Y.; YUDIN, P.; GOLUNSKI, S. A.; STROGOVICH, M. S.; TRAININ, I. P. *Soviet legal philosophy*. Trad. Hugh Baab. Cambridge, MA: Harvard University Press, 1951, p. 305.

[282] VICHINSKI, A. Y. "The fundamental tasks of the science of Soviet socialist law". *In*: LÊNIN, V. I.; STUCHKA, P. I.; REISNER, M. A.; PACHUKANIS, E. B.; STALIN, J. V.; VICHINSKI, A. Y.; YUDIN, P.; GOLUNSKI, S. A.; STROGOVICH, M. S.; TRAININ, I. P. *Soviet legal philosophy*. Trad. Hugh Baab. Cambridge, MA: Harvard University Press, 1951, p. 308.

CAPÍTULO VII - A TEORIA DO DIREITO DE VICHINSKI

soviético a cortina do futuro e iluminando o curso dos eventos nos anos por vir.[283]

Lênin pôs em segundo plano a profecia do definhamento do Estado e seu Direito que Engels, por razões mais táticas que científicas, tinha posto em primeiro plano. Stálin enfatizou a importância do Estado soviético para a realização e manutenção do socialismo e declarou que "o desaparecimento virá não pelo enfraquecimento da autoridade do Estado, mas pela intensificação dessa autoridade ao máximo"[284], e que o Estado será preservado mesmo após o estágio de perfeito comunismo ter sido alcançado, até que o cerco capitalista seja liquidado. Mas Vichinski chega ao extremo de caracterizar a doutrina do definhamento conforme apresentada por Pachukanis como uma "teoria de provocador"[285]. Ele situa a "traição de Tukhachevsky" no mesmo nível que

> ... a atividade de provocadores realizada por Bukhárin, Pachukanis e companhia, operando no campo da teoria. A tentativa de pregar a ideia do definhamento inevitável do exército e da armada aqui e agora – uma tentativa, consequentemente, de causar transtornos

---

[283] VICHINSKI, A. Y. "The fundamental tasks of the science of Soviet socialist law". *In*: LÊNIN, V. I.; STUCHKA, P. I.; REISNER, M. A.; PACHUKANIS, E. B.; STALIN, J. V.; VICHINSKI, A. Y.; YUDIN, P.; GOLUNSKI, S. A.; STROGOVICH, M. S.; TRAININ, I. P. *Soviet legal philosophy*. Trad. Hugh Baab. Cambridge, MA: Harvard University Press, 1951, pp. 430 e ss.

[284] STALIN, Joseph. V. *Questions of Leninism*, p. 510, apud Vichinski, VICHINSKI, A. Y. "The fundamental tasks of the science of Soviet socialist law". *In*: LÊNIN, V. I.; STUCHKA, P. I.; REISNER, M. A.; PACHUKANIS, E. B.; STALIN, J. V.; VICHINSKI, A. Y.; YUDIN, P.; GOLUNSKI, S. A.; STROGOVICH, M. S.; TRAININ, I. P. *Soviet legal philosophy*. Trad. Hugh Baab. Cambridge, MA: Harvard University Press, 1951, p. 312.

[285] VICHINSKI, A. Y. "The fundamental tasks of the science of Soviet socialist law". *In*: LÊNIN, V. I.; STUCHKA, P. I.; REISNER, M. A.; PACHUKANIS, E. B.; STALIN, J. V.; VICHINSKI, A. Y.; YUDIN, P.; GOLUNSKI, S. A.; STROGOVICH, M. S.; TRAININ, I. P. *Soviet legal philosophy*. Trad. Hugh Baab. Cambridge, MA: Harvard University Press, 1951, p. 307. Em um artigo publicado em 1948, Vichinski declarou que especulações teóricas sobre a eventual extinção gradual do direito não são de interesse do Estado soviético. Cf. SCHLESINGER, Rudolf. *Soviet Legal theory*: its social background and development. 2. ed. London: Routledge & Kegan Paul Ltd., 1951, p. 12.

ao trabalho de intensificação e fortalecimento de nossa capacidade defensiva – tinha o objetivo de entregar nosso país, com as mãos atadas, ao poder de seus inimigos. Pregar o definhamento dos órgãos punitivos e repressivos representa uma tentativa de nos entregar de mãos atadas, junto com todo nosso país – às garras de bandidos, sabotadores, terroristas e diversionistas, cujo empreendimento de traição – felizmente para nós – não foi bem-sucedido e que foram impiedosamente extirpados e destruídos por nosso notável serviço de inteligência de Stálin, dirigido por Nikolai Ivanovich Iejov.[286]

Se a ciência é considerada um instrumento da política, então é um crime punível advogar uma teoria errada; e, nesse caso, uma teoria é errada se for um desvio da doutrina ortodoxa, sendo a doutrina ortodoxa aquela estabelecida pelo partido político no poder. Vichinski apresenta a teoria marxista do Estado "correta" de uma maneira que transmite a seus leitores a impressão de que segundo Marx e Engels o estabelecimento de um Estado socialista, e não a extinção gradual do Estado, era o objetivo supremo da revolução socialista. Ele escreve:

[à] doutrina de Marx–Lênin–Stálin do Estado e do Direito como as forças motoras do triunfo socialista e da luta pela reorganização comunista de nossa sociedade, esses senhores quiseram contrastar suas próprias invenções pseudocientíficas sobre mandar o Direito soviético pelos ares, sobre sua natureza burguesa que obstrui a resolução dos problemas que confrontam a revolução proletária e sobre a extinção gradual do Estado e do Direito nas condições da ditadura do proletariado.[287]

---

[286] VICHINSKI, A. Y. "The fundamental tasks of the science of Soviet socialist law". *In*: LÊNIN, V. I.; STUCHKA, P. I.; REISNER, M. A.; PACHUKANIS, E. B.; STALIN, J. V.; VICHINSKI, A. Y.; YUDIN, P.; GOLUNSKI, S. A.; STROGOVICH, M. S.; TRAININ, I. P. *Soviet legal philosophy*. Trad. Hugh Baab. Cambridge, MA: Harvard University Press, 1951, p. 311.

[287] VICHINSKI, A. Y. "The fundamental tasks of the science of Soviet socialist law". *In*: LÊNIN, V. I.; STUCHKA, P. I.; REISNER, M. A.; PACHUKANIS, E. B.; STALIN, J. V.; VICHINSKI, A. Y.; YUDIN, P.; GOLUNSKI, S. A.; STROGOVICH, M. S.; TRAININ, I. P. *Soviet legal philosophy*. Trad. Hugh Baab. Cambridge, MA: Harvard University Press, 1951, p. 309.

CAPÍTULO VII - A TEORIA DO DIREITO DE VICHINSKI

E ele pensa que pode desacreditar aqueles que seguem apoiando a doutrina do definhamento como apresentada por Marx e Engels ao estigmatizar – em completa conformidade com Stálin – sua visão como "anarquista",[288] como se a doutrina de Marx-Engels não fosse uma teoria anarquista, e como se Marx e Engels não tivessem se empenhado cuidadosamente em distinguir sua doutrina daquela dos chamados anarquistas exclusivamente por sua visão do modo como a sociedade pode ser libertada do Estado, e de modo algum por sua avaliação do Estado como um mal fundamental, um instrumento de exploração. A versão de Vichinski da doutrina do Estado de Marx-Engels não é uma modificação, mas uma distorção dessa doutrina.

A definição do Direito de Vichinski

A teoria de Vichinski resulta em uma definição bastante pobre do Direito positivo socialista soviético. É a definição que o Instituto de Direito da Academia de Ciências adotou por proposta de Vichinski:

> [o] Direito é um conjunto de regras de conduta que expressam a vontade da classe dominante, estabelecidas em uma ordem jurídica, bem como os costumes e regras da vida comunitária confirmadas pela autoridade estatal, cuja aplicação é garantida pela força coercitiva do Estado a fim de salvaguardar, tornar seguras e desenvolver as relações e disposições sociais vantajosas e convenientes à classe dominante.[289]

Julgada de um ponto de vista puramente lógico, essa definição causa a impressão de diletantismo. "O Direito é um conjunto de regras (...)

---

[288] VICHINSKI, A. Y. "The fundamental tasks of the science of Soviet socialist law". *In*: LÊNIN, V. I.; STUCHKA, P. I.; REISNER, M. A.; PACHUKANIS, E. B.; STALIN, J. V.; VICHINSKI, A. Y.; YUDIN, P.; GOLUNSKI, S. A.; STROGOVICH, M. S.; TRAININ, I. P. *Soviet legal philosophy*. Trad. Hugh Baab. Cambridge, MA: Harvard University Press, 1951, p. 309.

VICHINSKI, A. Y. "The fundamental tasks of the science of Soviet socialist law". *In*: LÊNIN, V. I.; STUCHKA, P. I.; REISNER, M. A.; PACHUKANIS, E. B.; STALIN, J. V.; VICHINSKI, A. Y.; YUDIN, P.; GOLUNSKI, S. A.; STROGOVICH, M. S.; TRAININ, I. P. *Soviet legal philosophy*. Trad. Hugh Baab. Cambridge, MA: Harvard University Press, 1951, p. 336.

HANS KELSEN

estabelecidas em uma ordem jurídica" é uma tautologia, uma vez que um conjunto de regras é uma ordem, e ordem jurídica é apenas outro termo para Direito. Adicionar às "regras de conduta" os "costumes e regras da vida comunitária confirmadas pela autoridade do Estado..." é supérfluo, uma vez que os "costumes" são regras consuetudinárias e – assim como as "regras da vida comunitária" – regras de conduta. Todas essas regras, sejam "costumes" ou "regras da vida comunitária" ou simplesmente "regras de conduta", são "confirmadas pela autoridade estatal"; o que significa exatamente o mesmo que dizer que são "garantidas pela força coercitiva do Estado". Essa adição, também, é pleonástica. Também é um pleonasmo dizer que o Direito é a expressão "da vontade da classe dominante" e acrescentar que o fim do Direito é:

> ... salvaguardar, tornar seguras [que é o mesmo que salvaguardar] e desenvolver as relações e disposições sociais vantajosas e convenientes [se são vantajosas são convenientes] à classe dominante,...

o que significa que o Direito serve aos interesses da classe dominante. A afirmação de que o Direito é a manifestação da "vontade da classe dominante" é somente uma expressão figurada da ideia de que o Direito serve aos interesses da classe dominante. Vichinski explica sua definição do Direito da seguinte maneira:

> [o] Direito não é nem um sistema de relações sociais nem uma forma das relações de produção. O Direito é um conjunto de regras de conduta – ou normas: embora não apenas normas, mas também costumes e regras da vida comunitária confirmadas pela autoridade estatal e protegidas coercitivamente por essa autoridade.[290]

Mas "costumes" e "regras da vida comunitária" são normas se elas são "confirmadas pela autoridade estatal" e se sua aplicação é garantida

---

[290] VICHINSKI, A. Y. "The fundamental tasks of the science of Soviet socialist law". *In*: LÊNIN, V. I.; STUCHKA, P. I.; REISNER, M. A.; PACHUKANIS, E. B.; STALIN, J. V.; VICHINSKI, A. Y.; YUDIN, P.; GOLUNSKI, S. A.; STROGOVICH, M. S.; TRAININ, I. P. *Soviet legal philosophy*. Trad. Hugh Baab. Cambridge, MA: Harvard University Press, 1951, p. 337.

CAPÍTULO VII - A TEORIA DO DIREITO DE VICHINSKI

pela força coercitiva do Estado. Pois tal confirmação e garantia significa que se um indivíduo não se comporta em conformidade com os "costumes" ou "regras da vida comunitária", ele deve ser punido, assim como deve ser punido em caso de seu comportamento não estar em conformidade com as "regras de conduta ou normas". O fato de que o Estado vincule uma sanção a certos comportamentos pode ser interpretado como significando que o comportamento contrário é prescrito pelo Estado (*i.e.,* pelo Direito), que uma norma jurídica editada ou aplicada pelos órgãos do Estado (para falar uma linguagem usual, diferenciando entre Direito e Estado). Portanto, se as "regras de conduta" são "normas", não há razão suficiente para caracterizar os "costumes" e as "regras da vida comunitária", também, como normas; e se por "costumes e regras da vida comunitária" se quer dizer regras efetivas de comportamento efetivo (em contradição às normas), então não há razão suficiente para não conceber as "regras de conduta", também, como regras efetivas de comportamento. Mas Vichinski privou a si mesmo da possibilidade de descrever qualquer parte do Direito como regras efetivas de conduta e não como normas, pois rejeitou a doutrina de Stutchka e Pachukanis de que o Direito é um sistema de relações sociais. Uma vez que as relações sociais manifestam-se no comportamento efetivo dos homens, a definição do Direito como um sistema de relações sociais equivale a definir o Direito como um sistema de regras de comportamento efetivo dos homens. O ponto decisivo nas definições de Stutchka e Pachukanis é que eles negam o caráter normativo do Direito; e é exatamente nesse caráter normativo do Direito que Vichinski insiste. Não é possível conceber uma parte do Direito – as "regras de conduta" – como normas, e a outra parte do Direito – os "costumes" e "regras da vida comunitária" – como regras de comportamento efetivo. Tal visão implica a tentativa de combinar duas interpretações que se excluem mutuamente, o que resulta em uma contradição em termos.

O Direito: a vontade de uma classe dominante ou de todo o povo?

Purificada de todas as suas tautologias, pleonasmos e contradições, a definição de Vichinski do Direito socialista soviético quer dizer o seguinte: o Direito é um conjunto de normas que expressam a vontade

HANS KELSEN

da classe dominante garantido pela força coercitiva do Estado. Contudo, essa definição aplica-se somente ao Direito de uma sociedade dividida em duas classes, uma classe dominante e uma dominada, e isso significa – de acordo com a interpretação econômica da sociedade – uma classe exploradora e uma explorada. Mas essa não era mais a condição da sociedade soviética, na qual – como o "poderosíssimo gênio de Stálin" declarou – não há mais exploradores e explorados, na qual os meios de produção são propriedade de todo o povo e na qual, portanto, não pode haver uma classe dominante. Mas Vichinski ainda fala de "classes" na sociedade soviética. "Nosso povo soviético consiste na classe trabalhadora, na classe camponesa, e na classe dos trabalhadores intelectuais". Mas a "classe dos camponeses" e os "trabalhadores intelectuais" são trabalhadores assim como os trabalhadores industriais, embora só estes sejam chamados de "classe trabalhadora". Vichinski parece estar bem consciente dessas inconsistências. Ele diz que sua definição do Direito é apenas "uma primeira aproximação" a uma definição; e, finalmente, abandonando sua definição do Direito como a expressão apenas da vontade de uma classe dominante, ele declara que o Direito soviético é a vontade de todo o povo do Estado soviético.

> Nossos estatutos expressam a vontade de nosso povo, o qual é governando e está criando uma nova história sob a liderança da classe trabalhadora. Entre nós, a vontade da classe trabalhadora funde-se com a vontade de todo o povo. Isso fornece a base para falarmos de nosso Direito socialista soviético como uma expressão da vontade de todo o povo.

> Formulou-se entre nós uma vontade única e indestrutível do povo soviético – manifestada na unanimidade sem paralelo com a qual o povo vota nas eleições para o Soviete Supremo da URSS e dos Sovietes Supremos das repúblicas da união e autônomas a favor do bloco de candidatos comunistas e de fora do partido.[291]

---

[291] VICHINSKI, A. Y. "The fundamental tasks of the science of Soviet socialist law". *In*: LÊNIN, V. I.; STUCHKA, P. I.; REISNER, M. A.; PACHUKANIS, E. B.; STALIN, J. V.; VICHINSKI, A. Y.; YUDIN, P.; GOLUNSKI, S. A.; STROGOVICH, M. S.; TRAININ, I. P. *Soviet legal philosophy*. Trad. Hugh Baab. Cambridge, MA: Harvard University Press, 1951, p. 339.

CAPÍTULO VII - A TEORIA DO DIREITO DE VICHINSKI

Em um artigo publicado em 1939, Vichinski melhorou sua definição do Direito socialista ao eliminar a referência a uma classe dominante e aos costumes como um elemento diferente das regras de conduta. Ele afirmou que o Direito socialista durante o período de transição do socialismo ao comunismo é:

> ... um sistema de normas estabelecidas pela legislação do Estado dos Trabalhadores e que expressa a vontade de todo o povo soviético, conduzido pela classe trabalhadora e liderado pelo partido comunista, a fim de proteger, fortalecer e desenvolver as relações socialistas e a construção de uma sociedade comunista.[292]

Em sua obra *O Direito e o Estado soviético*[293], Vichinski apresenta duas definições: uma definição do "Direito" e uma definição do "Direito soviético". Uma vez que o Direito soviético é um tipo especial de Direito, a definição de Direito deve ser aplicável ao Direito soviético. Essa é a exigência mais fundamental da lógica. Mas Vichinski não parece se considerar obrigado por ela. Ele define o Direito – o Direito como uma categoria geral – da seguinte maneira:

> [o] Direito é a totalidade (1) das regras de conduta que expressam a vontade da classe dominante, estabelecidas na ordem jurídica e

---

[292] Publicado em 1939, em *Sovietskaja Justicija* (Justiça Soviética), p. 10, citado por SCHLESINGER, Rudolf. *Soviet Legal theory*: its social background and development. 2. ed. London: Routledge & Kegan Paul Ltd., 1951, p. 243 e ss. Schlesinger diz que contra a definição do Direito socialista mencionada inicialmente por Vichinski foi objetado "que ela negligencia o caráter pan-nacional do Estado Soviético no qual não remanesce diferenciação entre classes governantes e governadas, e também que, ao incluir os costumes, ele oblitera a distinção entre Direito e Moral: que esses costumes reconhecidos pelo Estado e incluídos no sistema de normas estabelecidas pela legislação, fazem parte desta, ao passo que outros costumes eram irrelevantes do ponto de vista jurídico [Goljakov, Presidente da Suprema Corte, "Problems of Socialist Law", *Sovitskaja Justicija*, n. 1, 1939] Vichinski respondeu ["O 18º Congresso do P. C. da URSS e as Tarefas da Teoria do Direito Socialista", *Sovietskoje Gossudarstvo i Pravo* (Estado Soviético e Direito), n. 3, p. 10, 1939], mas corrigiu sua própria definição aplicando-a concretamente às condições do Estado soviético, como mostrado acima.

[293] VICHINSKI, Andrey Y. *The law of the soviet state*. Trad. Hugh W. Babb. New York: MacMillan Co., 1948, p. 50.

HANS KELSEN

(2) dos costumes e regras da vida comunitária sancionadas pela autoridade do Estado – cuja aplicação é garantida pela força compulsória do Estado a fim de guardar, assegurar e desenvolver relações sociais e ordens sociais vantajosas e convenientes à classe dominante.

E então ele define o Direito soviético da seguinte maneira:

[o] Direito soviético é um conjunto de regras de conduta estabelecidas na forma de legislação pela autoridade dos trabalhadores e que expressa sua vontade. A operação efetiva dessas regras é garantida pela integralidade da força coercitiva do Estado socialista a fim de defender, assegurar e desenvolver as relações e medidas vantajosas e convenientes aos trabalhadores, e para aniquilar total e definitivamente o capitalismo e suas reminiscências no sistema econômico, na forma de vida e na consciência humana – a fim de construir uma sociedade comunista.

Embora o "Direito" seja a expressão da vontade da classe dominante, o Direito soviético não é a expressão da vontade da classe dominante, mas a expressão da vontade dos trabalhadores, isto é, de todo o povo do Estado soviético. Uma vez que o "Direito soviético" não se enquadra no conceito de "Direito" conforme definido por Vichinski, o chamado Direito soviético não é nem Direito burguês nem Direito socialista: ele não é Direito em absoluto. É claro que não é isso que Vichinski quer dizer. O que ele apresenta como uma definição do Direito é, na verdade – assim como sua definição do Direito soviético – a definição de um tipo especial de Direito. Há um Direito que é a expressão somente da vontade da classe dominante, mas há também um Direito que é a expressão da vontade de todo o povo. Portanto, o Direito não é necessariamente Direito de classe. A fim de evitar o reconhecimento desse fato que decorre de sua apresentação do Direito soviético como Direito e como expressão da vontade de todo o povo, mas que está em aberta contradição com a doutrina de Marx-Engels como interpretada oficialmente na União Soviética, Vichinski é forçado a ignorar os princípios da lógica.

A afirmação de que o Direito é a expressão da vontade de todo o povo, e não apenas da vontade de uma parte que domina a outra, significa

CAPÍTULO VII - A TEORIA DO DIREITO DE VICHINSKI

que o Direito garante os interesses de todos os indivíduos cujo comportamento ele regula, de modo que se pode presumir que o Direito age no interesse de todos os sujeitos e, portanto, está em conformidade com sua vontade. Essa é uma fórmula bem-conhecida da escola ideológica da jurisprudência burguesa. Vichinski vê muito bem o caráter ideológico dessa fórmula – se aplicada ao Direito capitalista. Ele diz: "[n]a sociedade capitalista, alusões à vontade do povo serviram como uma cortina que vela o caráter explorador do Estado burguês. Nas condições de nosso país, o assunto é diferente em princípio".[294] Mas a afirmação de que o Direito é a vontade de todo o povo é uma ficção ideológica, seja para justificar o Direito capitalista ou o Direito socialista. Pois, se o Direito estivesse de fato em conformidade com a vontade de todos, ele não precisaria ter qualquer caráter coercitivo. Tal ordem social poderia ser baseada na obediência voluntária de seus sujeitos e, portanto, não seria Direito em absoluto. Isso pode ser verdadeiro para uma sociedade futura perfeitamente comunista; mas certamente não é verdadeiro quanto à ordem decididamente coercitiva que é o Direito do Estado soviético.

---

[294] VICHINSKI, A. Y. "The fundamental tasks of the science of Soviet socialist law". *In*: LÊNIN, V. I.; STUCHKA, P. I.; REISNER, M. A.; PACHUKANIS, E. B.; STALIN, J. V.; VICHINSKI, A. Y.; YUDIN, P.; GOLUNSKI, S. A.; STROGOVICH, M. S.; TRAININ, I. P. *Soviet legal philosophy*. Trad. Hugh Baab. Cambridge, MA: Harvard University Press, 1951, p. 339.

Capítulo VIII

A TEORIA DO ESTADO E DO DIREITO DE GOLUNSKI E STROGOVICH

"Classes" em uma sociedade sem classes

A contradição existente na defesa de que há uma classe dominante e de que o Direito é a expressão de sua vontade, mas ao mesmo tempo, que o Direito é a vontade de todo o povo torna-se evidente com particular clareza na obra *Teoria do Estado e do Direito*, de S. A. Golunski e M. S. Strogovich.[295] Os autores admitem que uma vez que os meios de produção se "tornaram propriedade social, e, portanto, não podem ser utilizados para fins de exploração" – o que é o caso na União Soviética – "o fundamento da divisão da sociedade em classes (...) desaparece".[296]

---

[295] Publicado pelo Instituto de Direito da Academia de Ciências, Moscou, 1940; GOLUNSKI, S. A.; STROGOVICH, M. S. "The theory of the state and law". *In*: LÊNIN, V. I.; STUCHKA, P. I.; REISNER, M. A.; PACHUKANIS, E. B.; STALIN, J. V.; VICHINSKI, A. Y.; YUDIN, P.; GOLUNSKI, S. A.; STROGOVICH, M. S.; TRAININ, I. P. *Soviet legal philosophy*. Trad. Hugh Baab. Cambridge, MA: Harvard University Press, 1951, pp. 351 e ss.

[296] GOLUNSKI, S. A.; STROGOVICH, M. S. "The theory of the state and law". *In*: LÊNIN, V. I.; STUCHKA, P. I.; REISNER, M. A.; PACHUKANIS, E. B.; STALIN, J. V.; VICHINSKI, A. Y.; YUDIN, P.; GOLUNSKI, S. A.; STROGOVICH, M. S.; TRAININ, I. P. *Soviet legal philosophy*. Trad. Hugh Baab. Cambridge, MA: Harvard University Press, 1951, pp. 351 e ss.

HANS KELSEN

Mas isso não significa, de acordo com Golunski e Strogovich, que na União Soviética uma sociedade sem classes já exista; significa apenas que "o caminho para uma sociedade sem classes está aberto", de modo que a União Soviética ainda é uma sociedade dividida em classes. A fim de justificar essa visão, os autores dizem que o estágio do socialismo ainda não é o do perfeito comunismo porque a produtividade do trabalho "ainda não é alta o suficiente para satisfazer as exigências de todos os membros da sociedade", que

> ... ainda há traços de diferenças de classe: a classe operária ainda é distinta do campesinato (embora essa diferença seja constantemente borrada e não haja conflito antagônico de interesses entre a classe operária e o campesinato). Ainda há uma diferença entre cidade e aldeia, entre trabalho intelectual e manual: de modo que os intelectuais são preservados como um estrato social especial de pessoas que realizam trabalho intelectual. Contudo, eles também, não só não são hostis à classe operária e ao campesinato, como frequentemente ocorre no capitalismo: pelo contrário, esse estrato é composto pelos melhores e mais avançados operários e camponeses e serve a seus interesses.[297]

Dessa afirmação segue, primeiro, que há somente "traços" de diferenças de classe, e, segundo, que as "classes", que existem somente em "traços", são: operários industriais (nas cidades), operários rurais (no campo) e operários intelectuais. A diferença existente entre esses grupos não é uma diferença de classes, mas uma diferença de profissão; todos eles são trabalhadores ou "operários". Golunski e Strogovich falam dos operários rurais chamando-os de "trabalhadores camponeses"[298], distinguindo-os

---

[297] GOLUNSKI, S. A.; STROGOVICH, M. S. "The theory of the state and law". *In*: LÊNIN, V. I.; STUCHKA, P. I.; REISNER, M. A.; PACHUKANIS, E. B.; STALIN, J. V.; VICHINSKI, A. Y.; YUDIN, P.; GOLUNSKI, S. A.; STROGOVICH, M. S.; TRAININ, I. P. *Soviet legal philosophy*. Trad. Hugh Baab. Cambridge, MA: Harvard University Press, 1951, p. 352.

[298] GOLUNSKI, S. A.; STROGOVICH, M. S. "The theory of the state and law". *In*: LÊNIN, V. I.; STUCHKA, P. I.; REISNER, M. A.; PACHUKANIS, E. B.; STALIN, J. V.; VICHINSKI, A. Y.; YUDIN, P.; GOLUNSKI, S. A.; STROGOVICH, M. S.;

CAPÍTULO VIII - A TEORIA DO ESTADO E DO DIREITO DE GOLUNSKI...

dos "operários" industriais. Mas não há diferença entre "operário" (*rabotaiuschchii*) e "trabalhador" (*trudiaschchiesia*). Nenhuma dessas pessoas que trabalham – os operários ou trabalhadores industriais, rurais e intelectuais – é explorada, uma vez que não há grupo que possa explorá-las, e, portanto, não há "conflito antagônico de interesses" nem "hostilidade" entre elas, o que é o critério essencial das classes no sentido de uma sociologia marxista, na qual o conceito de "classes" está inseparavelmente conectado com o de "luta de classes". Os autores dizem expressamente que o caminho para o estágio do perfeito comunismo segue "não pela luta de classes entre membros da sociedade socialista (na qual não há exploração de uma classe pela outra) mas pelo trabalho amistoso em comum".[299] Se há "trabalho amistoso em comum" dos membros da sociedade socialista, então não pode haver classes nessa sociedade. Opondo o Direito socialista ao Direito capitalista, Golunski e Strogovich dizem:

> [o] antagonismo nas relações humanas é sempre um postulado da lei do explorador, ao passo que o direito socialista, ao contrário, dá expressão a relações de colaboração entre pessoas que partici-pam da construção socialista.[300]

Em uma terminologia genuinamente marxista, isso significa que o Direito socialista – diferentemente do Direito capitalista – é o Direito de uma sociedade sem classes, isto é, uma sociedade libertada da exploração. Golunski e Strogovich, chamando os trabalhadores industriais de "proletariado", citam a afirmação de Stálin de que "a ditadura do

---

TRAININ, I. P. *Soviet legal philosophy*. Trad. Hugh Baab. Cambridge, MA: Harvard University Press, 1951, p. 358.

[299] GOLUNSKI, S. A.; STROGOVICH, M. S. "The theory of the state and law". *In*: LÊNIN, V. I.; STUCHKA, P. I.; REISNER, M. A.; PACHUKANIS, E. B.; STALIN, J. V.; VICHINSKI, A. Y.; YUDIN, P.; GOLUNSKI, S. A.; STROGOVICH, M. S.; TRAININ, I. P. *Soviet legal philosophy*. Trad. Hugh Baab. Cambridge, MA: Harvard University Press, 1951, p. 352.

[300] GOLUNSKI, S. A.; STROGOVICH, M. S. "The theory of the state and law". *In*: LÊNIN, V. I.; STUCHKA, P. I.; REISNER, M. A.; PACHUKANIS, E. B.; STALIN, J. V.; VICHINSKI, A. Y.; YUDIN, P.; GOLUNSKI, S. A.; STROGOVICH, M. S.; TRAININ, I. P. *Soviet legal philosophy*. Trad. Hugh Baab. Cambridge, MA: Harvard University Press, 1951, p. 387.

HANS KELSEN

proletariado pode ser levada a cabo somente mediante uma forma especial de aliança entre a classe dos proletários e as massas trabalhadoras das classes pequeno-burguesas – sobretudo com as massas trabalhadoras camponesas".[301] Mas essa afirmação pode se referir apenas ao estágio do Estado soviético anterior ao estabelecimento da Constituição de 1936, quando Stálin declarou que não há mais uma classe proletária, e, portanto, nem classe burguesa na sociedade socialista da União Soviética. Além disso, se as massas da pequena burguesia são "trabalhadores" e estão em "aliança" com os "proletários", ela não é uma "classe" diferente e oposta a estes, que – por essa razão – não são mais uma classe no sentido marxista da palavra. "No Estado socialista", afirmam Golunski e Strogovich, "todos os trabalhadores estão unidos"[302]; e há apenas "trabalhadores" nesse Estado, uma vez que às "pessoas que não desejam se submeter voluntariamente à disciplina socialista" são aplicadas "medidas coercitivas", isto é, elas são forçadas a trabalhar. E nesse sentido, todos os indivíduos pertencentes ao povo da União Soviética estão "unidos".

A teoria do Estado na Constituição Soviética

Em sua obra, publicada em 1940, Golunski e Strogovich ainda sustentam que "o Estado socialista é uma ditadura da classe operária", uma "ditadura do proletariado".[303] Tal caracterização do Estado soviético está

---

[301] STALIN, Joseph. V. *Questions of Leninism*, p. 114 e ss. apud GOLUNSKI, S. A.; STROGOVICH, M. S. "The theory of the state and law". *In*: LÊNIN, V. I.; STUCHKA, P. I.; REISNER, M. A.; PACHUKANIS, E. B.; STALIN, J. V.; VICHINSKI, A. Y.; YUDIN, P.; GOLUNSKI, S. A.; STROGOVICH, M. S.; TRAININ, I. P. *Soviet legal philosophy*. Trad. Hugh Baab. Cambridge, MA: Harvard University Press, 1951, p. 360.

[302] GOLUNSKI, S. A.; STROGOVICH, M. S. "The theory of the state and law". *In*: LÊNIN, V. I.; STUCHKA, P. I.; REISNER, M. A.; PACHUKANIS, E. B.; STALIN, J. V.; VICHINSKI, A. Y.; YUDIN, P.; GOLUNSKI, S. A.; STROGOVICH, M. S.; TRAININ, I. P. *Soviet legal philosophy*. Trad. Hugh Baab. Cambridge, MA: Harvard University Press, 1951, p. 363.

[303] GOLUNSKI, S. A.; STROGOVICH, M. S. "The theory of the state and law". *In*: LÊNIN, V. I.; STUCHKA, P. I.; REISNER, M. A.; PACHUKANIS, E. B.; STALIN, J. V.; VICHINSKI, A. Y.; YUDIN, P.; GOLUNSKI, S. A.; STROGOVICH, M. S.; TRAININ, I. P. *Soviet legal philosophy*. Trad. Hugh Baab. Cambridge, MA: Harvard University Press, 1951, pp. 353-354.

CAPÍTULO VIII - A TEORIA DO ESTADO E DO DIREITO DE GOLUNSKI...

em aberto contraste com a afirmação feita por Stálin em seu relatório sobre a Constituição e com a própria Constituição. A Constituição não chama o Estado soviético de uma ditadura do proletariado. Ela diz apenas, no Artigo 2º, que "os sovietes dos representantes dos trabalhadores", o "fundamento político da URSS, desenvolveram-se e tornaram-se fortes como resultado da superação dos poderes do senhores de terras e capitalistas e a vitória da ditadura do proletariado". Isso quer dizer que o Estado soviético, o Estado socialista atual, é o resultado da ditadura do proletariado, e não essa própria ditadura; embora antes da entrada em vigor da Constituição de 1936, o Estado soviético tenha sido uma ditadura do proletariado. Essa Constituição – como afirmam Golunski e Strogovich – não é apenas "o maior documento de nossa época", mas "um documento da maior importância teórica (...) uma nova e valiosíssima contribuição à teoria de Marx-Lênin".[304] Os autores parecem estar cientes de que sua teoria do Estado soviético não está em total conformidade com a teoria exposta na Constituição. Eles dizem: "Por um lado, falamos de ditadura do proletariado. (...) Por outro, o artigo 1º da Constituição da URSS afirma que: "A URSS é um Estado socialista dos Operários e Camponeses".[305] Isso significa que a Constituição não se refere aos operários e camponeses como duas "classes". E quando Golunski e Strogovich, em outra conexão, interpretam o artigo 1º da Constituição como significando que "a autoridade estatal na URSS pertence aos operários e camponeses, e não a outras classes existentes na URSS"[306] (o que implica que operários

---

[304] GOLUNSKI, S. A.; STROGOVICH, M. S. "The theory of the state and law". *In*: LÊNIN, V. I.; STUCHKA, P. I.; REISNER, M. A.; PACHUKANIS, E. B.; STALIN, J. V.; VICHINSKI, A. Y.; YUDIN, P.; GOLUNSKI, S. A.; STROGOVICH, M. S.; TRAININ, I. P. *Soviet legal philosophy*. Trad. Hugh Baab. Cambridge, MA: Harvard University Press, 1951, p. 357.

[305] GOLUNSKI, S. A.; STROGOVICH, M. S. "The theory of the state and law". *In*: LÊNIN, V. I.; STUCHKA, P. I.; REISNER, M. A.; PACHUKANIS, E. B.; STALIN, J. V.; VICHINSKI, A. Y.; YUDIN, P.; GOLUNSKI, S. A.; STROGOVICH, M. S.; TRAININ, I. P. *Soviet legal philosophy*. Trad. Hugh Baab. Cambridge, MA: Harvard University Press, 1951, p. 360.

[306] GOLUNSKI, S. A.; STROGOVICH, M. S. "The theory of the state and law". *In*: LÊNIN, V. I.; STUCHKA, P. I.; REISNER, M. A.; PACHUKANIS, E. B.; STALIN, J. V.; VICHINSKI, A. Y.; YUDIN, P.; GOLUNSKI, S. A.; STROGOVICH, M. S.; TRAININ, I. P. *Soviet legal philosophy*. Trad. Hugh Baab. Cambridge, MA: Harvard University Press, 1951, p. 367.

HANS KELSEN

e camponeses são classes), eles atribuem um significado a esse artigo que não tem base em seu texto. Golunski e Strogovich referem-se também ao Artigo 3º da Constituição que afirma que "toda a autoridade na URSS pertence aos trabalhadores da cidade e do campo personificados pelos sovietes de representantes dos trabalhadores". Essas palavras tampouco implicam que "os trabalhadores da cidade e do campo" são classes. Então, Golunski e Strogovich perguntam: "Não há uma contradição aqui?" É claro, há uma contradição! Mas os autores tentam mostrar que é "apenas uma contradição aparente". E por que apenas "aparente"? "Porque a liderança do Estado (uma ditadura) sobre a sociedade é exercida apenas pelo proletariado".[307] Pelo "proletariado", que deixou de existir no Estado soviético? Eles continuam: "porque a força que lidera no sistema da ditadura do proletariado é a classe operária e seu partido – o partido comunista 'que não partilha e nem pode partilhar a liderança com outros partidos'".[308] Isso significa que o Estado soviético não é nem uma ditadura do proletariado nem uma ditadura da classe operária *e* seu partido, mas uma ditadura do partido comunista, que certamente não é uma classe e que só pode ser identificado com a classe operária, apresentada falsamente como "proletariado" e "classe", por uma ficção óbvia.

A teoria do Estado de Golunski e Strogovich

A teoria do Estado soviético de Golunski e Strogovich como uma ditadura do proletariado não está apenas em desarmonia com a teoria preconizada pela Constituição, mas também é contraditória em si mesma.

---

[307] GOLUNSKI, S. A.; STROGOVICH, M. S. "The theory of the state and law". *In*: LÊNIN, V. I.; STUCHKA, P. I.; REISNER, M. A.; PACHUKANIS, E. B.; STALIN, J. V.; VICHINSKI, A. Y.; YUDIN, P.; GOLUNSKI, S. A.; STROGOVICH, M. S.; TRAININ, I. P. *Soviet legal philosophy*. Trad. Hugh Baab. Cambridge, MA: Harvard University Press, 1951, p. 360.

[308] Essa é uma afirmação de Stálin (STALIN, Joseph. V. *Questions of Leninism*) apud GOLUNSKI, S. A.; STROGOVICH, M. S. "The theory of the state and law". *In*: LÊNIN, V. I.; STUCHKA, P. I.; REISNER, M. A.; PACHUKANIS, E. B.; STALIN, J. V.; VICHINSKI, A. Y.; YUDIN, P.; GOLUNSKI, S. A.; STROGOVICH, M. S.; TRAININ, I. P. *Soviet legal philosophy*. Trad. Hugh Baab. Cambridge, MA: Harvard University Press, 1951, p. 360.

CAPÍTULO VIII - A TEORIA DO ESTADO E DO DIREITO DE GOLUNSKI...

Na afirmação citada logo acima eles dizem que a ditadura é "a liderança do Estado". Por liderança do Estado pode-se compreender apenas o governo do Estado; mas nem todo governo é uma ditadura. Por outro lado, eles dizem: "A persuasão é o método básico de liderança sob a ditadura do proletariado em relação à maioria dos trabalhadores". A coerção é aplicada apenas excepcionalmente:

> [n]o Estado socialista, a coerção estatal é aplicada na forma da repressão (em relação às classes inimigas dos trabalhadores) e da educação compulsória (em relação aos trabalhadores individuais, retrógrados, que não querem se submeter voluntariamente à disciplina socialista), mas sempre com base na persuasão da maioria dos trabalhadores sobre a justeza e a necessidade de aplicá-la.[309]

Uma "ditadura" que funciona em princípio apenas por persuasão é certamente o exato contrário de uma ditadura. Sob essa ditadura,

> ... a coação é exercida não apenas com a aprovação, mas com a participação ativa da maioria dos trabalhadores. A coerção estatal é exercida pelas forças do próprio povo organizado sob a iniciativa, e sob a liderança, dos órgãos estatais (sovietes de representantes dos trabalhadores, abrangendo representantes de todo o povo soviético agora que não há mais classes exploradoras na URSS). O Estado socialista é genuinamente uma organização de todo o povo, agindo sob a liderança da classe trabalhadora e de seu partido.[310]

---

[309] GOLUNSKI, S. A.; STROGOVICH, M. S. "The theory of the state and law". *In*: LÊNIN, V. I.; STUCHKA, P. I.; REISNER, M. A.; PACHUKANIS, E. B.; STALIN, J. V.; VICHINSKI, A. Y.; YUDIN, P.; GOLUNSKI, S. A.; STROGOVICH, M. S.; TRAININ, I. P. *Soviet legal philosophy*. Trad. Hugh Baab. Cambridge, MA: Harvard University Press, 1951, p. 361.

[310] GOLUNSKI, S. A.; STROGOVICH, M. S. "The theory of the state and law". *In*: LÊNIN, V. I.; STUCHKA, P. I.; REISNER, M. A.; PACHUKANIS, E. B.; STALIN, J. V.; VICHINSKI, A. Y.; YUDIN, P.; GOLUNSKI, S. A.; STROGOVICH, M. S.; TRAININ, I. P. *Soviet legal philosophy*. Trad. Hugh Baab. Cambridge, MA: Harvard University Press, 1951, p. 362.

HANS KELSEN

Se o Estado socialista é uma "organização de todo o povo" e, portanto, uma perfeita unidade de interesses, como pode haver "classes" no interior desse Estado?

A única questão é: por que os autores soviéticos afirmam por um lado que a sociedade socialista do Estado soviético chegou a um estágio em que não há exploração de uma classe por outra e, por outro lado, ainda insistem no caráter de classe desse Estado, usando assim o termo classe de uma maneira totalmente diferente do que ele significa na doutrina de Marx-Engels? A única resposta possível é que eles querem manter a aparência de ainda seguirem a doutrina de Marx e Engels, que ensinaram que o Estado é essencialmente a dominação de uma classe sobre outra e que uma sociedade sem classes é – por definição – uma sociedade sem Estado. A visão original de que o único propósito dessa dominação é a manutenção da exploração provou-se completamente incompatível com o fato óbvio de que o propósito da dominação durante o período em que o Estado de fato tinha o caráter de uma ditadura do proletariado era a abolição da exploração. Portanto, a definição do Estado mudou de um instrumento de exploração de uma classe por outra para um instrumento de dominação de uma classe por outra. Mas, neste ponto o processo de modificação da doutrina de Marx-Engels parou. Pois eliminar da definição do Estado não apenas o elemento de exploração, mas também o elemento de classe era demais para uma teoria que pretendia ser um marxismo ortodoxo. Admitir que o Estado socialista é um Estado do povo, o qual não está dividido em classes seria o abandono completo da doutrina do Estado de Marx-Engels. Portanto, a terminologia da classe tem de ser mantida. E isso, é claro, foi possível apenas com uma mudança radical de seu sentido original.

O Estado – Golunski e Strogovich dizem em outra passagem[311] – é uma "organização da classe dominante". Mas enquanto no Estado capitalista a classe dominante usa a máquina estatal "para oprimir as

---

[311] GOLUNSKI, S. A.; STROGOVICH, M. S. "The theory of the state and law". *In*: LÊNIN, V. I.; STUCHKA, P. I.; REISNER, M. A.; PACHUKANIS, E. B.; STALIN, J. V.; VICHINSKI, A. Y.; YUDIN, P.; GOLUNSKI, S. A.; STROGOVICH, M. S.; TRAININ, I. P. *Soviet legal philosophy*. Trad. Hugh Baab. Cambridge, MA: Harvard University Press, 1951, p. 365.

CAPÍTULO VIII - A TEORIA DO ESTADO E DO DIREITO DE GOLUNSKI...

massas trabalhadoras", a classe dominante em um Estado socialista – isto é, proletário – usa essa máquina

> ... para destruir a exploração e as classes exploradoras e construir o socialismo. Em toda sua atividade, o Estado – realizando a vontade da classe dominante a cuja autoridade pertence – defende e garante os interesses dessa classe. Por isso, a classe governante exige que os mandamentos de sua vontade sejam obrigatórios na sociedade – que todos os cidadãos do Estado estejam sujeitos a eles e os observem.

A esse respeito, não há diferença entre um Estado capitalista e um Estado socialista. Mas enquanto em um Estado capitalista a classe dominante "impõe sua vontade aos explorados" – a classe do proletariado – "dita sua vontade ao povo, subordina o povo a ela", em um Estado socialista "a vontade da classe operária, que aboliu a exploração" – e essa classe é a classe dominante aqui – é "expressar os interesses de todos os trabalhadores – é torná-los obrigatórios a todos os cidadãos". Pois em um Estado socialista após a nacionalização dos meios de produção e, portanto, após a abolição da exploração todos os cidadãos são "trabalhadores", "expressar os interesses dos trabalhadores" significa o mesmo que expressar a vontade de todo o povo. Então, o Estado socialista não é uma organização da classe dominante mas de todo o povo, e somente porque é uma organização de todo o povo, e porque não há classe dominante, a vontade do Estado não é, como no Estado capitalista, imposta à classe oprimida. Aqui, a contradição na definição do Estado socialista torna-se evidente.

A teoria do Direito de Golunski e Strogovich: a vontade de todo o povo e ao mesmo tempo a vontade da classe dominante

A doutrina do Direito de Golunski e Strogovich não é menos contraditória que sua doutrina do Estado. Após ter definido o Estado socialista como uma organização da classe dominante dos operários, a qual realiza a vontade dessa classe, os dois autores dizem:

> [o] Direito da sociedade socialista expressa igualmente a vontade da classe dominante, a classe operária; e – uma vez que as classes

HANS KELSEN

exploradoras foram destruídas, e a classe operária (à qual pertence a liderança do Estado sobre a sociedade) expressa os interesses
e aspirações de todo o povo trabalhador – o Direito socialista é a
vontade do povo soviético elevada a legislação – a vontade do
povo que construiu a sociedade socialista sob a orientação da
classe operária e a liderança do partido bolchevique.[312]

Assim, o Direito socialista é a vontade de apenas uma classe, a qual
está de algum modo oposta a outra classe, e ao mesmo tempo a vontade
de todo o povo. Mas, mais tarde, lemos que "todos os órgãos da autoridade
da URSS expressam e defendem os interesses dos operários e camponeses
– a esmagadora maioria da população".[313] Uma vez que a vontade de um
homem está voltada à realização de seus interesses, a afirmação de que o
Direito expressa os interesses da maioria da população – mesmo que
"esmagadora" – não condiz com a afirmação de que ele é a expressão da
vontade de todo o povo. Mas parece que nem mesmo o interesse da
esmagadora maioria é expresso e defendido pela vontade de todo o povo.
Pois aprendemos também que o Direito do Estado socialista é um conjunto
de normas "convenientes e vantajosas à classe dominante".[314] Que algo
seja conveniente e vantajoso a alguém, é – como apontado – apenas outra
expressão da ideia de que é de seu interesse. Uma vez que a classe
dominante é, segundo Golunski e Strogovich, a classe operária, o Direito

---

[312] GOLUNSKI, S. A.; STROGOVICH, M. S. "The theory of the state and law". *In*:
LÊNIN, V. I.; STUCHKA, P. I.; REISNER, M. A.; PACHUKANIS, E. B.; STALIN,
J. V.; VICHINSKI, A. Y.; YUDIN, P.; GOLUNSKI, S. A.; STROGOVICH, M. S.;
TRAININ, I. P. *Soviet legal philosophy*. Trad. Hugh Baab. Cambridge, MA: Harvard
University Press, 1951, p. 365 e ss.

[313] GOLUNSKI, S. A.; STROGOVICH, M. S. "The theory of the state and law". *In*:
LÊNIN, V. I.; STUCHKA, P. I.; REISNER, M. A.; PACHUKANIS, E. B.; STALIN,
J. V.; VICHINSKI, A. Y.; YUDIN, P.; GOLUNSKI, S. A.; STROGOVICH, M. S.;
TRAININ, I. P. *Soviet legal philosophy*. Trad. Hugh Baab. Cambridge, MA: Harvard
University Press, 1951, p. 367.

[314] GOLUNSKI, S. A.; STROGOVICH, M. S. "The theory of the state and law". *In*:
LÊNIN, V. I.; STUCHKA, P. I.; REISNER, M. A.; PACHUKANIS, E. B.; STALIN,
J. V.; VICHINSKI, A. Y.; YUDIN, P.; GOLUNSKI, S. A.; STROGOVICH, M. S.;
TRAININ, I. P. *Soviet legal philosophy*. Trad. Hugh Baab. Cambridge, MA: Harvard
University Press, 1951, p. 370.

CAPÍTULO VIII - A TEORIA DO ESTADO E DO DIREITO DE GOLUNSKI...

não pode ser o interesse da esmagadora maioria, e certamente não pode ser o interesse de todo o povo se é apenas o interesse dessa classe. Não obstante, Golunski e Strogovich enfatizam em particular o fato de que o Direito socialista – diferentemente do Direito capitalista – é a expressão da vontade e do interesse de todo o povo.

> O Direito socialista é um tipo completamente único de Direito, que difere radicalmente de todas as espécies de Direito do explo-rador (escravista, feudal e burguês). É único por ser o primeiro Direito na história das sociedades humanas que não é o Direito do explorador: ele bane a exploração e expressa os interesses e a vontade de todo o povo trabalhador – do Estado socialista ope-rário-camponês (...) O Direito socialista consiste em regras de conduta (normas) da sociedade socialista. Elas expressam a von-tade de todo o povo.[315]

Para esconder a contradição de que o Direito é a vontade de todo o povo e ao mesmo tempo apenas a vontade de uma parte do povo, a classe operária, os autores precisam recorrer a uma ficção, a conhecida ficção da representação: a classe operária representa todo o povo.

---

[315] GOLUNSKI, S. A.; STROGOVICH, M. S. "The theory of the state and law". *In:* LÊNIN, V. I.; STUCHKA, P. I.; REISNER, M. A.; PACHUKANIS, E. B.; STALIN, J. V.; VICHINSKI, A. Y.; YUDIN, P.; GOLUNSKI, S. A.; STROGOVICH, M. S.; TRAININ, I. P. *Soviet legal philosophy.* Trad. Hugh Baab. Cambridge, MA: Harvard University Press, 1951, p. 385. Em seu panfleto *O papel da consciência socialista etc.,* (KONSTANTINOV, F. V. *The role of socialist consciousness in the development of soviet society.* New York: Foreign Languages Publishing House, 1950) Konstantinov, após ter enfatizado que "A vitória do socialismo leva à abolição do antagonismo de classe e à mudança radical na própria natureza do desenvolvimento social, à abolição de tudo conectado com a natureza antagônica das relações sociais" (p. 6), afirma: "Um papel enormemente importante no desenvolvimento de nossa sociedade é desempenhado pelas ideias soviéticas de *Direito.* O Direito sempre expressa as relações econômicas na sociedade: o marxismo ensina que a jurisprudência não passa da vontade da classe dominante transformada em Direito. A jurisprudência soviética é a vontade da classe operária, e hoje, de todo o povo soviético, transformada em Direito. O Direito soviético é a expressão consciente e a confirmação do governo dos operários e camponeses" (p. 83). "O Direito soviético está conectado de maneira inseparável à *moral* socialista soviética, a qual determina os padrões de conduta do povo soviético. A moral socialista determina a atitude do povo soviético uns com os outros, sua atitude em relação ao trabalho, a sociedade, o Estado, a família" (p. 84).

Assim como os interesses da classe operária na sociedade socialista (na qual as classes exploradoras foram destruídas) refletem os interesses de todo o povo, dos camponeses e intelectuais, também o Direito socialista expressa a vontade – e defende os interesses – de todo o povo trabalhador.[316]

Essa ficção é muito representativa do caráter ideológico da teoria do Direito de Golunski e Strogovich. E não menos representativo é o fato de Golunski e Strogovich, ao sustentarem que o Direito socialista expressa a vontade de todo o povo, usarem para justificar esse Direito a mesma ficção ideológica que alguns autores burgueses usam para justificar o Direito capitalista.

O Direito: um sistema de normas

A definição do Direito apresentada por Golunski e Strogovich é a seguinte:

> [o] Direito é um conjunto de regras de conduta (normas) estabelecidas ou aprovadas (sancionadas) pela autoridade estatal, que expressam a vontade da classe dominante, que a força coercitiva do Estado garante que sejam postas em prática com a finalidade de salvaguardar, tornar seguras e desenvolver as relações e disposições sociais convenientes e vantajosas à classe dominante.[317]

Quanto a sua aplicação ao Direito socialista soviético lê-se:

---

[316] GOLUNSKI, S. A.; STROGOVICH, M. S. "The theory of the state and law". *In*: LÊNIN, V. I.; STUCHKA, P. I.; REISNER, M. A.; PACHUKANIS, E. B.; STALIN, J. V.; VICHINSKI, A. Y.; YUDIN, P.; GOLUNSKI, S. A.; STROGOVICH, M. S.; TRAININ, I. P. *Soviet legal philosophy*. Trad. Hugh Baab. Cambridge, MA: Harvard University Press, 1951, p. 385.

[317] GOLUNSKI, S. A.; STROGOVICH, M. S. "The theory of the state and law". *In*: LÊNIN, V. I.; STUCHKA, P. I.; REISNER, M. A.; PACHUKANIS, E. B.; STALIN, J. V.; VICHINSKI, A. Y.; YUDIN, P.; GOLUNSKI, S. A.; STROGOVICH, M. S.; TRAININ, I. P. *Soviet legal philosophy*. Trad. Hugh Baab. Cambridge, MA: Harvard University Press, 1951, p. 370.

CAPÍTULO VIII - A TEORIA DO ESTADO E DO DIREITO DE GOLUNSKI...

> [o] Direito socialista soviético é um conjunto de regras de conduta (normas) estabelecidas ou aprovadas pela autoridade estatal do Estado socialista, que expressa a vontade da classe operária e de todos os trabalhadores; a aplicação dessas regras de conduta é garantida pela força coercitiva do Estado socialista com a finalidade de defender, tornar seguras e desenvolver as relações e disposições vantajosas e convenientes à classe operária e a todos os trabalhadores, e destruir completa e definitivamente as reminiscências capitalistas na economia, modo de vida e consciência dos seres humanos e construir a sociedade comunista.[318]

Essa definição não é muito diferente daquela proposta por Vichinski. Portanto, nossa crítica àquela aplica-se também a esta. Golunski e Strogovich enfatizam o caráter normativo do Direito. "O Direito é assim composto de regras de conduta humana. Elas são chamadas de normas na ciência jurídica – norma significa regra, ordem, exigência".[319] Golunski e Strogovich rejeitam a visão de que o Direito é um sistema de relações sociais. Eles afirmam acertadamente:

> [o] Direito é um conjunto de regras de conduta humana – consequentemente ele regula o comportamento humano, as ações humanas e as relações humanas *inter se,* com os órgãos do Estado e com o próprio Estado. As relações humanas na sociedade são chamadas de relações sociais – essas relações são objeto de regulação pelo Direito.[320]

---

[318] GOLUNSKI, S. A.; STROGOVICH, M. S. "The theory of the state and law". *In*: LÊNIN, V. I.; STUCHKA, P. I.; REISNER, M. A.; PACHUKANIS, E. B.; STALIN, J. V.; VICHINSKI, A. Y.; YUDIN, P.; GOLUNSKI, S. A.; STROGOVICH, M. S.; TRAININ, I. P. *Soviet legal philosophy.* Trad. Hugh Baab. Cambridge, MA: Harvard University Press, 1951, p. 386.

[319] GOLUNSKI, S. A.; STROGOVICH, M. S. "The theory of the state and law". *In*: LÊNIN, V. I.; STUCHKA, P. I.; REISNER, M. A.; PACHUKANIS, E. B.; STALIN, J. V.; VICHINSKI, A. Y.; YUDIN, P.; GOLUNSKI, S. A.; STROGOVICH, M. S.; TRAININ, I. P. *Soviet legal philosophy.* Trad. Hugh Baab. Cambridge, MA: Harvard University Press, 1951, p. 368.

[320] GOLUNSKI, S. A.; STROGOVICH, M. S. "The theory of the state and law". *In*: LÊNIN, V. I.; STUCHKA, P. I.; REISNER, M. A.; PACHUKANIS, E. B.; STALIN,

HANS KELSEN

Houve um tempo em que teve expressão na literatura jurídica soviética a visão de que o vício da teoria normativa do Direito era sua definição do Direito como um conjunto de normas – ou seja, de regras de conduta. Sabotadores trotskistas e bukharinistas, que tinham se infiltrado nas fileiras da ciência do Direito soviético, utilizaram essa visão a fim de negar a importância da norma jurídica. Eles se dedicaram a definir o Direito como "um sistema de relações sociais", uma "forma de política" etc., afirmando que isso diferencia a teoria do direito de Marx-Lênin das teorias burguesas do Direito (que definem o Direito como um conjunto de normas: isto é, de regras de conduta). Isso levou à negação da importância da legislação soviética como a forma dominante das normas jurídicas do Direito socialista. Essa visão é radicalmente errada e extremamente danosa. O Direito é um conjunto de normas – isto é, regras de conduta – entre as quais a legislação ocupa o lugar principal. O vício da teoria normativa burguesa do Direito não é definir o Direito como um conjunto de normas, mas distorcer o próprio conceito de norma: isolando-o da vida real e dando-lhe um caráter idealista. A teoria burguesa contrasta o mundo das normas – conceitos do que deve ser, supostamente não sujeitos à lei da causalidade – com o mundo físico, no qual a lei da causalidade é dominante. Assim, a teoria normativa burguesa do Direito não põe a questão: por que existem no Direito burguês normas salvaguardando a propriedade privada? Ela simplesmente insiste que os seres humanos têm de observar essas normas em consequência da força eterna inerente a elas.[321]

A interpretação equivocada da teoria pura do Direito

A crítica à "teoria normativa burguesa do Direito" dirige-se evidentemente contra a teoria pura do Direito. Trata-se de uma interpretação

---

J. V.; VICHINSKI, A. Y.; YUDIN, P.; GOLUNSKI, S. A.; STROGOVICH, M. S.; TRAININ, I. P. *Soviet legal philosophy*. Trad. Hugh Baab. Cambridge, MA: Harvard University Press, 1951, p. 372.

[321] GOLUNSKI, S. A.; STROGOVICH, M. S. "The theory of the state and law". *In*: LÊNIN, V. I.; STUCHKA, P. I.; REISNER, M. A.; PACHUKANIS, E. B.; STALIN, J. V.; VICHINSKI, A. Y.; YUDIN, P.; GOLUNSKI, S. A.; STROGOVICH, M. S.; TRAININ, I. P. *Soviet legal philosophy*. Trad. Hugh Baab. Cambridge, MA: Harvard University Press, 1951, p. 423.

CAPÍTULO VIII - A TEORIA DO ESTADO E DO DIREITO DE GOLUNSKI...

equivocada dessa teoria que está longe de dar à norma um "caráter idealista", isto é, um valor moral. A teoria pura do Direito, é verdade, opõe os juízos hipotéticos chamados de regras de Direito, pelos quais a ciência jurídica descreve seu objeto, aos juízos igualmente hipotéticos, chamados leis da natureza, pelos quais a ciência natural descreve seu objeto. Ela sustenta que a diferença entre os dois juízos consiste no fato de que de acordo com as regras de Direito sob certas condições, dentre as quais o delito é um elemento essencial, certa consequência, a saber, um ato coercitivo como uma sanção, deve ocorrer; enquanto de acordo com as leis da natureza sob certas condições, certa consequência de fato ocorre. Isso significa que nas leis da natureza o princípio de causalidade é aplicado, enquanto nas regras de Direito manifesta-se outro princípio, para o qual a teoria pura do Direito sugeriu o termo "imputação". Mas essa teoria enfatiza que o "deve" nas regras de Direito não tem qualquer caráter moral; que ele expressa apenas o significado específico da conexão entre condição e consequência, que, estabelecida por normas jurídicas, é descrita nas regras de Direito. Esse significado não é, como na conexão entre condição e consequência nas leis da natureza, o de causa e efeito; a sanção não é o efeito do delito, mas imputada ao delito. O "deve" na regra de Direito não tem significado moral, mas apenas lógico. É apenas a tendência de evitar qualquer idealização das normas jurídicas que é característica da teoria pura, isto é, normativa do Direito. É verdade que essa teoria não põe a questão de por que existem no Direito burguês normas salvaguardando a propriedade privada. Mas ela omite essa questão não porque insiste que os seres humanos têm de observar as normas jurídicas em consequência da "força eterna" inerente a elas, mas porque essa é uma questão que não pode ser respondida do ponto de vista de uma teoria normativa do Direito. É uma questão que só pode ser respondida por uma sociologia do Direito que examine as causas e efeitos do comportamento real dos homens que criam o Direito e dos homens que obedecem ou não obedecem ao Direito. O fato de a teoria pura do direito não levantar essa questão não quer dizer que ela considera essa questão inadmissível ou pouco importante, mas apenas que é uma questão que tem de ser respondida por métodos diversos daquele da teoria normativa do Direito. A teoria pura do Direito não insiste que os seres humanos têm de observar as normas jurídicas porque essa é uma função

HANS KELSEN

política e não científica; e a teoria pura do Direito insiste em uma clara separação entre as duas funções. Essa teoria não sabe nada sobre uma "força eterna" inerente às normas jurídicas. Se há alguma teoria jurídica à qual tal ideia é completamente estranha é a teoria pura do Direito.

O Direito: uma ordem coercitiva

Ao defender que a aplicação do Direito é "garantida pela força coercitiva do Estado socialista", Golunski e Strogovich definem o Direito como uma ordem coercitiva. Isso não é muito consistente com sua afirmação de que a "persuasão" – não a coação ou, o que dá no mesmo, a coerção – "é o método básico de liderança sob a ditadura do proletariado". A afirmação de que a aplicação das normas jurídicas é garantida pela força coercitiva do Estado significa apenas que a ordem jurídica institui órgãos especiais competentes para criar e aplicar o direito e especialmente para realizar os atos coercitivos estipulados como sanções nas normas jurídicas. Isso significa que o que se chama de Direito do Estado é uma ordem coercitiva centralizada. A referência ao Estado é supérflua. Pois o Estado manifesta sua existência apenas por meio dos seres humanos que, como órgãos da ordem jurídica, criam e aplicam essa ordem. Mas Golunski e Strogovich – seguindo Marx e Engels – tomam da teoria burguesa tradicional o dualismo entre Direito e Estado. Eles pensam o Direito e o Estado como duas entidades diferentes, e deixam o Direito emanar do Estado; eles dizem: "o Direito não está acima do Estado, mas emana dele".[322] Eles não veem que a afirmação de que o Direito emana do Estado não significa nada além de que o Direito é criado por atos de seres humanos que são "órgãos do Estado" somente porque agem em conformidade com o Direito, isto é, em conformidade com a ordem jurídica que determina suas ações. Em outras palavras: que o Direito emana do Estado significa apenas que o

---

[322] GOLUNSKI, S. A.; STROGOVICH, M. S. "The theory of the state and law". *In*: LÊNIN, V. I.; STUCHKA, P. I.; REISNER, M. A.; PACHUKANIS, E. B.; STALIN, J. V.; VICHINSKI, A. Y.; YUDIN, P.; GOLUNSKI, S. A.; STROGOVICH, M. S.; TRAININ, I. P. *Soviet legal philosophy*. Trad. Hugh Baab. Cambridge, MA: Harvard University Press, 1951, p. 393.

CAPÍTULO VIII - A TEORIA DO ESTADO E DO DIREITO DE GOLUNSKI...

Direito regula sua própria criação e aplicação. O Direito pode ser descrito sem qualquer referência ao Estado, pois o Estado é uma ordem jurídica centralizada, e os chamados atos do Estado são atos de seres humanos determinados de uma maneira específica por essa ordem.

Os marxistas que acreditam no futuro desaparecimento do Estado deveriam mostrar maior compreensão para com essa doutrina burguesa que emancipa completamente o conceito de Direito do conceito de Estado. Golunski e Strogovich rejeitam essa teoria porque identificam – como fazem muitos autores burgueses – equivocadamente Estado com governo, definindo-o como a "organização da autoridade e da dominação".[323] Mas o governo é apenas um dos órgãos do Estado, *i.e.*, a comunidade jurídica constituída pela ordem jurídica, e a "organização da autoridade e da dominação" como uma organização jurídica é apenas uma parte daquela organização universal que é a ordem jurídica. Se o Estado é idêntico ao governo e, portanto, o Estado soviético é idêntico ao governo soviético, então, é claro, uma teoria que define o Direito sem se referir ao Estado é muito perigosa para ser aceita por autores soviéticos.

A relação de Estado e Direito

Um deles, I. P. Trainin, dedicou uma monografia especial a esse problema: "A relação entre Estado e Direito".[324] Trainin critica com razão as teorias altamente problemáticas sobre esse assunto propostas pela jurisprudência burguesa tradicional. Mas ele compreende de modo completamente equivocado a teoria pura do Direito, a respeito da qual afirma:

---

[323] GOLUNSKI, S. A.; STROGOVICH, M. S. "The theory of the state and law". *In*: LÊNIN, V. I.; STUCHKA, P. I.; REISNER, M. A.; PACHUKANIS, E. B.; STALIN, J. V.; VICHINSKI, A. Y.; YUDIN, P.; GOLUNSKI, S. A.; STROGOVICH, M. S.; TRAININ, I. P. *Soviet legal philosophy*. Trad. Hugh Baab. Cambridge, MA: Harvard University Press, 1951, p. 421.

[324] Izvestiya of the U.S.S.R. Academy of Sciences (*Economy and Law,* n. 5, 1945), GOLUNSKI, S. A.; STROGOVICH, M. S. "The theory of the state and law". *In*: LÊNIN, V. I.; STUCHKA, P. I.; REISNER, M. A.; PACHUKANIS, E. B.; STALIN, J. V.; VICHINSKI, A. Y.; YUDIN, P.; GOLUNSKI, S. A.; STROGOVICH, M. S.; TRAININ, I. P. *Soviet legal philosophy*. Trad. Hugh Baab. Cambridge, MA: Harvard University Press, 1951, pp. 433 e ss.

HANS KELSEN

[e]la parte da proposição de que a jurisprudência não pode discernir injustiças por parte do Estado, cuja única função é a efetivação da ordem jurídica. O Estado é uma manifestação do Direito.[325]

De acordo com essa teoria o Direito não é uma função do Estado, nem o Estado é uma manifestação do Direito; o Estado, como uma ordem social, é uma ordem jurídica relativamente centralizada e nesse sentido idêntico ao Direito. As contribuições positivas de Trainin ao problema em questão são muito pobres e não diferem daquelas da jurisprudência burguesa tradicional. Elas remontam à tese de que existe uma relação essencial entre Estado e Direito. Ele afirma que "não há – e não pode haver – Estado (isto é, uma organização da dominação de uma classe definida) sem Direito, precisamente como não pode haver Direito (isto é, um sistema de normas coercitivas pelas quais aquela classe salvaguarda sua dominação) sem um Estado"; que existe "uma unidade dialética de forma e conteúdo entre Estado e Direito" ou "uma correlação e inter-relação de Estado e Direito".[326] A doutrina de que não há Direito sem Estado pode ser sustentada se compreendermos por "Direito" apenas uma ordem coercitiva relativamente centralizada, isto é, uma ordem que institua órgãos especiais para a criação e aplicação da ordem. Contudo, isso não está em conformidade com a terminologia usual, segundo a qual as ordens coercitivas descentralizadas das sociedades primitivas, bem como a ordem normativa também descentralizada que constitui a comunidade internacional são "Direito", embora não haja Estado garantindo esse Direito. Por trás das afirmações de Trainin há a visão, defendida por muitos autores burgueses, de que o Estado cria e aplica o Direito; ou, como diz

---

[325] GOLUNSKI, S. A.; STROGOVICH, M. S. "The theory of the state and law". *In*: LÊNIN, V. I.; STUCHKA, P. I.; REISNER, M. A.; PACHUKANIS, E. B.; STALIN, J. V.; VICHINSKI, A. Y.; YUDIN, P.; GOLUNSKI, S. A.; STROGOVICH, M. S.; TRAININ, I. P. *Soviet legal philosophy*. Trad. Hugh Baab. Cambridge, MA: Harvard University Press, 1951, p. 435.

[326] GOLUNSKI, S. A.; STROGOVICH, M. S. "The theory of the state and law". *In*: LÊNIN, V. I.; STUCHKA, P. I.; REISNER, M. A.; PACHUKANIS, E. B.; STALIN, J. V.; VICHINSKI, A. Y.; YUDIN, P.; GOLUNSKI, S. A.; STROGOVICH, M. S.; TRAININ, I. P. *Soviet legal philosophy*. Trad. Hugh Baab. Cambridge, MA: Harvard University Press, 1951, pp. 436, 447 e 449.

200

CAPÍTULO VIII - A TEORIA DO ESTADO E DO DIREITO DE GOLUNSKI...

Trainin, de que o Estado "sempre salvaguardou e regulou o Direito"; ou que "o Direito sempre foi Direito investido de autoridade pelo Estado que assegurou as relações jurídicas correspondentes ou criou novas relações de acordo com a política da classe dominante"[327]; ou que o Direito "é realizado por meio do Estado, que – por sua autoridade, força e doutrina – garante a efetivação do direito (...) Estabelecer ou modificar a ordem jurídica é a função do Estado".[328] Em todas essas passagens o "Estado" aparece como uma pessoa atuante. Mas Trainin não faz o menor esforço para analisar o fenômeno que tem em mente, para descrevê-lo sem a metáfora do Estado como uma pessoa atuante, para reduzir o Estado como uma pessoa atuante à atividade de seres humanos e para responder à questão de por que certos atos dos seres humanos são interpretados como atos do Estado. Se ele tivesse feito esse esforço, ele teria visto que os atos humanos de criação e aplicação do direito são atos do Estado apenas na medida em que são determinados por uma ordem jurídica, que sua imputação ao "Estado" significa apenas que eles referem-se à ordem jurídica pela qual são determinados, e que o Estado – agindo por meio desses indivíduos, o Estado como uma pessoa atuante – é apenas a personificação dessa ordem jurídica. Mas é evidente que Trainin, como muitos autores burgueses, não quer, ou não ousa, dissolver essa personificação e assim penetrar o véu com o qual essa personificação oculta a realidade jurídica. Pois essa personificação e seu resultado, o dualismo de Estado e de Direito, especialmente quando o Estado é identificado ao governo, tem uma função ideológica muito valiosa: se o Direito obrigatório é o produto do Estado – identificado ao governo – então o Direito está justificado pela autoridade da qual emana, e o Estado, *i.e.*, o governo, está justificado por seu produto, isto é, sua autoridade é santificada pelo Direito.

---

[327] GOLUNSKI, S. A.; STROGOVICH, M. S. "The theory of the state and law". *In:* LÊNIN, V. I.; STUCHKA, P. I.; REISNER, M. A.; PACHUKANIS, E. B.; STALIN, J. V.; VICHINSKI, A. Y.; YUDIN, P.; GOLUNSKI, S. A.; STROGOVICH, M. S.; TRAININ, I. P. *Soviet legal philosophy*. Trad. Hugh Baab. Cambridge, MA: Harvard University Press, 1951, p. 437.

[328] GOLUNSKI, S. A.; STROGOVICH, M. S. "The theory of the state and law". *In:* LÊNIN, V. I.; STUCHKA, P. I.; REISNER, M. A.; PACHUKANIS, E. B.; STALIN, J. V.; VICHINSKI, A. Y.; YUDIN, P.; GOLUNSKI, S. A.; STROGOVICH, M. S.; TRAININ, I. P. *Soviet legal philosophy*. Trad. Hugh Baab. Cambridge, MA: Harvard University Press, 1951, p. 445.

Direito e moral

A fim de fortalecer essa justificação mútua de Direito e Estado, é necessário sustentar não apenas uma correlação entre Estado e Direito mas também entre Direito e moral. Com esse propósito político-ideológico muitos autores burgueses sustentam como qualidade essencial do Direito positivo que ele está – por sua própria natureza – ao menos em princípio em conformidade com a moral. Essa doutrina consegue realizar a justificação do Direito que deseja, ou seja, ela é bem-sucedida em sua tentativa de atribuir a um ordem jurídica positiva, que em si mesma tem apenas um valor relativo, o halo de autoridade absoluta somente se compreendermos como moral um sistema uniforme de normas, válido em todos os lugares em todos os tempos. Se – levando-se em conta que há muitos sistemas morais diversos – a moral for representada apenas como um valor relativo, a afirmação de que o Direito está em conformidade com a moral entendida como um sistema absoluto de normas morais válidas, tem um caráter meramente ideológico. Pachukanis, seguindo Marx, ensinou que o Direito bem como a moral são ideologias específicas da sociedade capitalista. Golunski e Strogovich rejeitam essa doutrina e afirmam, em completa harmonia com a jurisprudência ideológica burguesa, "que o vínculo entre Direito – o conjunto de regras de conduta humana – e moral é muito próximo".[329] Eles diferem dos autores burgueses porque estes presumem que o capitalismo é moral e o socialismo imoral, ao passo que Golunski e Strogovich acreditam que o socialismo é moral e o capitalismo imoral. Portanto, eles afirmam: "O Direito socialista e a moral socialista têm uma base comum e princípios comuns; os princípios do socialismo",[330] do que se presume que o socialismo é um valor absoluto.

---

[329] GOLUNSKI, S. A.; STROGOVICH, M. S. "The theory of the state and law". *In*: LÊNIN, V. I.; STUCHKA, P. I.; REISNER, M. A.; PACHUKANIS, E. B.; STALIN, J. V.; VICHINSKI, A. Y.; YUDIN, P.; GOLUNSKI, S. A.; STROGOVICH, M. S.; TRAININ, I. P. *Soviet legal philosophy*. Trad. Hugh Baab. Cambridge, MA.: Harvard University Press, 1951, p. 375.

[330] GOLUNSKI, S. A.; STROGOVICH, M. S. "The theory of the state and law". *In*: LÊNIN, V. I.; STUCHKA, P. I.; REISNER, M. A.; PACHUKANIS, E. B.; STALIN, J. V.; VICHINSKI, A. Y.; YUDIN, P.; GOLUNSKI, S. A.; STROGOVICH, M. S.; TRAININ, I. P. *Soviet legal philosophy*. Trad. Hugh Baab. Cambridge, MA.: Harvard University Press, 1951, p. 379· Cf. nota 22.

CAPÍTULO VIII - A TEORIA DO ESTADO E DO DIREITO DE GOLUNSKI...

Com essa afirmação, a teoria jurídica soviética do segundo período chega a seu auge. E exatamente neste ponto ela se prova, ainda mais do que a do primeiro período, nada mais que uma descendente da jurisprudência burguesa, especialmente daquela escola da jurisprudência burguesa caracterizada por suas tendências ideológicas, tão vigorosamente estigmatizadas por Marx e Engels.

Capítulo IX

A TEORIA SOVIÉTICA DO DIREITO INTERNACIONAL

O Direito Internacional é um Direito de classe?

De acordo com a interpretação usual da doutrina advogada por Marx e Engels em muitas de suas afirmações (mas não em todas), o Direito está essencialmente conectado ao Estado, é sempre o Direito de um Estado. Não há Direito sem um Estado nem Estado sem um Direito. Isso significa que o Direito é uma ordem coercitiva relativamente centralizada, isto é, uma ordem que prevê atos coercitivos como sanções e institui órgãos especiais para a criação e aplicação das normas dessa ordem, especialmente para a execução das sanções. Uma vez que, de acordo com essa visão, o Estado tem por sua própria natureza um caráter de classe, isto é, que a maquinaria coercitiva chamada Estado passa a existir somente onde a sociedade está dividida em uma classe dominante e uma classe dominante explorada pela primeira, a função essencial do Direito é garantir a exploração de uma classe por outra ou, de acordo com uma interpretação posterior da doutrina de Marx, a dominação de uma classe, isto é, de um grupo de sujeitos possuidores dos meios de produção, sobre outra classe, isto é, outro grupo de sujeitos, no interior de uma mesma comunidade chamada Estado. Se o chamado Direito Internacional é considerado um sistema de normas que regula as relações entre Estados independentes uns dos outros, uma definição marxista do

205

HANS KELSEN

Direito não pode ser aplicada a essa ordem social. Pois o Direito Internacional geral é completamente descentralizado; ele não institui órgãos especiais para a criação e aplicação de suas normas, e em particular, nenhum órgão para a execução de sanções; e, sobretudo, no interior da comunidade constituída pelo Direito Internacional não há classes formadas por sujeitos de Direito Internacional, os Estados; não há dominação – com ou sem exploração – de um grupo de sujeitos de Direito Internacional sobre outro grupo de sujeitos desse Direito. A dominação de um grupo sobre outro no interior do Estado é, de acordo com a doutrina de Marx, baseada no fato econômico de que um grupo detém a posse dos meios de produção. Não existe tal dominação na relação entre os Estados porque, de acordo com a teoria de Marx, uma comunidade é um Estado somente se os meios de produção no interior dessa comunidade estiverem nas mãos da classe dominante dessa comunidade. O Direito Internacional garante exatamente o contrário do que, de acordo com a visão de Marx, é a função essencial do Direito: ele garante pelo princípio da soberania a igualdade de todos os Estados – um princípio que a teoria soviética do Direito Internacional enfatiza em particular –, que nenhum Estado ou grupo de Estados deve exercer dominação sobre outro grupo de Estados. É verdade que Estados menores às vezes são mais ou menos dependentes das chamadas grandes potências. Mas esse é um fenômeno político, não jurídico; e quando a dependência adquire excepcionalmente um caráter jurídico, como no caso de um protetorado, ela é baseada em um tratado celebrado pelo Estado protetor e o protegido. Que um Estado possa ser induzido a celebrar um tratado não é um efeito do Direito Internacional, mas de circunstâncias externas, que não podem ser atribuídas à ordem jurídica que regula as relações mútuas entre Estados. Além disso, na mesma medida em que um Estado torna-se dependente de outro Estado ele perde sua qualidade como um Estado no sentido do Direito Internacional. Estaria em aberta contradição com os fatos dizer que as potências menores, como a Suíça, a Suécia, a Argentina ou a Austrália estão sob a dominação de uma grande potência no mesmo sentido que o proletariado está sob a dominação da burguesia. A dominação exploratória exercida por alguns Estados sobre suas respectivas colônias não é garantida pelo Direito Internacional, mas pelo Direito Nacional dos Estados envolvidos.

CAPÍTULO IX - A TEORIA SOVIÉTICA DO DIREITO INTERNACIONAL

A única maneira em que parece possível – ao menos *prima facie* – atribuir ao Direito Internacional um caráter de classe é referindo-se ao fato de que o Direito Internacional, ao garantir autonomia constitucional a todos os Estados e ao proibir todos os Estados de intervirem nos assuntos domésticos de quaisquer outros Estados – um princípio muito enfatizado pela teoria soviética do Direito Internacional – garante a dominação que uma classe exerce sobre outra classe no interior de cada Estado. Mas isso é verdadeiro somente onde a estrutura interna do Estado realmente tem um caráter de dominação de uma classe sobre outra, e os princípios da autonomia constitucional e da não intervenção nos assuntos domésticos aplica-se não apenas a casos em que a classe dominante é a burguesia, como nos Estados capitalistas, mas também a casos em que a classe dominante é o proletariado, como na ditadura do proletariado do Estado soviético durante seu primeiro período. É verdade também em casos em que a divisão em burguesia e proletariado desapareceu e não há dominação estatal de uma classe sobre outra; em que o Direito é a expressão da vontade de todo o povo unificado, como no Estado soviético em seu segundo período de acordo com a doutrina dos cientistas jurídicos soviéticos. Isso significa que o Direito Internacional, em si, é perfeitamente neutro em relação à luta de classes no interior dos Estados que são sujeitos desse Direito e que, consequentemente, o Direito Internacional, ao garantir a dominação estatal de qualquer tipo, não tem em si qualquer caráter de classe. Apenas porque o Direito Internacional não é um Direito de classe em qualquer sentido do termo, o governo soviético – e, seguindo o governo, os cientistas jurídicos soviéticos – finalmente reconheceu o Direito Internacional existente como uma ordem normativa obrigatória ao Estado soviético em sua relação com todos os outros Estados, não apenas com outros Estados socialistas, mas também e em primeiro lugar com os Estados capitalistas. Portanto, existe um conflito insolúvel no interior da teoria soviética do Direito Internacional. Do ponto de vista da definição marxista de Direito, o chamado Direito Internacional não é Direito de modo algum. Mas o interesse político do governo soviético o força a reconhecer esse Direito como um conjunto de normas juridicamente obrigatórias regulando suas relações com os outros Estados, e os teóricos jurídicos soviéticos a fazerem a fútil tentativa de interpretar esse conjunto de normas como Direito em conformidade com a definição marxista.

207

HANS KELSEN

O problema do Direito Internacional na teoria do Direito de Stutchka

Pode-se ver quão embaraçoso foi o problema do Direito Internacional aos teóricos soviéticos do Direito nos escritos de Stutchka e Pachukanis. Stutchka sustenta a doutrina marxista do Direito de que não pode haver Direito em uma sociedade sem classes.

> ... onde quer que haja e qualquer que seja a forma em que a divisão da humanidade em classes e a dominação de uma classe sobre outra esteja presente, encontramos o Direito ou algo análogo a ele. Em nossa investigação, nos restringimos ao Direito da época da sociedade burguesa e da sociedade feudal que a precedeu, como o modelo de Direito expresso mais plenamente. Mas quanto à esfera abarcada pelo Direito, a objeção mais perigosa é a relativa ao Direito Internacional. Veremos (...) contudo, que o Direito Internacional – enquanto Direito em geral – deveria estar em completa conformidade com essa definição; e quanto a isso os olhos de todos devem ter sido abertos pelo imperialismo contemporâneo – e particularmente pela guerra mundial com todas as suas consequências.[331]

Mas como Stutchka reconcilia o conceito de Direito Internacional com sua definição do Direito como "um sistema (ou ordem) de relações sociais que correspondem aos interesses da classe dominante e é salvaguardado pela força organizada dessa classe"?[332] Deve haver uma classe dominante unida pelo interesse comum de seus membros de explorar uma classe dominada. Onde está a classe dominante na sociedade internacional como sociedade de Estados? As classes dominantes dos diferentes Estados de modo algum estão unidas por um interesse comum; seus interesses estão evidentemente em conflito entre si! Stutchka escreve: "Tomando nossa

---

[331] STUCHKA, Pyotr I. "The Revolutionary Part Played by Law and the State: a General Doctrine of Law". *In*: LÊNIN, V. I.; STUCHKA, P. I.; REISNER, M. A.; PACHUKANIS, E. B.; STALIN, J. V.; VICHINSKI, A. Y.; YUDIN, P.; GOLUNSKI, S. A.; STROGOVICH, M. S.; TRAININ, I. P. *Soviet legal philosophy*. Trad. Hugh Baab. Cambridge, MA: Harvard University Press, 1951, pp. 25 e ss.

[332] Conforme mencionado na p. 62.

CAPÍTULO IX - A TEORIA SOVIÉTICA DO DIREITO INTERNACIONAL

definição do direito como ponto de partida, atribuímos uma esfera relativamente pouco importante ao Direito Internacional".[333] A esfera atribuída ao Direito Internacional pode ser "pouco importante", mas se ele é Direito de fato e um Direito cujos sujeitos são os Estados, ele deve ser um sistema de relações sociais de Estados correspondente ao interesse da classe dominante formada por alguns desses Estados, que dominam outra classe formada por outros Estados. Isso, é claro, não pode ser demonstrado por Stutchka. Ele continua:

> [s]e Duguit vê o Estado meramente como um simples fato (*um simple fait*), então pode-se dizer com referência também ao Direito Internacional – até o período imperialista – que todo Direito na verdade não passa de relações *de facto*.

A afirmação de que o Direito Internacional é um sistema de "relações *de facto*" não soluciona o problema em questão. Pois, de acordo com a definição de Stutchka, o Direito Nacional também é um sistema de relações *de facto*. Stutchka diz ainda: "Em consequência, surgiram planos relativos a ligas de nações com autoridade coercitiva especial e fantasias dessa ordem – que não possuem absolutamente *nenhuma importância real*". Que certas organizações internacionais não tenham importância não é uma definição do Direito Internacional. Finalmente, Stutchka declara: "Contudo, uma coisa está fora de dúvida: o período imperialista do capitalismo cria unificações internacionais de classe e ao mesmo tempo *a luta de classes*, ou mais rigorosamente, a guerra civil, *em escala internacional*". O fato ao qual Stutchka se refere só pode ser os chamados trustes internacionais, acordos entre capitalistas de diferentes Estados. Porém, tais acordos não estão baseados no Direito Internacional – e, portanto, não são "internacionais" no sentido especificamente jurídico do termo – mas no Direito Nacional dos respectivos países; e as guerras imperialistas – o traço mais característico

---

[333] STUCHKA, Pyotr I. "The Revolutionary Part Played by Law and the State: a General Doctrine of Law". *In*: LÊNIN, V. I.; STUCHKA, P. I.; REISNER, M. A.; PACHUKANIS, E. B.; STALIN, J. V.; VICHINSKI, A. Y.; YUDIN, P.; GOLUNSKI, S. A.; STROGOVICH, M. S.; TRAININ, I. P. *Soviet legal philosophy*. Trad. Hugh Baab. Cambridge, MA: Harvard University Press, 1951, p. 66.

HANS KELSEN

do período imperialista – ocorrem entre Estados; e isso quer dizer, na terminologia marxista, entre as classes dominantes dos diferentes Estados. Portanto, não há "unificações internacionais de classe" no período do imperialismo, e, portanto, não há relações entre Estados correspondentes aos interesses de uma classe dominante formada pelas classes dominantes de vários Estados. Na verdade, Stutchka admite esse fato ao dizer: "O resultado disso é certa base mesmo para a autoridade burguesa organizada pela classe dominante. Contudo, tal autoridade é efêmera e desvanece rapidamente no sentido de uma unificação da burguesia diante do inevitável conflito entre as burguesias dos diferentes países e dos capitalistas de diferentes ramos". Portanto, ele tenta distrair a atenção de seus leitores do fato de que não resolveu o problema do Direito Internacional ao se referir à tendência do Estado soviético de abarcar toda a humanidade:

> [a] forma soviética do Estado é *per se* uma unificação internacional da humanidade (ou de uma porção da humanidade). Não é menos correto que o Direito soviético tem uma tendência direta ao internacionalismo. E a autoridade organizada dessa maneira em uma escalada internacional está sendo gerada na Internacional Comunista.[334]

A teoria de Pachukanis do Direito Internacional como Direito interclassista

Em sua teoria geral do Direito, Pachukanis não lida com o problema do Direito Internacional; ele apenas expressa dúvidas quanto à estabilidade de sua base. Ele diz:

> [a]li onde a função coercitiva não é organizada e não é gerida por um aparato especial situado acima das partes, ela aparece sob a forma da assim chamada "reciprocidade"; o princípio da reciprocidade

---

[334] STUCHKA, Pyotr I. "The Revolutionary Part Played by Law and the State: a General Doctrine of Law". *In*: LÊNIN, V. I.; STUCHKA, P. I.; REISNER, M. A.; PACHUKANIS, E. B.; STALIN, J. V.; VICHINSKI, A. Y.; YUDIN, P.; GOLUNSKI, S. A.; STROGOVICH, M. S.; TRAININ, I. P. *Soviet legal philosophy*. Trad. Hugh Baab. Cambridge, MA: Harvard University Press, 1951, p. 66.

CAPÍTULO IX - A TEORIA SOVIÉTICA DO DIREITO INTERNACIONAL

no que se refere à condição de equilíbrio de forças representa até agora a única e, é preciso dizer, extremamente precária base do Direito Internacional.[335]

Essa afirmação não se refere ao Direito Internacional como uma ordem normativa mas à efetividade dessa ordem, e expressa uma visão difundida entre os autores burgueses. Em um artigo publicado na *Enciclopédia do Estado e do Direito* russa, em 1926,[336] Pachukanis escreveu: "o Direito Internacional deve sua existência ao fato de que a burguesia exerce sua dominação sobre o proletariado e as colônias organizando-se em vários trustes, separados uns dos outros e em competição entre si". Ao caracterizar os governos dos Estados independentes como "trustes", ele expressa no jargão marxista a ideia de que o Direito Internacional pressupõe a existência de Estados independentes. Então, ele sustenta que com o surgimento do Estado soviético o Direito Internacional assume um novo significado: ele é agora "uma forma de compromissos temporários entre dois sistemas de classes antagônicos". Esses compromissos são celebrados na medida em que o sistema burguês não é mais capaz de assegurar, e o sistema socialista ainda não alcançou, a dominação exclusiva. Nesse sentido, parece ser possível falar de um Direito Internacional do período de transição (como Korovin fez em uma obra publicada em 1924).[337] A importância desse período de transição consiste no fato de que a luta aberta pela destruição (intervenção, bloqueio, não reconhecimento) é substituída por uma luta travada no interior do marco das "normas", pelo intercurso diplomático "normal" e por tratados. O Direito Internacional assume o caráter de um Direito interclassista.

O que Pachukanis descreve com essas afirmações não é um novo significado do Direito Internacional, mas os métodos de política externa aplicados pelo Governo soviético durante o período de transição, isto

---

[335] PACHUKANIS, Evguiéni B. *Teoria geral do direito e marxismo*. Trad. Paula Vaz de Almeida. São Paulo: Boitempo, 2017, p. 162.

[336] Citado por GRABAR, V. E. "Das heutige Voelkerrecht vom Standpunkt eines Sowjetjuristen". *Zeitschrift fuer Voelkerrecht*, vol. 14, pp. 188-214, 1927. p. 189.

[337] Conforme mencionado na p. 68.

é, o período entre o domínio do capitalismo e o do comunismo, nos marcos do antigo e inalterado Direito Internacional. Ele está longe de definir o conceito de Direito Internacional em conformidade com o conceito marxista de Direito. Um Direito "interclassista" é um Direito entre classes associadas em posição de igualdade, não um Direito imposto a uma classe por outra. Se no Direito Internacional "compromissos" entre a classe dominante de um Estado capitalista e a classe dominante de um Estado socialista são possíveis, o Direito Internacional não pode corresponder ao interesse exclusivo de uma ou de outra; ele deve ser indiferente em relação ao conflito de classes entre burguesia e proletariado.

Também em seu ensaio "O Estado soviético e a revolução no Direito" (1930), Pachukanis refere-se ao problema do Direito Internacional. Ele diz:

> ... se tomarmos a proposição de Lênin de que "O Direito não é nada sem um mecanismo capaz de obrigar a observância das normas jurídicas", o Direito Internacional deve então ser visto como nada, uma vez que – como todos sabem – não existe nenhum mecanismo que possa obrigar a obediência às normas do Direito Internacional.

Isso significa que de acordo com a definição do Direito apresentada por Lênin, o Direito Internacional não é Direito em absoluto. Contudo, Pachukanis não aceita essa resposta. Sem modificar a definição de Lênin, ele continua:

> [s]e admitirmos que o Direito Internacional existe, não obstante a ausência de um único mecanismo centralizado de coação na relação entre Estados, e consequentemente que o Direito Internacional desempenha certo papel – particularmente em nossas inter-relações com o cerco capitalista – então nos deparamos com um novo problema: nossa definição de que todo direito é um direito de classe deve ser de algum modo harmonizada com o fato de que o Direito Internacional funciona como mediador nas relações entre o proletariado (organizado como classe dominante) e os Estados burgueses. Consequentemente, proponho

CAPÍTULO IX - A TEORIA SOVIÉTICA DO DIREITO INTERNACIONAL

o ponto de vista de que após a revolução proletária o Direito Internacional nesse sentido é convertido em direito interclassista.[338]

Um Direito "interclassista" é um Direito de "classe" apenas no nome; ele é, como apontado, o contrário de um Direito de classe no sentido da doutrina marxista. Consequentemente, Pachukanis admite que ele ainda não resolveu o problema do Direito Internacional. Ele diz:

> [n]ão obstante, o problema do Direito Internacional permanece sem solução. O Direito Internacional existe? Podemos observá-lo como um fato real nas relações mútuas entre a União Soviética e o cerco capitalista? Se pudermos observá-lo, como nossa concepção do Direito de classe pode ser conciliada com esse fato? Finalmente, o Direito Internacional pode ser contemplado em conexão com as ideias expressas por Lênin quanto ao curso da luta contra esse cerco capitalista – o curso de uma luta na qual compromissos temporários desempenham um papel? Tudo isso deve ser levado em consideração futuramente.[339]

Mas levar "em consideração" não soluciona o problema. Em um manual de Direito Internacional publicado em 1935, ele não demonstra que o Direito Internacional é um Direito de classe no mesmo sentido que o Direito Nacional do Estado capitalista; ele defende apenas que o Direito Internacional como praticado entre os Estados capitalistas é uma das formas auxiliares com as quais os Estados imperialistas travam a luta entre eles, consolidando a divisão do botim, *i.e.*, territórios e superlucros.[340] Se isso

---

[338] PACHUKANIS, Evguiéni B. "The Soviet State and the Revolution in Law". *In*: LÊNIN, V. I.; STUCHKA, P. I.; REISNER, M. A.; PACHUKANIS, E. B.; STALIN, J. V.; VICHINSKI, A. Y.; YUDIN, P.; GOLUNSKI, S. A.; STROGOVICH, M. S.; TRAININ, I. P. *Soviet legal philosophy*. Trad. Hugh Baab. Com uma introdução de John Hazard. Cambridge, MA.: Harvard University Press, 1951, pp. 244 e ss.

[339] PACHUKANIS, Evguiéni B. "The Soviet State and the Revolution in Law". *In*: LÊNIN, V. I.; STUCHKA, P. I.; REISNER, M. A.; PACHUKANIS, E. B.; STALIN, J. V.; VICHINSKI, A. Y.; YUDIN, P.; GOLUNSKI, S. A.; STROGOVICH, M. S.; TRAININ, I. P. *Soviet legal philosophy*. Trad. Hugh Baab. Com uma introdução de John Hazard. Cambridge, MA: Harvard University Press, 1951, p. 246.

[340] De acordo com HAZARD, John N. "Cleansing Soviet International Law of Anti-

HANS KELSEN

é verdade, se sob os auspícios do Direito Internacional há uma luta entre os Estados imperialistas, e isso significa, de acordo com a doutrina marxista, uma luta entre as classes burguesas desses Estados, por territórios e superlucros, então o Direito Internacional não pode ser um Direito de classe no mesmo sentido que o Direito Nacional, porque a luta entre duas classes burguesas é algo totalmente diferente da luta entre a classe burguesa e a classe proletária, *i.e.*, a luta de classes na qual o Direito é o instrumento da burguesia em sua tentativa de reprimir o proletariado. A luta entre duas classes burguesas imperialistas leva ao fortalecimento de uma e ao enfraquecimento da outra, e consequentemente tem um caráter altamente ambivalente quanto à relação da burguesia e do proletariado, que é a única relação relevante para o caráter de classe do Direito. Foi precisamente a luta inevitável entre burguesias imperialistas de Estados capitalistas que levou ao estabelecimento da ditadura do proletariado na Rússia e que, de acordo com a doutrina marxista, levará finalmente à destruição mútua dos Estados capitalistas e assim à vitória final do proletariado. Se o Direito Internacional fomenta a luta entre as burguesias dos Estados capitalistas e, portanto, é um Direito de classe apenas nesse sentido, ele é, em última análise, compatível apenas com os interesses do proletariado, e assim – esse é o resultado paradoxal da interpretação marxista do Direito Internacional – um Direito socialista e não burguês; portanto, de acordo com a doutrina original de Pachukanis, é o exato contrário do que todo direito por sua própria natureza deve ser, a fim de finalmente desaparecer.[341]

A doutrina de Korovin de um Direito Internacional do período de transição: a coexistência de um Direito Internacional socialista com um Direito Internacional capitalista

Nem Stutchka nem Pachukanis eram especialistas no campo do Direito Internacional. A primeira monografia sobre esse assunto escrita sob o regime soviético por um especialista foi *O Direito Internacional no*

Marxist Theories", *The American Journal of International Law*, vol. 32, n. 2, pp. 244-252, 1938. p. 245.

[341] Cf. HAZARD, John N. "The Soviet Union and International Law", *Soviet Studies*, vol. 1, n. 3, pp. 189-199, 1950, p. 191.

CAPÍTULO IX - A TEORIA SOVIÉTICA DO DIREITO INTERNACIONAL

período de transição, de E. A. Korovin, publicada em 1924.[342] Embora nos primeiros anos após a revolução bolchevique tenha prevalecido a tendência a ignorar a existência do Direito Internacional ou negar seu caráter jurídico, Korovin declara já no início de sua obra:

> [é] impossível rejeitar o Direito Internacional simplesmente negando sua existência e despachar com uma canetada como uma reminiscência burguesa todo o conjunto de normas jurídicas internacionais do presente.[343]

Mas isso não significa que ele considera o Direito Internacional existente uma ordem jurídica obrigatória ao Estado soviético em sua relação com outros Estados. Ele sustenta que junto com o Estado socialista soviético um novo Direito Internacional deve passar a existir, regulando as relações entre esse Estado e os Estados capitalistas de uma maneira diferente do Direito Internacional que regula as relações entre os Estados capitalistas. Não há, e nunca houve, um Direito Internacional uniforme válido para todos os Estados do mundo. Tal Direito Internacional mundial geral não é nada além de um "mito". Na verdade, há vários sistemas de Direito Internacional, como o Direito Internacional europeu que regula as relações entre os Estados europeus, especialmente entre as grandes potências; um Direito Internacional americano; um sistema jurídico especial que regula as relações entre os Estados capitalistas e suas colônias e semicolônias (protetorados, mandatos); e, finalmente, aquele sistema jurídico peculiar que regula as relações entre o Estado socialista e os capitalistas.[344] Korovin não indica quais normas pertencem a esse sistema. Ele diz apenas que as normas de Direito Internacional baseadas na solidariedade de ideias que prevalece no interior dos Estados capitalistas não podem ser aplicadas às relações entre Estados socialistas e capitalistas; mas ele acrescenta que a falta de solidariedade ideológica não impede as relações jurídicas

---

[342] Citado na tradução alemã da segunda edição russa (1925): KOROVIN, E. A. *Das Völkerrecht der Übergangszeit*: Grundlagen der völkerrechtlichen Beziehungen der Union der Sowjetrepubliken. Berlim: Franz Steiner Verlag, 1929.

[343] KOROVIN, E. A. *Das Völkerrecht der Übergangszeit*: Grundlagen der völkerrechtlichen Beziehungen der Union der Sowjetrepubliken. Berlin: Franz Steiner Verlag, 1929, p. 2.

[344] KOROVIN, E. A. *Das Völkerrecht der Übergangszeit*: Grundlagen der völkerrechtlichen Beziehungen der Union der Sowjetrepubliken. Berlin: Franz Steiner Verlag, 1929, pp. 7 e e ss.

215

internacionais entre os dois tipos de Estado. Então, ele especifica as esferas de interesse no interior das quais tais relações são possíveis:

(1) Interesses humanitários independentes de tendências políticas, tais como manifestados na luta contra epidemias e na proteção de monumentos históricos e obras de arte;

(2) Interesses materiais, *i.e.*, econômicos de caráter meramente técnico, por exemplo relativos a correios, telégrafos, ferrovias, comunicações marítimas e afins; e

(3) Interesses materiais de importância social, *i.e.*, política.[345]

Em todos esses campos as relações jurídicas podem ser estabelecidas por tratados entre Estados capitalistas e socialistas. Quanto às primeiras relações mencionadas, baseadas em interesses humanitários, é evidente que elas não estão – como supõe Korovin – além de qualquer solidariedade ideológica; pois são baseadas em valores ou ideias comuns a dois tipos de sistemas políticos e econômicos. Korovin vê uma diferença essencial entre a segunda e a terceira categorias de relações jurídicas. Acordos relativos a questões técnicas baseiam-se na perfeita harmonia de interesses das partes contratantes, pois a melhoria da técnica não corresponde ao interesse apenas dos Estados capitalistas, mas é também uma condição essencial para a realização do socialismo. As relações jurídicas da terceira categoria, contudo, só são possíveis com base em compromissos entre Estados capitalistas e socialistas. Mas essa não é uma característica particular dos acordos entre Estados capitalistas e socialistas. Em face do antagonismo normalmente existente entre os interesses políticos dos Estados capitalistas, tratados que regulam as relações políticas entre esses Estados também são baseados em compromissos.

A doutrina pluralista e o primado do Direito Nacional sobre o Internacional (o dogma da soberania)

A doutrina de Korovin de que não há um Direito Internacional geral válido para todos os Estados, de que o Direito Internacional divide-se em

---

[345] KOROVIN, E. A. *Das Völkerrecht der Übergangszeit*: Grundlagen der völkerrechtlichen Beziehungen der Union der Sowjetrepubliken. Berlin: Franz Steiner Verlag, 1929, pp. 12 e *ss.*

CAPÍTULO IX - A TEORIA SOVIÉTICA DO DIREITO INTERNACIONAL

diferentes sistemas, cada qual regulando apenas as relações definidas entre vários Estados definidos, a doutrina "pluralista"[346] – como ele a chama – baseia-se em uma confusão de dois problemas que, do ponto de vista teórico, não têm nada a ver um com o outro: o problema do primado do Direito Nacional sobre o Internacional, em contraposição ao primado do Direito Internacional sobre o Nacional, que se refere à razão da validade do Direito Internacional; e o problema geral, em contraposição ao Direito Internacional particular, que se refere às esferas de validade das normas do Direito Internacional e consequentemente também à sua esfera material de validade, *i.e.*, seu conteúdo.

Korovin não coloca expressamente a questão sobre a relação entre Direito Internacional e Nacional. Mas ele – como todos os outros autores soviéticos do Direito Internacional – insiste no princípio da soberania ilimitada[347] do Estado como essencial à relação entre Estado e Direito Internacional. Ele diz – demonstrando assim o motivo político de sua teoria – que, uma vez que existe o cerco capitalista ao Estado soviético, qualquer limitação da soberania é incompatível com os interesses deste, uma vez que ela significaria a vitória do capitalismo sobre o socialismo[348]; e ele declara que o Estado soviético está destinado a agir como o "mestre mundial da doutrina clássica da soberania".[349] A "doutrina clássica" à qual ele se refere é aquela advogada por alguns autores burgueses, como Jellinek e Martens, segundo a qual a soberania é "autodeterminação", isto é, o poder do Estado de determinar exclusivamente por sua própria vontade as relações jurídicas entre ele e seus sujeitos, bem como entre ele e outros Estados; o que significa que o Estado só pode ser obrigado juridicamente por sua própria vontade, que ele é a

---

[346] KOROVIN, E. A. *Das Völkerrecht der Übergangszeit*: Grundlagen der völkerrechtlichen Beziehungen der Union der Sowjetrepubliken. Berlin: Franz Steiner Verlag, 1929, p. 8.

[347] KOROVIN, E. A. *Das Völkerrecht der Übergangszeit*: Grundlagen der völkerrechtlichen Beziehungen der Union der Sowjetrepubliken. Berlin: Franz Steiner Verlag, 1929, pp. 34 e 42 ss.

[348] KOROVIN, E. A. *Das Völkerrecht der Übergangszeit*: Grundlagen der völkerrechtlichen Beziehungen der Union der Sowjetrepubliken. Berlin: Franz Steiner Verlag, 1929, p. 4.

[349] KOROVIN, E. A. *Das Völkerrecht der Übergangszeit*: Grundlagen der völkerrechtlichen Beziehungen der Union der Sowjetrepubliken. Berlin: Franz Steiner Verlag, 1929, p. 42.

HANS KELSEN

autoridade jurídica suprema. Isso significa, se formularmos sem a ajuda de qualquer personificação ou metáfora, que a ordem jurídica nacional é a ordem jurídica mais alta, acima da qual não pode haver outra ordem jurídica. O chamado Direito Internacional pode ser considerado válido para o Estado apenas se ele for reconhecido enquanto tal pelo Estado e, portanto, apenas como parte de seu Direito Nacional.[350] Isso significa que a razão para a validade do Direito Internacional é a norma básica da ordem jurídica nacional, da qual o Direito Internacional é considerado uma parte. Tudo isso implica no conceito de soberania como definido por Korovin. Significa que Korovin pressupõe em sua teoria do Direito Internacional – assim como os autores burgueses que ele segue em sua definição de soberania – o primado do Direito Nacional sobre o Internacional, em oposição à hipótese do primado do Direito Internacional segundo a qual a razão para a validade das ordens jurídicas nacionais deve ser encontrada no Direito Internacional, e isso quer dizer, em última análise, na norma básica desse Direito.[351] A hipótese do primado do

---

[350] Kunz (KUNZ, Josef L. "Sowjet-Russland und das Voelkerrecht", *Zeitschr. f. Voelkerrecht*, vol. 13, pp. 556-598, 1926.) escreve: "Embora o bolchevismo pretenda ser politicamente progressista, a teoria soviética do Direito Internacional é caracterizada por uma tendência abertamente reacionária. Essa tendência manifesta-se no fato de que a teoria aferra-se obstinadamente ao conceito de uma soberania absoluta do Estado individual que a moderna teoria do Direito Internacional está cada vez mais rejeitando. A teoria soviética – como diz Korovin – identifica a causa da Rússia soviética com a da soberania" (p. 584). PATKIN, A. "The Soviet Union in International Law", *Proceedings of the Australian and New Zealand Society of International Law*, Melbourne, vol. 1, 1935, pp. 58 e ss, observa que a teoria soviética da soberania é de mesma natureza que a velha doutrina monárquica da soberania; seu propósito é criar obstáculos ao desenvolvimento do Direito Internacional. Ele diz que o que Korovin chama de Direito Internacional do período de transição não é "nem 'internacional' nem 'Direito'", mas simplesmente "um capítulo do Direito municipal soviético construído sobre as bases da ditadura do partido".

[351] De acordo com Rudolf Schlesinger ("Soviet Theories of International Law", *Soviet Studies*, vol. 4, n. 3, 1953, pp. 334 e ss.), Korovin rejeitou expressamente a hipótese do primado do Direito Internacional sobre o Nacional em uma publicação posterior. Ele recepcionou a tese de Vichinski de que políticas internas e tendências de um Estado condicionam necessariamente seu comportamento na arena internacional, mas acrescentou que isso implica que a conduta de um Estado é condicionada "em outras palavras, primeiro e acima de tudo, por seu direito público". Schlesinger relata que alguns críticos soviéticos de Korovin concordam com sua rejeição do primado do Direito Internacional sobre o Nacional, mas com uma objeção: a ideia de que a

CAPÍTULO IX - A TEORIA SOVIÉTICA DO DIREITO INTERNACIONAL

Direito Nacional sobre o Direito Internacional implica que não pode haver um Direito Internacional unitário, válido – como um ordenamento jurídico único – para todos os Estados do mundo, um Direito Internacional "geral" no sentido de um Direito Mundial. Se o Direito Internacional é válido apenas como parte do Direito Nacional, há tantos Direitos internacionais quanto Direitos nacionais; e então o Estado soviético tem – como qualquer outro Estado – seu próprio Direito Internacional que regula suas relações com outros Estados. Essa é a construção pluralista do Direito Internacional decorrente da doutrina da soberania aceita por Korovin, bem como por vários teóricos burgueses. Ela responde exclusivamente à questão da razão da validade do Direito Internacional, a qual – segundo essa visão – é a "vontade" do Estado para o qual esse direito afirma ser válido.

A doutrina política da soberania

Uma vez que a doutrina da soberania expressa somente a visão de que o Estado – ou, o que dá no mesmo, a ordem jurídica que constitui o Estado – é pressuposto como a autoridade jurídica suprema, ela tem um caráter teórico, e não político. Mas Korovin usa a doutrina da soberania também como um princípio puramente político, isto é, como o postulado de que o poder jurídico do Estado não deveria ser restringido. Ele é contra o estabelecimento de um Estado mundial por considerá-lo algo "totalmente fora da realidade"[352], porque isso implicaria a abolição da soberania dos Estados. Mas ele acrescenta: a soberania não deveria ser identificada com nacionalismo ou imperialismo, ao menos quando se considera a soberania da União Soviética, que por sua própria natureza não é nem nacionalista nem imperialista; sua "natureza social

---

conduta do Estado na arena internacional é condicionada por seu direito Público era um retorno à interpretação hegeliana do Direito Internacional como Direito Público externo. Mas essa interpretação do Direito Internacional é a consequência inevitável da hipótese do primado do Direito Nacional sobre o Internacional, aceita por Korovin bem como por seus críticos.

[352] KOROVIN, Eugene A. "The Second World War and International Law", *The American Journal of International Law*, vol. 40, n. 4, pp. 742-755, 1946. p. 747.

HANS KELSEN

exclui completamente mesmo a possibilidade de tal transformação".[353] O professor Korovin não pode ser tão ingênuo a ponto de acreditar que alguém que não esteja submetido à disciplina do partido comunista considerará o controle efetivo estabelecido pelo governo soviético sobre Tchecoslováquia, Hungria, Polônia e outros Estados soberanos seja resultado de uma política que não tem nada a ver com imperialismo ou nacionalismo. Embora Korovin insista na defesa da soberania dos Estados, ele admite que sob certas circunstâncias restrições à soberania são justificáveis. Ele diz: "para que a soberania possa ser preservada e consolidada, como um fator de progresso universal, torna-se necessário limitar temporariamente em um grau considerável a soberania..."[354] – da Tchecoslováquia, Hungria e outros satélites da URSS? De modo algum! Nenhum autor soviético admitiria que a soberania desses Estados é limitada. É a soberania da Alemanha e do Japão, os Estados derrotados na Segunda Guerra Mundial, aos quais Korovin se refere como "as nações mais agressivas". Somente Estados "amantes da paz" deveriam ter o privilégio da soberania ilimitada: um princípio altamente problemático, já que não há uma autoridade imparcial competente para decidir a questão de qual Estado é amante da paz e qual é agressivo. E nenhuma autoridade desse tipo poderá ser estabelecida enquanto a doutrina soviética da soberania for mantida.

A teoria das fontes do Direito Internacional de Korovin

Como apontado, a visão de que o Direito Nacional tem o primado sobre o Direito Internacional, baseada na pressuposição de que o Direito Nacional é a autoridade jurídica suprema, refere-se apenas à razão da validade do Direito Internacional. Nada se depreende dela quanto ao conteúdo do Direito Internacional, mesmo que esse Direito seja considerado válido apenas como parte de um Direito Nacional. Em particular, não é possível concluir do primado do Direto Nacional sobre

---

[353] KOROVIN, Eugene A. "The Second World War and International Law", *The American Journal of International Law*, vol. 40, n. 4, pp. 742-755, 1946, p. 747.

[354] KOROVIN, Eugene A. "The Second World War and International Law", *The American Journal of International Law*, vol. 40, n. 4, pp. 742-755, 1946. p. 744.

CAPÍTULO IX - A TEORIA SOVIÉTICA DO DIREITO INTERNACIONAL

o Internacional que o conteúdo do Direito Internacional de um Estado possa ser diferente do de outro Estado. Pois, de acordo com essa hipótese, a validade do Direito Internacional é baseada em seu reconhecimento pelo Estado em questão; e o reconhecimento do Direito Internacional implica necessariamente o reconhecimento das regras do Direito Internacional que determinam as fontes do Direito Internacional, isto é, os procedimentos pelos quais o Direito Internacional é criado: costumes e tratados. Isso significa que ao reconhecer o Direito Internacional um Estado o reconhece tal qual ele existe, conforme criado pelos costumes e tratados, e que ele será modificado apenas por meio de costumes e tratados. Korovin admite expressamente que os costumes e tratados são as fontes do Direito Internacional.[355] Mas ele sustenta que a relação existente de acordo com o Direito Internacional socialista entre as duas fontes é diferente daquela existente de acordo com o Direito Internacional burguês. Ele pensa que de acordo com este, o costume é uma fonte primária e os tratados apenas uma fonte secundária. O Direito Internacional consuetudinário só pode ser "fixado", *i.e.*, codificado, por tratados (como, *e.g.*, o Direito da guerra ou o Direito relativo ao intercurso diplomático), por isso de acordo com o Direito Internacional socialista, os tratados são a fonte primária e os costumes a fonte secundária – ou, como ele coloca, "subsidiária" ou "auxiliar". A primeira dessas afirmações certamente não está correta. O Direito Internacional geral criado pelo costume não pode ser apenas codificado, mas também complementado e mesmo modificado pelos tratados, dado que ele não tem o caráter de *jus cogens*; e não pode haver dúvida de que muitas normas do Direito Internacional geral criadas por costume têm apenas o caráter de *jus dispositivum*. A afirmação de que de acordo com o Direito Internacional socialista o costume é apenas uma fonte secundária não é clara e Korovin não a explica. Além disso, sua doutrina da relação entre costumes e tratados não foi aceita por outros autores soviéticos, especialmente por Pachukanis, que reconheceu sem reservas as duas fontes como igualmente importantes. A tentativa de Korovin de minimizar a importância dos costumes como uma fonte do Direito Internacional

---

[355] Cf. MAKAROV, A. N. "Die Voelkerrechtswissenschaft in Sowjetrussland", *Zeltschnft fuer auslaendzsches oeffentliches Recht und Voelkerrecht,* vol. 6, 1936, p. 489.

HANS KELSEN

pode ser explicada pelo fato de que os costumes como fatos criadores do direito não são necessariamente constituídos pelo comportamento habitual ou pela prática de todos os Estados membros da comunidade internacional, de modo que um Estado pode estar obrigado por uma norma de Direito Internacional criada por um costume em cujo estabelecimento esse Estado não participou. Portanto, a força obrigatória do Direito consuetudinário pode entrar em conflito com a soberania do Estado como concebida pela teoria soviética. O tratamento do Direito Internacional consuetudinário por Korovin pode ser explicado também pelo fato de que o Direito Internacional geral existente é em sua íntegra Direito consuetudinário, e que ele considera o chamado Direito Internacional geral como idêntico ao Direito Internacional do "Ocidente burguês"[356], e diferente em termos de conteúdo, não apenas do Direito Internacional socialista, isto é, do Estado soviético, mas também do Direito Internacional americano e do Direito Internacional que regula as relações entre os Estados capitalistas e suas colônias e territórios semicoloniais. Mas se há diferenças entre um Direito Internacional europeu e um americano, elas são diferenças entre um Direito Internacional particular constituído pelos tratados celebrados ou pelos costumes estabelecidos pelos Estados europeus em seu intercurso mútuo, por um lado, e o Direito Internacional particular criado da mesma maneira pelos Estados americanos em suas relações mútuas. Tanto o Direito Internacional particular europeu quanto o americano – se eles existirem – são baseados em um Direito Internacional geral que, quanto a seu conteúdo, é comum aos Estados europeus e americanos. É com base nas normas desse Direito Internacional geral, que institui costumes e tratados como procedimentos de criação de Direito Internacional, que o Direito europeu e americano – cada qual um Direito Internacional particular –

---

[356] KOROVIN, Eugene A. "The International Law of the Transition Period", p. 7. N. N. Alexeyev e Leo Zaitzeff ("Sowjetstaat und Voelkerrecht", *Zeitschrift f. Voelkerrecht*, vol. 16, 1932,) observam em relação a essa doutrina de Korovin: "Trata-se da tendência do período revolucionário [da União Soviética] de emancipar o Direito Internacional tanto quanto possível das noções tradicionais da teoria burguesa e de construí-lo sobre novos princípios estabelecidos por tratados. Examinamos as relações internacionais do Estado soviético e pensamos poder afirmar que o Direito Internacional soviético permanece sob a influência de noções tradicionais" (p. 211).

CAPÍTULO IX - A TEORIA SOVIÉTICA DO DIREITO INTERNACIONAL

passam a existir, caso existam; isto é, se é possível distinguir certo tipo de normas jurídicas internacionais válidas apenas para os Estados europeus de outro tipo de normas jurídicas internacionais válidas apenas para os Estados americanos. O fato – se é que é um fato – de que existem diferentes sistemas de Direito Internacional, válidos apenas para certas regiões ou certos grupos de Estados, não é apenas compatível com a existência de um Direito Internacional geral válido para todos os Estados, mas baseado nele, independentemente de considerarmos que a razão para sua validade é a norma básica de uma ordem jurídica nacional ou internacional.

Quanto ao Direito que regula as relações entre os Estados capitalistas e seus territórios coloniais e semicoloniais, ele é em grande medida não um Direito Internacional, mas nacional; e na medida em que é Direito Internacional – no caso de protetorados e mandatos – ele é estabelecido por tratados e tem apenas um caráter particular. O fato de que o Estado soviético não celebrará tais tratados não constitui uma diferença entre um Direito Internacional burguês e um socialista, mas apenas uma diferença entre a política internacional de países capitalistas e a política internacional do Estado soviético. Além disso, a base jurídica para o sistema de mandato é a Convenção da Liga das Nações, à qual o Estado soviético aderiu; e o sistema de tutela, que não é muito diferente do sistema de mandato, é parte da Carta das Nações Unidas, da qual o Estado soviético é uma das partes contratantes originais.

A teoria dos sujeitos de Direito Internacional de Korovin

É fácil mostrar que as diferenças que, segundo Korovin, existem entre o Direito Internacional capitalista e o socialista de modo algum são diferenças entre duas ordens jurídicas internacionais. Korovin menciona, em primeiro lugar, uma diferença relativa aos sujeitos de Direito Internacional. Ele não nega que os Estados são os sujeitos do Direito Internacional socialista, assim como do capitalista; mas ele rejeita a visão tradicional de que os Estados são os únicos sujeitos de Direito Internacional. Ele defende – em conformidade com a doutrina que prevalece entre os autores burgueses – que não apenas Estados, mas também organizações

223

HANS KELSEN

internacionais de Estados são sujeitos de Direito Internacional. Ele afirma também que certas associações filantrópicas, especialmente as chamadas associações "internacionais" de trabalhadores, e sobretudo a chamada Internacional Comunista, devem ser consideradas sujeitos de Direito Internacional. Mas não há dúvida de que somente associações de Estados constituídas por acordos internacionais podem ser sujeitos de Direito Internacional, uma vez que está em questão o Direito Internacional positivo e não os desejos de Korovin.

As supostas diferenças entre Direito Internacional capitalista e socialista

Quanto ao Estado como sujeito de Direito Internacional, Korovin enfatiza que de acordo com a doutrina marxista o Estado é apenas a dominação de uma classe sobre outra, e não, como os teóricos burgueses pretendem, uma personalidade, que implica a ficção de uma unidade que, na realidade, não existe. Portanto, ele define o Direito Internacional como um conjunto de normas jurídicas que determinam direitos e deveres das classes governantes como corpos coletivos que participam do intercurso internacional.[357]

As diferentes doutrinas relativas à natureza do Estado são completamente irrelevantes do ponto de vista do Direito Internacional. Se eles são sujeitos de direitos e deveres estipulados pelo Direito Internacional, esses sujeitos são "pessoas", uma vez que "pessoa" significa somente sujeito de direitos e deveres; e o conceito de pessoa é sempre o resultado de uma personificação. Se os direitos e deveres do Estado estipulados pelo Direito Internacional são interpretados como direitos e deveres da

---

[357] Essa definição consta da primeira edição russa (cf. MAKAROV, A. N. "Die Voelkerrechtswissenschaft in Sowjetrussland", *Zeltschnft fuer auslaendzsches oeffentliches Recht und Voelkerrecht,* vol. 6, 1936, p. 483). Na tradução alemã da segunda edição russa a definição do Estado como dominação de uma classe sobre outra é mantida e a doutrina da personalidade do Estado é rejeitada; mas o capítulo sobre os sujeitos de Direito Internacional conclui com a afirmação: "no interior do Direito Internacional do primeiro quarto do século XX, a esfera relativamente mais ampla da atividade jurídica pertence – até segunda ordem – ao Estado soberano" (p. 33).

CAPÍTULO IX - A TEORIA SOVIÉTICA DO DIREITO INTERNACIONAL

classe governante ou direitos e deveres de todo o povo concebido como uma unidade, isso não tem consequências quanto ao conteúdo desses direitos e deveres. Esses direitos são exercidos e esses deveres são cumpridos pelos órgãos do Estado; e se esses órgãos são considerados órgãos da classe dominante ou órgãos de todo o povo não faz diferença do ponto de vista do Direito Internacional. Uma vez que Korovin não nega que os Estados são sujeitos de Direito Internacional, ele lida com os Estados como pessoas jurídicas, independentemente de qual possa ser sua doutrina sobre a natureza do Estado. É verdade que ele tenta deduzir da doutrina marxista do Estado certas consequências relativas ao conteúdo do Direito Internacional socialista, em oposição àquele do Direito Internacional burguês. Ele argumenta que se o Estado for identificado com a classe dominante, a Rússia soviética, que é idêntica à classe proletária, não está obrigada a pagar as dívidas contraídas pela Rússia sob o governo de sua burguesia.[358] Contudo, a resposta à questão de se a Rússia soviética tem de quitar os débitos contraídos pela Rússia czarista depende apenas da resposta à questão de se a Rússia soviética é, do ponto de vista do Direito Internacional, o mesmo Estado que a Rússia czarista, ou, formulando de maneira mais exata, se uma mudança da classe dominante realizada por uma mudança revolucionária de governo tem, de acordo com o Direito Internacional, o efeito jurídico de anular as obrigações internacionais estabelecidas pelo Estado governado pela classe derrubada pela revolução. Não há dúvida de que, de acordo com o Direito Internacional existente, a resposta a esta pergunta é negativa; e essa resposta permanece mesmo se considerarmos que o Estado é idêntico a sua classe dominante. Se essa visão implica que no caso de tal mudança um novo Estado passou a existir, então, de acordo com o Direito Internacional, o novo Estado é obrigado a pagar as dívidas contraídas pelo Estado antigo. Mas nem Korovin nem qualquer outro autor soviético nega que é a Rússia, a mesma Rússia que estava sob o domínio da burguesia russa antes da revolução bolchevique e que depois passou a estar sob a domínio do proletariado russo, o local no qual a mudança da classe dominante ocorreu. A doutrina marxista do caráter de classe

---

[358] KOROVIN, E. A. *Das Völkerrecht der Übergangszeit*: Grundlagen der völkerrechtlichen Beziehungen der Union der Sowjetrepubliken. Berlin: Franz Steiner Verlag, 1929, p. 28.

do Estado não pode ser usada para justificar a anulação das dívidas da Rússia czarista pelo governo da Rússia soviética. O próprio Korovin tenta justificar essa anulação também de outra maneira, a saber, pela *clausula rebus sic stantibus*.[359] Ele diz que de acordo com o Direito Internacional socialista a cláusula é aplicável exclusivamente em caso de uma ordem jurídica ser substituída por outra, que seja em princípio totalmente diferente da anterior. Uma mudança revolucionária em toda a estrutura econômica e política do Estado constitui tal mudança de circunstâncias que, de acordo com o Direito Internacional, permitiria ao Estado em questão anular por um ato unilateral obrigações aceitas por ele antes dessa mudança. Consequentemente, o Estado soviético não está obrigado a pagar os juros dos empréstimos tomados pelo governo czarista com o propósito de reprimir a revolução.[360] Isso significa que a *clausula rebus sic stantibus* é parte do Direito Internacional socialista, assim como é parte do Direito Internacional burguês de acordo com a doutrina advogada por muitos autores burgueses; se há alguma diferença, é apenas sua interpretação pelos teóricos soviéticos, que difere daquela dos autores burgueses. Mas há diferenças na interpretação da *clausula* também entre autores burgueses, e há ainda autores burgueses que negam que a *clausula* seja parte do Direito Internacional positivo.

Outras diferenças que supostamente existem entre o Direito Internacional socialista e o burguês dizem respeito ao princípio da igualdade jurídica dos Estados. Korovin admite que esse princípio era originalmente um dogma[361] inabalável da teoria do Direito Internacional, mas ele sustenta que a "realidade internacional" – que só pode significar a prática dos Estados – tem cada vez mais se desviado dele. Ele se refere a certos tratados pelos quais a preponderância política das grandes potências sobre as

---

[359] KOROVIN, E. A. *Das Völkerrecht der Übergangszeit*: Grundlagen der völkerrechtlichen Beziehungen der Union der Sowjetrepubliken. Berlin: Franz Steiner Verlag, 1929, p. 111.

[360] KOROVIN, E. A. *Das Völkerrecht der Übergangszeit*: Grundlagen der völkerrechtlichen Beziehungen der Union der Sowjetrepubliken. Berlin: Franz Steiner Verlag, 1929, p. 111.

[361] KOROVIN, E. A. *Das Völkerrecht der Übergangszeit*: Grundlagen der völkerrechtlichen Beziehungen der Union der Sowjetrepubliken. Berlin: Franz Steiner Verlag, 1929, p. 43.

CAPÍTULO IX - A TEORIA SOVIÉTICA DO DIREITO INTERNACIONAL

pequenas potências está assegurada, e afirma que a prática da Rússia soviética – em oposição à dos Estados capitalistas – é de protagonismo em relação ao princípio da igualdade.[362] Consequentemente, o governo soviético rejeita a solução dos problemas internacionais por maioria de votos dos Estados envolvidos;[363] ela insiste no princípio da unanimidade, recusando-se a permitir a solução das disputas por decisão da maioria em um tribunal internacional.[364] Isso significa que o governo soviético não celebrará tratados com o propósito de tornar Estados politicamente dependentes da União Soviética, ou tratados concedendo a uma agência internacional o poder de tomar por maioria de votos decisões obrigatórias a todos os países contratantes. Mas tudo isso não constitui uma diferença entre um Direito Internacional socialista e um burguês, mas apenas uma diferença entre duas políticas, ambas baseadas num único e mesmo Direito Internacional. E é difícil afirmar que haja diferenças essenciais entre a política do governo soviético e aquelas dos governos de Estados capitalistas tendo em vista os tratados que a União Soviética celebrou recentemente com Tchecoslováquia, Bulgária, Hungria e outros Estados menores; e por último, mas não menos importante, tendo em vista a Carta das Nações Unidas, que confere às cinco grandes potências o direito de veto, o exemplo típico de um tratado que estabelece desigualdades na relação entre grandes e pequenas potências.

Quanto à questão da intervenção, muito controversa na teoria do Direito Internacional burguesa, Korovin – como muitos autores burgueses – não a exclui sem reservas. Ele rejeita apenas a intervenção de um Estado com o propósito de reprimir uma revolução socialista no interior de outro Estado;[365] o que também pode ser rejeitado por uma interpretação burguesa do Direito Internacional.

---

[362] KOROVIN, E. A. *Das Völkerrecht der Übergangszeit*: Grundlagen der völkerrechtlichen Beziehungen der Union der Sowjetrepubliken. Berlin: Franz Steiner Verlag, 1929, p. 44.

[363] KOROVIN, E. A. *Das Völkerrecht der Übergangszeit*: Grundlagen der völkerrechtlichen Beziehungen der Union der Sowjetrepubliken. Berlin: Franz Steiner Verlag, 1929, p. 46.

[364] KOROVIN, E. A. *Das Völkerrecht der Übergangszeit*: Grundlagen der völkerrechtlichen Beziehungen der Union der Sowjetrepubliken. Berlin: Franz Steiner Verlag, 1929, pp. 46 e ss.

[365] KOROVIN, E. A. *Das Völkerrecht der Übergangszeit*: Grundlagen der völkerrechtlichen Beziehungen der Union der Sowjetrepubliken. Berlin: Franz Steiner Verlag, 1929, p. 52.

HANS KELSEN

Quanto ao Direito de guerra no sentido de um *jus ad bellum*, Korovin declara que a única guerra que um Estado socialista travará é uma guerra com o propósito de defender sua existência como uma classe dominante ("autodefesa de classe"). Uma vez que de acordo com essa teoria o Estado é por sua própria natureza um Estado de classe, a afirmação de Korovin significa apenas que de acordo com o Direito Internacional socialista a única guerra justificável é a guerra de autodefesa, que é uma doutrina advogada por muitos autores burgueses que interpretam o Direito Internacional burguês.

O resultado de uma análise objetiva da teoria de Korovin de um Direito Internacional socialista válido junto com um Direito Internacional capitalista (ou diversos Direitos Internacionais capitalistas), da suposição de dois (ou vários) sistemas jurídicos com diferentes conteúdos, mostra que o que Korovin apresenta como sistemas jurídicos diferentes é ou uma diferença na política internacional, levada a cabo por tratados que têm o caráter de Direito Internacional particular, baseados em um único e mesmo Direito Internacional geral; ou uma diferença na interpretação desse Direito. Diferenças na interpretação de uma única e mesma ordem jurídica são inevitáveis, e devem ser distinguidas da diferença que é o efeito de duas ordens jurídicas diferentes; embora se possa admitir que essa distinção constitui apenas uma distinção relativa, e não absoluta nos dois casos.

A nova doutrina de Korovin: o Direito Internacional imperialista do passado e o Direito Internacional democrático do futuro

A teoria de Korovin de um Direito Internacional especial socialista, válido paralelamente ao Direito Internacional burguês e em particular sua doutrina sobre os sujeitos do Direito Internacional foi rejeitada por outros teóricos soviéticos[366]; é claro que não por razões científicas, mas políticas.

---

[366] Especialmente por Pachukanis em seu *Manual de Direito Internacional* (1935). Uma excelente análise crítica desse trabalho é dada por Joseph Florin ("La Théorie bolchéviste du Droit international public". *Revue Internationale de la Théorie du Droit*, vol. 12, pp. 97-115, 1938). Cf. Também CALVEZ, Jean-Ives. *Droit international et Souveraineté*

CAPÍTULO IX - A TEORIA SOVIÉTICA DO DIREITO INTERNACIONAL

Assim que o governo soviético ficou ciente de que poderia usar o Direito Internacional existente em seu próprio interesse e que era muito importante obter reconhecimento de outros governos como o governo de um Estado em sua capacidade como sujeito de Direito Internacional, ele não poderia permitir uma doutrina que negasse a existência de tal Direito como comum a todos os Estados. Era bastante evidente que o Direito Internacional, ao impor aos Estados a obrigação de respeitarem mutuamente sua integridade territorial e independência política e ao proibi-los de intervir nos assuntos domésticos de outros países, protege seus sujeitos e consequentemente também o Estado soviético. Em uma carta à revista *Sovetskoe gosudarstvo* de 5 de maio de 1935[367], Korovin condenou como "ultraesquerdista" sua "tentativa de construir um Direito Internacional socialista especial do período de transição" e confessou que tinha "subestimado a importância das formas jurídicas e especialmente do Estado como o único sujeito do Direito Internacional ao substituir a classe e o partido pelo Estado".

No artigo citado acima, "A Segunda Guerra Mundial e o Direito Internacional", publicado em 1846, Korovin define o Direito Internacional – referindo-se a uma ordem jurídica obrigatória a todos os Estados do mundo (*i.e.,* a um Direito Internacional geral) – "como a soma total das normas jurídicas que garantem a proteção internacional do mínimo democrático".[368] Mas ele restringe essa definição do Direito Internacional "à história futura". Parece que o Direito Internacional válido no passado é, segundo essa visão, essencialmente diferente, uma vez que ele não garantia a proteção internacional do mínimo democrático. Assim, Korovin advoga novamente uma doutrina de dois Direitos Internacionais, mas agora eles não são válidos ao mesmo tempo, mas um após o outro. Ele admite que a diferença entre os dois Direitos Internacionais, o democrático e o não democrático, não é absoluta mas relativa. Ele afirma: "Isso, é claro,

---

en U.R.S.S.: l'évolution de l'idéologie juridique soviétique depuis la Révolution d'Octobre. Paris: Librairie Armand Colin, 1953, pp. 98 e ss.

[367] Uma tradução dessa carta ao alemão foi publicada em MAKAROV, A. N. "Die Voelkerrechtswissenschaft in Sowjetrussland", *Zeltschnft fuer auslaendzsches oeffentliches Recht und Voelkerrecht,* vol. 6, 1936, p. 486.

[368] KOROVIN, Eugene A. "The Second World War and International Law". *The American Journal of International Law,* vol. 40, n. 4, pp. 742-755, 1946, p. 743.

HANS KELSEN

não exclui a existência no Direito Internacional contemporâneo" – como um período de transição? – "de tendências antidemocráticas, reminiscências e formas, começando com as imperialistas e terminando com as feudais. É inquestionável, contudo, que o processo de superação delas, a luta por sua abolição e a afirmação dos princípios da democracia nas relações internacionais constitui um objetivo imediato que une todos os elementos progressistas da humanidade contemporânea". De acordo com essa visão de Korovin, há uma evolução do Direito Internacional geral de um estágio não democrático, *i.e.*, imperialista e feudal, a um estágio democrático. Mas o que ele quer dizer com democracia garantida no interior da comunidade internacional de Estados pelo Direito Internacional geral? Uma vez que a democracia é uma forma de governo e a comunidade internacional dos Estados não tem governo, dificilmente há alguma possibilidade de um Direito Internacional democrático ou antidemocrático. Além disso, quanto à forma dos governos dos Estados, os membros da comunidade internacional, o Direito Internacional geral do passado bem como o do presente é estritamente indiferente. Ele deixa a determinação da forma de governo ao Direito Nacional e não distingue entre Estados democráticos e antidemocráticos do ponto de vista de suas obrigações, responsabilidades e direitos. Korovin não explica o que quer dizer com democracia. Ele diz apenas o que ela não significa:

> [a]ssim, os princípios de uma democracia nova e mais ampla, que vá além das formas parlamentares e das cédulas eleitorais e que expresse diretamente a vontade e o ardor heroico das massas populares também estão adentrando a arena internacional.[369]

A "democracia" mencionada nessa passagem é na verdade a forma de governo do Estado. Como os princípios de tal democracia que expressam a vontade das massas populares podem adentrar a arena internacional na qual os governos, e não as massas populares, são os agentes ativos, é difícil de compreender. É evidentemente falso que o novo Direito Internacional protege apenas os Estados democráticos e nega proteção aos Estados não

---

[369] KOROVIN, Eugene A. "The Second World War and International Law". *The American Journal of International Law*, vol. 40, n. 4, pp. 742-755, 1946, p. 745.

CAPÍTULO IX - A TEORIA SOVIÉTICA DO DIREITO INTERNACIONAL

democráticos; e não há a menor tendência de tal desenvolvimento no interior do Direito Internacional. Mais tarde Korovin diz:

> [a] democracia genuína e o nivelamento jurídico não têm nada em comum, e a organização das relações internacionais sobre princípios formais e niveladores seria uma flagrante violação à igualdade mais elementar...[370]

Aqui parece que Korovin compreende como democracia o princípio da igualdade e como democracia no Direito Internacional o princípio da igualdade entre os Estados. Se for assim, então não há diferença entre o Direito Internacional do passado e o do presente e futuro, uma vez que esse sempre foi um princípio do Direito Internacional. É especialmente em relação às Nações Unidas que Korovin define o Direito Internacional do futuro como um Direito que garante um mínimo democrático. Referindo-se à Declaração de Teerã ele diz:

> [a]s Nações Unidas resolveram não apenas varrer da face da terra o nazismo e o fascismo junto com sua teoria e prática de bandidos, mas também estabelecer uma "família mundial dos países democráticos" baseada em princípios democráticos de política externa...[371]

Agora está claro que a democracia que Korovin tem em mente não é – como ele sustenta – um princípio de Direito Internacional, mas um princípio de política externa de certos Estados, que não tem nada a ver com o princípio da igualdade. Aqui, novamente, enfrentamos a confusão entre Direito e política tão característica da teoria do Direito soviética. Mas Korovin refere-se também à Carta das Nações Unidas[372] como um exemplo de Direito Internacional democrático. A Carta, contudo, é apenas

---

[370] KOROVIN, Eugene A. "The Second World War and International Law". *The American Journal of International Law*, vol. 40, n. 4, pp. 742-755, 1946. p. 746.

[371] KOROVIN, Eugene A. "The Second World War and International Law". *The American Journal of International Law*, vol. 40, n. 4, pp. 742-755, 1946. p. 743.

[372] KOROVIN, Eugene A. "The Second World War and International Law". *The American Journal of International Law*, vol. 40, n. 4, pp. 742-755, 1946, p. 746.

HANS KELSEN

Direito público particular, e não geral, uma vez que é um tratado do qual nem todos os Estados participam. Sua pretensão de ser aplicável a Estados não membros é altamente problemática e dificilmente será reconhecida por autores soviéticos, que insistem na soberania como uma característica essencial do Estado. A Carta – diferentemente da Declaração de Teerã – não constitui uma família mundial de Estados democráticos. Entre seus princípios não há nenhum que dê preferência a uma forma definida de governo, e nenhuma forma definida de governo, especialmente não uma forma democrática de governo, é condição para admissão nas Nações Unidas. Na verdade, há entre os países membros dessa organização Estados que não podem ser considerados democráticos sob nenhum ponto de vista. Além disso, a Carta reconhece o princípio da soberania igualmente a todos os Estados, isto é, apenas aquele "princípio formal e nivelador" ao qual Korovin opõe a democracia "genuína". É de acordo com esse princípio de igualdade formal que as normas que obrigam um Estado só podem ser criadas com seu consentimento – e isso significa por tratado –, que a Carta, como um tratado, confere, com o consentimento de todas as partes contratantes, certos privilégios às cinco grandes potências e estabelece assim uma desigualdade material entre os membros da comunidade constituída por ela. Mas – por mais estranho que pareça – é exatamente essa desigualdade que Korovin elogia como verdadeira igualdade. Ele diz:

> ... reconhecer que estas [as cinco grandes potências] têm direitos internacionais especiais não apenas não mina o princípio da igualdade nas relações internacionais mas pela primeira vez dá a esse princípio um fundamento jurídico estável.[373]

Mas apenas algumas linhas antes, ele tinha afirmado que: "Não há nada de novo em as grandes potências ocuparem uma posição privilegiada".[374] Então, onde está a mudança fundamental no

---

[373] KOROVIN, Eugene A. "The Second World War and International Law". *The American Journal of International Law*, vol. 40, n. 4, pp. 742-755, 1946, p. 747.

[374] KOROVIN, Eugene A. "The Second World War and International Law". *The American Journal of International Law*, vol. 40, n. 4, pp. 742-755, 1946, p. 746.

CAPÍTULO IX - A TEORIA SOVIÉTICA DO DIREITO INTERNACIONAL

desenvolvimento do Direito Internacional geral de um Direito não democrático, ou melhor, antidemocrático, para um democrático? Se o Direito Internacional geral, obrigatório tanto aos Estados socialistas quanto aos capitalistas, é um Direito democrático no sentido como a democracia é compreendida na teoria soviética, como esse Direito Internacional pode ser algo similar a um Direito de classe? A nova teoria de Korovin do Direito Internacional moderno como Direito democrático, em oposição ao Direito Internacional antidemocrático anterior, é tão insustentável quando o era a antiga teoria do Direito Internacional como Direito socialista em oposição a um Direito Internacional capitalista.[375]

---

[375] A distinção de Korovin entre um Direito imperialista e um democrático está mais ou menos em conformidade com uma doutrina que – em oposição a sua teoria original de um Direito Internacional capitalista e um socialista – reconhece apenas um Direito Internacional válido para todos os países, socialistas e capitalistas, mas insiste na existência de duas linhas diferentes no interior desse Direito: uma linha democrático-pacifista, progressista, seguida pelo Estado socialista soviético, e uma linha imperialista, reacionária, seguida pelos Estados capitalistas. Cf. SCHLESINGER, Rudolf. *Soviet Legal theory*: its social background and development. 2. ed. London: Routledge & Kegan Paul Ltd., 1951, pp. 281 e ss. Se essas duas linhas realmente existem – o que é mais que duvidoso – elas não são duas linhas de Direito Internacional, mas dois tipos diferentes de política externa.

Há, em especial, dois problemas que poderiam dar origem a uma visão de duas linhas no Direito Internacional, uma democrático-socialista e uma imperialista-capitalista: o reconhecimento de uma comunidade como um Estado ou um corpo de indivíduos como governo de um Estado, e a compensação dos estrangeiros em caso de expropriação ou confisco da propriedade privada em um Estado socialista. Como no caso do primeiro problema, a questão do caráter constitutivo ou meramente declaratório do reconhecimento é de grande importância. Tendo em vista que os Estados capitalistas relutaram em reconhecer o governo soviético, é bastante incompreensível que juristas soviéticos insistam em um caráter meramente declaratório do reconhecimento, e denunciem a doutrina segundo a qual o reconhecimento tem um caráter constitutivo como uma ideologia imperialista usada pelos Estados capitalistas com o propósito de justificar a intervenção em assuntos domésticos de povos estrangeiros. (Cf. MAKAROV, A. N. "Die Voelkerrechtswissenschaft in Sowjetrussland". *Zeltschnft fuer auslaendzsches oeffentliches Recht und Voelkerrecht*, vol. 6, 1936, p. 491). Dificilmente se poderia considerar que a ideia de que o reconhecimento é constitutivo como uma doutrina especificamente capitalista ou imperialista, uma vez que a visão oposta é defendida por muitos teóricos burgueses, e provavelmente pela mesma razão política que determina a atitude dos autores soviéticos: a ideia da soberania do Estado cuja existência jurídica, ou cuja existência jurídica do governo, esteja em questão. Se o Estado é soberano, sua

HANS KELSEN

O retorno de Korovin ao conceito de Estado como pessoa jurídica; sua distinção entre o conceito sócio-histórico e o conceito jurídico de Estado

Uma das doutrinas de Korovin rejeitadas com maior ênfase foi a sua negação da personalidade jurídica do Estado, cujo conceito ele declarou ser incompatível com a essência do Estado como dominação de uma classe sobre outra.[376] É bastante compreensível que o governo Soviético, interessado em seu prestígio político em assuntos internacionais, não esteja satisfeito com a teoria segundo a qual ele não representa o Estado soviético como uma unidade, mas representa somente uma das duas classes existentes no interior desse Estado ou o partido político como o líder dessa classe. Portanto, Korovin foi forçado a abandonar sua doutrina. Em uma resenha do livro *A União Soviética e o Direito Internacional*[377] de Teracouzio, ele

---

existência jurídica ou a existência jurídica de seu governo não pode depender do ato de outro Estado. Mas torna-se evidente quão falacioso é esse argumento pelo fato de que se não partirmos da soberania do Estado reconhecido mas da soberania do Estado que reconhece, o caráter constitutivo do reconhecimento sobressai.

A questão de se um Estado que com base no Direito Nacional nacionalize a propriedade privada – ou certo tipo de propriedade privada, a propriedade dos meios de produção – situada no interior de seu território é obrigado pelo Direito Internacional a compensar os cidadãos de outro Estado, é uma questão de interpretação do Direito Internacional. Há um princípio desse Direito geralmente reconhecido segundo o qual cada Estado tem o direito de formar sua organização política e econômica sem qualquer interferência por parte dos outros Estados. É o princípio da autonomia constitucional, garantido pelo Direito Internacional. Se e em que medida esse princípio é restringido por normas de Direito Internacional geral relativas ao tratamento de estrangeiros, é uma questão que pode ser respondida de diferentes maneiras e, na verdade, é controversa entre autores de Direito Internacional, mesmo entre aqueles considerados "burgueses". É verdade que há certa tendência ao estabelecimento de um Direito Internacional que imponha a um Estado socialista a obrigação de compensar cidadãos de outro Estado por perdas sofridas em decorrência das leis de nacionalização. Mas seria difícil defender que tal regra já está firmemente estabelecida; e uma vez que os Estados socialistas se opõem a tal regra, não é muito provável que isso ocorrerá. Portanto, se há alguma diferença quanto a isso entre a visão capitalista e a socialista, é uma diferença de interpretação de um único e mesmo Direito Internacional, e não uma diferença entre dois Direitos Internacionais ou duas linhas do Direito Internacional.

[376] Para a crítica de Pachukanis, cf. FLORIN, Joseph. "La Théorie bolchéviste du Droit international public". *Revue Internationale de la Théorie du Droit*, vol. 12, pp. 97-115, 1938.

[377] KOROVIN, Eugene A. "The Soviet Union and International Law by T. A. Teracouzio". *Harvard Law Review*, vol. 49, n.8, pp. 1392-1395, jun. 1936.

CAPÍTULO IX - A TEORIA SOVIÉTICA DO DIREITO INTERNACIONAL

afirma que é equivocado apresentar a ideia de que o Estado não pode ser concebido como uma pessoa jurídica como uma doutrina soviética, porque o Estado é por sua própria natureza a dominação de uma classe sobre outra – exatamente a mesma visão que ele defendeu em sua obra anterior.[378] Agora, Korovin defende que a rejeição ao conceito de Estado como uma pessoa jurídica é o resultado da confusão inadmissível entre a concepção sócio-histórica e a concepção jurídica do Estado. A concepção sócio-histórica do Estado, diz ele, é de fato a da dominação de uma classe sobre a outra.

> Mas a classe que tomou posse do aparato de Estado é a classe que já superou a resistência de algumas classes e foi bem-sucedida em liderar as outras classes desse país: ela age não em nome do proletariado ou da burguesia, mas em nome do Estado. Portanto (...) o Estado soviético como uma concepção jurídica, como soberano, como sujeito de direito de modo algum deve ser distinguido da concepção geralmente aceita no Direito Internacional.

É bastante significativo que a distinção entre uma conceito sócio-histórico e um jurídico tenha sido feita bem antes de Korovin por um autor burguês, Georg Jellinek, em seu *Allgemeine Staatslehre*, publicado em 1900. Sua visão foi provada logicamente insustentável pela simples razão de que

---

[378] Essa visão foi rejeitada por Pachukanis em seu *Manual de Direito Internacional* como "pseudorrevolucionária". Pachukanis tenta mostrar que a doutrina de Korovin de acordo com a qual o conceito de Estado como uma pessoa jurídica é incompatível com o caráter de classe do Estado, torna impossível qualquer diferenciação entre o Estado soviético e outras organizações e leva à identificação "utraesquerdista" do Estado proletário com o partido comunista. Cf. FLORIN, Joseph. "La Théorie bolchéviste du Droit international public". *Revue Internationale de la Théorie du Droit*, vol. 12, pp. 97-115, 1938. Pachukanis, é claro, não nega o caráter de classe do Estado. Como marxista, ele tem de afirmar que o Estado é por sua própria natureza a dominação de uma classe sobre outra. Mas ele tenta mostrar que o caráter de classe do Estado não preclui sua apresentação como uma pessoa jurídica. Em suas relações internacionais o Estado aparece como uma unidade que permite a personificação. O proletariado como a classe dominante na União Soviética não apenas representa a si mesmo como classe, mas na esfera das relações internacionais ele monopoliza a representação jurídica de toda a nação. Cf. FLORIN, Joseph. "La Théorie bolchéviste du Droit international public". *Revue Internationale de la Théorie du Droit*, vol. 12, pp. 97-115, 1938.

HANS KELSEN

dois conceitos diferentes não podem definir o mesmo objeto. Se o Estado é concebido como uma pessoa jurídica, ele deve constituir uma unidade; e se essa unidade é uma unidade jurídica ela consiste no fato de que uma única e mesma ordem é válida para todos os indivíduos pertencentes a esse "Estado", apesar dos conflitos de interesses existentes de fato entre esses indivíduos. Desse ponto de vista jurídico, o Estado é essa ordem jurídica, a unidade apresentada metaforicamente como uma pessoa jurídica. Se o conceito sócio-histórico de Estado for algo diferente do jurídico, esse conceito refere-se a um objeto diferente do conceito jurídico; e se o objeto desse conceito é o Estado, o conceito sócio-histórico não pode ser uma definição do Estado, mas outra coisa, mesmo se presumirmos que os indivíduos que formam o Estado como uma unidade jurídica, na medida em que estão submetidos à mesma ordem jurídica, formam também uma unidade independentemente de sua sujeição a uma única e mesma ordem jurídica. Mas foi provado que não é possível demonstrar outro critério para essa unidade chamada Estado que não a unidade jurídica; que a unidade "sociológica" do Estado, o Estado como objeto sociológico, que é real, não uma mera unidade jurídica, é uma ficção defendida para justificar o fato de que uma única e mesma ordem jurídica é imposta aos indivíduos que, na realidade, são divididos em grupos de interesses conflitantes.[379]

Que os dois conceitos de Estado oferecidos por Korovin referem-se a dois objetos diferentes, é óbvio. A concepção "sócio-histórica" refere-se à dominação, e isso quer dizer a repressão de uma classe por outra, a luta das duas classes na qual uma usa medidas coercitivas para reprimir a outra. Na doutrina marxista essa repressão por medidas coercitivas de uma classe por outra é chamada "Estado". É algo totalmente diferente da "liderança" de uma classe sobre outra após a resistência desta ser superada e assim a luta de classes não existir mais. Pois, se tal situação existisse de fato – como Korovin sustenta – uma unidade real seria estabelecida na relação entre os dois grupos, ao passo que tal unidade não existe enquanto a luta entre as classes ainda ocorre; e de acordo

---

[379] Cf. KELSEN, Hans. Der soziologische und der iuristische Staatsbegriff: kritische untersuchung des verhältnisses von staat und recht. 2. ed. Tübingen: J.C.B. Mohr, 1928; e KELSEN, Hans. *Teoria geral do direito e do estado*. Trad. Luís Carlos Borges. 3. ed. São Paulo: Martins Fontes, 1998, pp. 181 e ss.

CAPÍTULO IX - A TEORIA SOVIÉTICA DO DIREITO INTERNACIONAL

com a doutrina marxista somente enquanto existir a luta de classes existe o fenômeno que essa doutrina chama de "Estado". Não pode haver dúvida de que a caracterização da relação entre a classe proletária e a classe burguesa na ditadura do proletariado como mera liderança, em vez de como dominação repressora em uma situação de luta de classes, está em aberta contradição com os fatos admitidos pelos autores soviéticos. Como os autores burgueses, Korovin usa uma ficção, a ficção de uma unidade real, a fim de justificar a unidade meramente jurídica expressa no conceito de Estado como uma pessoa jurídica. Ele não distingue – como pretende – uma concepção sócio-histórica e uma concepção jurídica do Estado; ele substitui a concepção "sócio-histórica" marxista por outra, do mesmo modo que a concepção sócio-histórica como uma base fictícia da concepção jurídica do Estado que prevalece na teoria burguesa do Direito Internacional.

O retorno de Korovin à doutrina de que o Estado é o único sujeito do Direito Internacional

Junto com a negação da personalidade jurídica do Estado, Korovin abandonou também sua visão relativa à existência de sujeitos de Direito Internacional além dos Estados. Ele declarou que a doutrina segundo a qual o Estado não é o único sujeito do Direito Internacional não é uma doutrina soviética, mas era "a opinião pessoal do Professor Korovin à qual ele renunciou posteriormente".[380] Contudo, em seu artigo, "A Segunda Guerra Mundial e o Direito Internacional",[381] ele diz:

> [a] guerra balançou a concepção tradicional do Estado como o único sujeito do Direito Internacional. A tremenda atividade, heroísmo e autossacrifício da classe operária e sua influência decisiva sobre o desfecho da guerra foi consolidada com o estabelecimento de associações internacionais do povo trabalhador

---

[380] KOROVIN, Eugene A. "The Soviet Union and International Law by T. A. Teracouzio". *Harvard Law Review*, vol. 49, n.8, pp. 1392-1395, jun. 1936, p. 1393.

381 KOROVIN, Eugene A. "The Second World War and International Law". *The American Journal of International Law*, vol. 40, n. 4, pp. 742-755, 1946, p. 745.

tão poderosas quanto a Federação Sindical Mundial, que conta com 65.000.000 de membros. É possível afirmar sem ofender a razão ou o senso comum, que enquanto qualquer Estado, mesmo um muito frágil que não desempenhe qualquer papel nas relações internacionais, é um sujeito de Direito Internacional, uma organização internacional com 65.000.000 de membros é uma *quantité negligeable* para o Direito Internacional? Se o Direito Internacional pretende lidar com realidades e não com ficções, ele deve admitir que a concepção do sujeito não é uma categoria absoluta existindo fora do tempo e do espaço.

As organizações do povo trabalhador às quais Korovin refere-se aqui são "internacionais" não em um sentido jurídico, mas político, uma vez que não foram estabelecidas com base no Direito Internacional, e isso significa, não por meio de um acordo internacional do qual somente Estados poderiam ser partes contratantes, mas com base no Direito Nacional. O fato de indivíduos pertencentes a diferentes Estados serem membros dessas organizações não é suficiente para conferir a ela um caráter internacional em sentido jurídico. As obrigações, direitos e responsabilidades dessas organizações são somente aqueles estipulados pelo Direito Nacional sob o qual essas associações estão estabelecidas. A afirmação de Korovin pode ser a expressão de um desejo ou postulado: não é a descrição do Direito Internacional positivo.

A teoria soviética relativa ao status dos indivíduos no Direito Nacional; a intepretação do Acordo de Londres para processar criminosos de guerra

A doutrina que afirma que os Estados são os únicos sujeitos do Direito Internacional implica a visão – que prevaleceu até recentemente também entre autores burgueses – que os indivíduos não podem ser sujeitos de Direito Internacional, que somente o Direito Nacional pode impor obrigações e responsabilidades e conferir direitos a eles; e que consequentemente, o Direito Internacional pode se tornar válido para eles somente pelo Direito Nacional. Mas quando no fim da Segunda Guerra Mundial por um acordo internacional indivíduos foram responsabilizados por

CAPÍTULO IX - A TEORIA SOVIÉTICA DO DIREITO INTERNACIONAL

violações ao Direito Internacional, tornou-se evidente que – como foi defendido muito antes por alguns autores – os indivíduos podem ser diretamente sujeitos de direitos estabelecidos por normas de Direito Internacional. Contudo, embora a União Soviética tenha sido parte contratante do Acordo de Londres de 8 de agosto de 1945, pelo qual a responsabilidade criminal individual por violações do Direito Internacional foi estabelecida, os autores soviéticos se recusam a reconhecer o fato de que indivíduos podem ser, e de fato são, não só indiretamente, isto é, em sua capacidade como órgãos de um Estado, mas também diretamente, isto é, como pessoas privadas, sujeitos de obrigações e direitos internacionais, e que se pode responsabilizar indivíduos e não só Estados perante o Direito Internacional. A fim de defender essa posição, eles interpretam o acordo internacional em questão como um ato legislativo nacional celebrado pelos governos das quatro Potências que ocuparam a Alemanha. No vigésimo nono encontro da primeira sessão da Comissão de Direito Internacional da Assembleia das Nações Unidas, em 27 de maio de 1949, o representante da União Soviética, o senhor Koretsky, declarou quanto ao Acordo de Londres e o julgamento do Tribunal Militar estabelecido por esse acordo que:

> ... não se pode afirmar que "o indivíduo está sujeito ao Direito Internacional, inclusive o Direito Internacional penal". Essa conclusão não decorre automaticamente do fato de que certos criminosos foram julgados e condenados por um tribunal internacional criado, não com base no Direito Internacional, mas porque as quatro Potências que o representavam assumiram a soberania do território do Estado de cujos criminosos eram nacionais. A ideia de que o indivíduo era sujeito de Direito Internacional não era aceita de forma geral; assim não poderia haver qualquer questão quanto a proclamá-lo como um princípio. De acordo com a grande maioria das teorias jurídicas, somente o Estado era sujeito de Direito Internacional. Não parecia possível dizer que "o Direito Internacional, inclusive o Direito Penal Internacional, tem precedência sobre a lei local". É verdade que a ideia foi expressa nas disposições do artigo 14 do projeto de declaração de direitos e deveres de Estados que a comissão acabara de provar, mas o senhor Koretsky defendeu que a precedência do Direito Internacional

239

HANS KELSEN

> sobre o Direito Nacional nunca foi reconhecida e que a Carta do Tribunal de Nuremberg não era argumento em favor desse conceito. Foi a precedência do Direito Nacional – em outras palavras, da soberania nacional – que permitiu às nações governarem a si mesmas como desejassem...[382]

É verdade que os governos das quatro Potências que ocuparam o território da Alemanha estabeleceram-se como o Governo desse território e dessa população. Mas o Acordo de Londres foi celebrado por elas não enquanto governo da Alemanha. As partes contratantes declararam expressamente no Preâmbulo do Acordo que estavam agindo "nos interesses de todas as Nações Unidas". E sobretudo: o Acordo – em conformidade com a disposição expressa do artigo 5º – contou com a adesão de muitos outros Estados. Além disso, o Acordo dispunha não apenas sobre o julgamento de criminosos de guerra alemães, mas também sobre o julgamento de criminosos de guerra europeus membros do Eixo, um propósito que certamente não poderia ser realizado por um ato legislativo nacional da Alemanha. Portanto, o caráter de Direito Internacional do Acordo de Londres não pode ser negado.

O fato de o Acordo de Londres ter caráter de Direito Internacional independe da questão de se o Direito Internacional tem "precedência sobre o Direito local", ou o Direito local tem precedência sobre o Direito Internacional. Se "precedência" significa o mesmo que "primado" ambas as visões – interpretadas corretamente – referem-se somente à razão da validade das duas ordens jurídicas, não a seu conteúdo. Portanto, o caráter de Direito Internacional do Acordo de Londres pode ser reconhecido mesmo que se rejeite a hipótese do primado ou precedência do Direito Internacional sobre o Direito Nacional (local) e se aceite o primado ou precedência do Direito Nacional (local) sobre o Direito Internacional, como faz a teoria soviética do Direito Internacional ao insistir na soberania do Estado. A declaração do representante soviético citada acima pressupõe que somente se o Direito Internacional tivesse precedência sobre o Direito Nacional um acordo internacional poderia

---

[382] UNITED NATIONS. "Summary Record of 29th Meeting". *In: Yearbook of the International Law Commission 1949.* New York: United Nations, 1949, p. 210.

CAPÍTULO IX - A TEORIA SOVIÉTICA DO DIREITO INTERNACIONAL

estabelecer responsabilidades criminais individuais; o que implica a – infelizmente muito difundida – falácia de inferir de uma dentre duas hipóteses relativas ao Direito Internacional e nacional um conteúdo possível ou real de ambas as ordens jurídicas.

A teoria soviética relativa aos direitos humanos sob o Direito Internacional

A teoria soviética é extremamente contraditória quanto ao status dos indivíduos sob o Direito Internacional. Por um lado, ela enfatiza a proteção do indivíduo e a garantia jurídica de seus direitos. Contra a informação de que o marxismo prega a "despersonificação", Korovin declarou: "Toda a força do marxismo está na aspiração a garantir ao indivíduo uma existência plena e digna do homem".[383] Mas, por outro lado, o dogma da soberania do Estado leva à visão de que o indivíduo não pode ser um sujeito de Direito Internacional, o que implica que não pode haver proteção efetiva dos direitos dos indivíduos contra violações desses direitos por seu próprio Estado. Na nona reunião da primeira sessão da Comissão de Direito Internacional, em 25 de abril de 1949, o representante da União Soviética, senhor Koretsky, disse que:

> ... não acreditava que o homem fosse um sujeito de Direito Internacional. Ele não concordou com o conceito do indivíduo como sujeito de Direito Internacional. Não obstante, era necessário mencionar os direitos humanos especificamente quanto aos crimes cometidos pelo fascismo.[384]

Se os indivíduos não podem ser sujeitos de Direito Internacional, eles só podem ter direitos ou deveres por meio do Estado. Essa visão está expressa claramente em um afirmação feita por Vichinski no exercício de sua posição de representante da União Soviética na 183ª reunião da

---

[383] KOROVIN, Eugene A. "The Soviet Union and International Law by T. A. Teracouzio". *Harvard Law Review*, vol. 49, n.8, pp. 1392-1395, jun. 1936, p. 1392.

[384] UNITED NATIONS. "Summary Record of 9th Meeting". *In: Yearbook of the International Law Commission 1949*. New York: United Nations, 1949, p. 73.

HANS KELSEN

Assembleia Geral das Nações Unidas, em 10 de dezembro de 1948, sobre a Declaração de Direitos Humanos[385]:

> [o] projeto de declaração de direitos humanos parecia respaldar aquela visão reacionária dirigida contra a soberania nacional e portanto era totalmente inconsistente com os princípios das Nações Unidas. Argumentou-se algumas vezes que a declaração de direitos humanos não deveria tocar em questões de importância nacional porque se dedicava aos direitos dos seres humanos individuais. Era impossível concordar com essa visão, porque os direitos humanos não poderiam ser concebidos fora do Estado; os próprios conceitos de direito subjetivo e de direito estavam conectados com o de Estado. O direitos humanos não significavam nada a menos que o Estado os garantisse e protegesse; de outro modo se converteriam em mera abstração, uma ilusão vazia, tão facilmente criada quanto dissolvida.

Uma declaração feita pela delegação URSS na Comissão de Direitos Humanos, em 18 de maio de 1948, com relação a projetos e proposições sobre implementação contém a seguinte passagem:

> [o] plano de implementação envolve o estabelecimento de várias instâncias internacionais nas quais comunicações e reclamações relativas a violações de direitos humanos tanto por Estados e governos quanto por indivíduos privados ou associações deles, seriam consideradas. Nisso entra em conflito com todo o sistema de Direito Internacional público que regula as relações entre Estados. Além disso, o plano, se for adotado, terá o efeito de transformar uma disputa entre indivíduos privados ou grupos de indivíduos e seu Estado ou governo em uma disputa internacional, ampliando assim substancialmente a área de disputas, fricções e incidentes internacionais, sobrecarregando e agravando desnecessariamente as relações internacionais e minando os fundamentos da paz. Além disso, a transferência a um comitê especial, corte especial internacional ou ainda, como contemplado

---

[385] UNITED NATIONS. "General Assembly, 3rd session, Part 1, 1948", *Plenary Meetings*, pp. 923 e ss.

CAPÍTULO IX - A TEORIA SOVIÉTICA DO DIREITO INTERNACIONAL

em alguns planos de implementação, à Comissão de Direitos Humanos, da prerrogativa conferida à Assembleia Geral e ao Conselho Econômico e Social de fazer recomendações a Estados em questões de direitos humanos frustraria os poderes conforme estabelecidos pela Carta e a distribuição desses poderes entre os órgãos principais e auxiliares das Nações Unidas, e ainda encorajaria a interferência nos assuntos internos dos membros das Nações Unidas, o que é contrário à Carta.[386]

A visão de que indivíduos não podem ser sujeitos de Direito Internacional é incorreta mesmo sob a pressuposição de que o Direito Internacional é concebido como parte do Direito Nacional. Pois não pode haver dúvida de que por um acordo internacional, e, portanto, pelo Direito Internacional – mesmo se concebido como parte de um Direito Nacional – tais direitos podem ser estabelecidos, e os Estados partes do acordo podem ser obrigados a respeitar esses direitos. Não pode haver dúvida de que esses direitos podem ser garantidos pelo estabelecimento de um tribunal internacional ao qual os indivíduos têm acesso direto e que é competente para decidir se um direito estabelecido pelo acordo foi violado por um ato do Estado, e anular esse ato ou ordenar ao governo em questão que o anule; e não há razão suficiente para negar a possibilidade de previsão, no acordo constituinte, de medidas para fazer cumprir as decisões do tribunal internacional. Essa é certamente a maneira mais efetiva de garantir os chamados direitos humanos fundamentais que, na medida em que constituem restrições à liberdade de ação do Estado, podem ser violados apenas por um Estado. Portanto, é contrário ao direito positivo – ou, ao menos, às possibilidades oferecidas pelo direito positivo – defender que direitos de indivíduos podem ser estabelecidos somente pelo Estado e podem ser protegidos somente pelo Estado, e não por uma organização internacional, e rejeitar com base nisso o estabelecimento de tribunais internacionais que possam ser invocados diretamente por indivíduos. A visão de que existe uma conexão inseparável entre os direitos do indivíduo e seu Estado não pode se basear no direito positivo; isso só pode ser

---

[386] UNITED NATIONS. "Summary Record of 154th Meeting". *In: Yearbook of the International Law Commission 1952*. vol. I. New York: United Nations, 1952. Cf. também UNITED NATIONS. "Summary Record of 115th Meeting". *In: Yearbook of the International Law Commission 1949*. vol. I. New York: United Nations, 1949.

HANS KELSEN

deduzido equivocadamente de uma suposta natureza do Direito ou do Estado, pelo argumento de que o estabelecimento de um tribunal internacional competente para proteger direitos de indivíduos é incompatível com a natureza do Direito Internacional ou com a natureza do Estado. Quanto a isso, a teoria soviética está bastante em conformidade com a teoria advogada por muitos autores burgueses, que tentam justificar uma política dirigida contra qualquer restrição da autoridade do Estado por argumentos supostamente jurídicos.

Na declaração da delegação soviética nas Nações Unidades citada acima – bem como nos escritos de muitos autores não comunistas – o aspecto teórico do problema não é separado claramente do político. A questão de se é juridicamente possível que os indivíduos sejam sujeitos de Direito Internacional e a questão de se é – de um ponto de vista ou de outro – desejável tornar indivíduos diretamente sujeitos de Direito Internacional são duas questões diferentes. O argumentos soviético de que um tratamento que confere direitos diretamente aos indivíduos e lhes oferece acesso a uma corte internacional agravaria as relações internacionais e minaria os fundamentos da paz pode estar correto até certo ponto. Mas a tentativa de garantir e proteger certos interesses de indivíduos pelo Direito Internacional se origina do fato de que violações reais ou alegadas desses interesses pelo governo dos indivíduos em questão são a causa de perturbações que põem em risco a paz internacional, como, por exemplo, o tratamento de minorias alemãs na Tchecoslováquia ou na Polônia. Portanto, o argumento político exposto pela delegação soviética pode ser rebatido por esse contra-argumento.[387]

A tentativa de Krylov de aplicar a definição marxista de Direito ao Direito Internacional

Em 1946, Sergei Krylov, membro soviético da Corte Internacional de Justiça, proferiu uma série de conferências sobre "Os conceitos

---

[387] O autor soviético Sergey Krylov diz em seu artigo ("Les Notions principales du Droit des Gens". *Recueil des Cours de l'Academie de Droit international*, vol. 70, pp. 411-476, 1947): "as Nações Unidas são competentes para estudar a situação legal do indivíduo na vida internacional a fim de eliminar qualquer ameaça à paz e à segurança internacional que poderia ser causada por uma violação dos direitos e liberdades de dito indivíduo".

CAPÍTULO IX - A TEORIA SOVIÉTICA DO DIREITO INTERNACIONAL

fundamentais do Direito Internacional" na Academy of International Law at The Hague.[388] Se um jurista representando a União Soviética, como Krylov, apresenta nessa academia – que do ponto de vista soviético deve ser considerada um instituto de ciência burguesa – uma teoria do Direito Internacional, devemos esperar dele a genuína interpretação marxista do fenômeno em questão e aprender por que o Direito Internacional, também, deve ser concebido como uma superestrutura ideológica erigida a partir das relações de produção, e um instrumento da dominação exploratória de uma classe sobre outra. Krylov parece estar ciente dessa tarefa. Pois ele começa suas conferências com a declaração de que o Direito – o Direito em geral – é "uma das superestruturas erigidas a partir da base econômica"[389]; e, aplicando essa fórmula ao Direito Internacional, ele diz:

> [o] Direito Internacional ou interestatal deve portanto ser definido como uma superestrutura jurídica erigida a partir da economia mundial, que representa os resultados da competição e cooperação das classes dominantes dos vários Estados e suas relações internacionais externas.[390]

O desvio da visão marxista original é óbvio. O Direito Internacional não é uma superestrutura "ideológica", mas "jurídica"; ela se ergue não das relações de produção mas da "economia mundial". Krylov não explica o que quer dizer com "economia mundial" e não faz o menor esforço para mostrar as relações existentes entre as normas de Direito Internacional e a "economia mundial". Independentemente do que se entenda por esse termo, não pode haver dúvida de que a relação entre o Direito Internacional e a chamada economia mundial é totalmente diferente da relação que, de acordo com Marx, existe entre o Direito do Estado e as relações de produção. A função essencial desse Direito é manter um sistema de

---

[388] KRYLOV, Sergey. "Les Notions principales du Droit des Gens". *Recueil des Cours de l'Academie de Droit international,* vol. 70, pp. 411-476, 1947.

[389] KRYLOV, Sergey. "Les Notions principales du Droit des Gens". *Recueil des Cours de l'Academie de Droit international,* vol. 70, pp. 411-476, 1947, p. 415.

[390] KRYLOV, Sergey. "Les Notions principales du Droit des Gens". *Recueil des Cours de l'Academie de Droit international,* vol. 70, pp. 411-476, 1947, p. 417.

HANS KELSEN

produção definido – um sistema capitalista ou, se a existência de um Direito especificamente socialista for admitida, um sistema socialista de produção. A "economia mundial" não pode ser identificada com um sistema de produção definido, especialmente se a coexistência de diferentes sistemas de produção no interior da chamada economia mundial não puder ser negada. Além disso, as normas do Direito Internacional geral que regulam as relações mútuas entre os Estados deixam o estabelecimento do sistema político e do econômico dos Estados aos próprios Estados, sem interferir nessa esfera de interesses, consideradas como assuntos domésticos do Estados. O Direito Internacional – diferentemente do Direito Nacional – é completamente indiferente quanto a isso. Uma vez que Krylov não demonstra o contrário, sua definição do Direito Internacional não tem fundamento. Quanto ao caráter de classe do Direito Internacional, Krylov declara: "o caráter de classe é, sem dúvida, próprio ao Direito Internacional em todas as suas formações"[391]; e ele diz, referindo-se ao período do imperialismo:

> [o] Direito Internacional, que é um instrumento para expressar a vontade das classes dominantes dos Estados, reflete, durante este período, em primeiro lugar a vontade das classes dominantes das grandes potências do universo, que exercem uma influência particular sobre o desenvolvimento das relações internacionais e portanto sobre o Direito Internacional.[392]

Uma vez que de acordo com a visão marxiana, o Estado é a dominação de uma classe sobre outra, a vontade da classe dominante é a vontade do Estado. Portanto, a afirmação de que o Direito Internacional expressa a vontade das classes dominantes significa apenas que o Direito Internacional expressa a vontade dos Estados, que é a consequência da doutrina de que a razão da validade do Direito Internacional é o seu reconhecimento pelo Estado ao qual ela reivindica ser obrigatória; uma doutrina partilhada pela maioria dos autores burgueses. Contudo, a questão

---

[391] KRYLOV, Sergey. "Les Notions principales du Droit des Gens". *Recueil des Cours de l'Academie de Droit international,* vol. 70, pp. 411-476, 1947, p. 418.

[392] KRYLOV, Sergey. "Les Notions principales du Droit des Gens". *Recueil des Cours de l'Academie de Droit international,* vol. 70, pp. 411-476, 1947, pp. 419 e ss.

CAPÍTULO IX - A TEORIA SOVIÉTICA DO DIREITO INTERNACIONAL

à qual um marxista tem de responder é, como as classes dominantes dos Estados capitalistas, apesar de seus interesses antagônicos, poderiam reconhecer uma ordem jurídica obrigatória a todas elas, e, especialmente, como as grandes potências poderiam fazê-lo, embora essa ordem jurídica de modo algum garanta em suas relações mútuas a dominação de uma dessas classes sobre outra; e, por último, mas não menos importante, como um Estado socialista, isto é, um Estado no qual a classe proletária é dominante, poderia reconhecer como obrigatório um Direito estabelecido como expressão da vontade das classes burguesas dos Estados capitalistas. Que a declaração de Krylov não responda a essas questões, pode ser justificado pelo fato de que se referem apenas ao Direito Internacional do período do imperialismo. Mas a resposta poderia ser esperada em sua definição do Direito Internacional, que se aplica às relações entre o Estado socialista e os Estados capitalistas. Essa definição diz o seguinte:

> [o] Direito Internacional é um conjunto de normas que regulam as relações entre Estados no processo de sua competição, luta e cooperação, que expressa a vontade das classes dominantes no interior desses Estados e que garante a coerção exercida pelos Estados individualmente ou coletivamente.[393]

Devemos notar que de acordo com essa definição, o Direito Internacional é um conjunto de normas, não de relações sociais *de facto*, e que há somente um Direito Internacional, e não um Direito Internacional socialista ao lado de vários Direitos internacionais capitalistas. A visão antinormativa e a visão pluralista, abandonadas por Krylov, tinham sido aceitas por autores soviéticos anteriores apenas a fim de concordar com a doutrina marxista. De acordo com a definição de Krylov, o Direito Internacional expressa a vontade das classes dominantes dos Estados aos quais é obrigatória. É evidente que essa é a fórmula pela qual Krylov tenta cumprir o requisito de definir o Direito Internacional como Direito de classe. Que o Direito é a expressão da vontade de uma classe dominante significa – como apontado – que o Direito é estabelecido segundo os

---

[393] KRYLOV, Sergey. "Les Notions principales du Droit des Gens". *Recueil des Cours de l'Academie de Droit international,* vol. 70, pp. 411–476, 1947, p. 420.

interesses de uma classe, a classe dominante, e contra os interesses de outra, a classe dominada. Essa é a característica essencial de um Direito "de classe". Mas, de acordo com a definição de Krylov, o Direito Internacional é a expressão da vontade das classes dominantes de todos os Estados, portanto, não apenas da vontade das classes burguesas dos Estados capitalistas mas também da vontade da classe dominante do Estado socialista soviético, que originalmente era a classe proletária e agora – se houver alguma classe – certamente não é uma classe burguesa. Se o Direito Internacional corresponde aos interesses das classes burguesas dos Estados capitalistas e ao mesmo tempo aos interesses da classe proletária de um Estado socialista, ou do povo de um Estado socialista, que não está espremido entre uma classe burguesa e uma proletária, então o Direito Internacional não pode ser um Direito de classe no sentido da doutrina marxista. Mas Krylov afirma que sua definição "corresponde à definição geral do direito que foi dada pelo acadêmico A. Y. Vichinski, e que hoje prevalece na teoria do direito soviética".[394] De acordo com essa definição, o Direito – como apontado[395] – é a vontade de uma classe dominante, garantida pela força coercitiva do Estado. Se há uma classe dominante, deve haver também uma classe dominada, e se a aplicação do Direito deve ser garantida por coerção, essa coerção deve se dirigir contra a classe dominada. A definição de Vichinski à qual Krylov se refere é uma definição de uma ordem coercitiva imposta por uma classe sobre outra, no interior de um único e mesmo Estado, *i.e.*, a definição do Direito Nacional como uma ordem normativa que regula as relações entre indivíduos em sua capacidade como órgãos e membros de um único e o mesmo Estado, não uma definição do Direito Internacional como uma ordem normativa que regula as relações entre Estados, *i.e.*, as relações entre indivíduos em sua capacidade como órgãos e membros de diferentes Estados. Uma vez que se deve compreender a definição de Krylov como correspondendo à de Vichinski, a "coerção exercida pelos Estados" à qual este se refere deve ser a coerção que a classe dominante de um Estado exerce contra a classe dominada do mesmo

---

[394] KRYLOV, Sergey. "Les Notions principales du Droit des Gens". *Recueil des Cours de l'Academie de Droit international,* vol. 70, pp. 411-476, 1947, p. 420.

[395] Conforme mencionado na p. 128.

CAPÍTULO IX - A TEORIA SOVIÉTICA DO DIREITO INTERNACIONAL

Estado; isso significa que ela só poderia ser a definição de um Direito Nacional e não de um Direito Internacional. Contudo, Krylov pretende definir uma ordem jurídica "que regula as relações entre Estados", portanto, a coerção à qual ele se refere deve ser exercida por Estados "individualmente ou coletivamente" contra outros Estados; e isso significa, pela classe dominante de um Estado contra a classe dominante de outro Estado. É altamente característico que sua definição não indique contra quem se dirige a coerção cujo exercício é garantido pelo Direito Internacional. É por essa ambiguidade que ele defende a aparência de uma correspondência dessa definição de Direito Internacional com a definição do Direito de Vichinski. Mas uma ordem normativa que garante o exercício da coerção pela classe dominante de um Estado contra a classe dominante de outro não é o Direito definido por Vichinski, e não é Direito no sentido da doutrina marxista, porque não é de modo algum Direito de classe. Isso está especialmente manifesto no caso da coerção garantida por essa ordem normativa ser exercida pela classe dominante de um Estado socialista contra a classe dominante de um Estado capitalista. Portanto, a definição de Krylov também não soluciona o problema do Direito Internacional do ponto de vista de uma doutrina marxista. Ela só confirma o completo fracasso dessa doutrina em sua aplicação às relações jurídicas entre Estados.

De acordo com a definição de Krylov há um Direito Internacional comum a todos os Estados – capitalistas ou socialistas –, de modo que qualquer diferenciação entre um Direito Internacional capitalista e um socialista está excluída. Essa, é claro, pode ser considerada uma visão declaradamente antimarxista. Portanto, Krylov tem de modificá-la de algum modo. Ele o faz ao apresentar a doutrina mencionada acima das duas linhas do Direito Internacional: a imperialista-reacionária e a democrático-progressista. É possível, ele diz, "distinguir várias camadas do Direito Internacional de tons mais ou menos democráticos".[396] E ele declara que o surgimento do Estado socialista soviético e sua participação nas relações internacionais "alterou o caráter do Direito Internacional ao fortalecer as tendências democráticas que existiam no bojo desse

---

[396] KRYLOV, Sergey. "Les Notions principales du Droit des Gens". *Recueil des Cours de l'Academie de Droit international,* vol. 70, pp. 411-476, 1947, p. 420.

HANS KELSEN

direito e ao introduzir novos princípios socialistas".[397] Na realidade, nenhuma mudança no caráter do Direito Internacional desse tipo ocorreu. A declaração de Krylov é somente uma forma típica de a ideologia soviética afirmar que a política externa da União Soviética é democrática e socialista.

Dualismo ou monismo na teoria soviética do Direito Internacional

Embora Krylov pretenda lidar com os conceitos fundamentais do Direito Internacional, ele nem sequer levanta a questão sobre a razão da validade do Direito Internacional. Ele evidentemente não está ciente do fato de que da resposta a essa questão depende a determinação da relação entre Direito Internacional e nacional, um dos problemas mais importantes de uma teoria do Direito Internacional. Ele fala, é verdade, do "fundamento do Direito Internacional",[398] mas sob essa frase ele não tem nada a revelar além do truísmo de que as relações internacionais são determinadas – ou, como ele diz, "compostas" (*composé*) – por dois elementos: "a competição ou mesmo a luta entre os Estados, e sua cooperação com o propósito de assegurar a paz e a satisfação de outros interesses políticos e econômicos".[399] Isso não significa que Krylov seja indiferente quanto a uma ou outra resposta a essa questão. Muitas de suas afirmações pressupõem uma opinião definida quanto à razão da validade do Direito Internacional. Mas ele não está consciente dessa pressuposição e, portanto, entra em contradição.

Krylov admite que a maioria das normas do Direito Internacional contemporâneo se originam em relações entre Estados burgueses. Apesar dessas normas serem, de acordo com sua definição do direito, obrigatórias aos Estados, inclusive ao Estado socialista soviético, ele fala dessas normas – em oposição às "novas normas" manifestadas pelo novo

---

[397] KRYLOV, Sergey. "Les Notions principales du Droit des Gens". *Recueil des Cours de l'Academie de Droit international,* vol. 70, pp. 411-476, 1947, p. 422.

[398] KRYLOV, Sergey. "Les Notions principales du Droit des Gens". *Recueil des Cours de l'Academie de Droit international,* vol. 70, pp. 411-476, 1947, p. 415 e ss.

[399] KRYLOV, Sergey. "Les Notions principales du Droit des Gens". *Recueil des Cours de l'Academie de Droit international,* vol. 70, pp. 411-476, 1947, p. 416.

CAPÍTULO IX - A TEORIA SOVIÉTICA DO DIREITO INTERNACIONAL

Estado socialista – como "Direito Internacional burguês" e levanta a questão de se a URSS "pode aceitar sem reservas" as instituições desse Direito Internacional burguês. A resposta, ele declara, deve ser negativa. "É lógico que a URSS deve rejeitar algumas das instituições do Direito Internacional burguês".[400] Se essa declaração é compatível com sua definição do Direito Internacional é – quanto a esse assunto – sem importância. Sua essência é apenas que ela pressupõe a visão de que as normas de Direito Internacional são obrigatórias à URSS somente se elas forem aceitas, isto é, reconhecidas, por esse Estado.

Quanto às fontes do Direito Internacional, Krylov ainda defende a doutrina original de Korovin de que "os costumes internacionais não têm a mesma importância que os tratados internacionais para a URSS, embora esta, sem dúvida, reconheça os costumes relativos a certas questões de importância geral"; isso significa que a URSS reconhece certas normas de Direito Internacional baseadas em costumes internacionais. "É lógico que a União Soviética aceita apenas aqueles costumes [quer dizer, normas de direito consuetudinário] que correspondem a princípios democráticos …".[401] Uma vez que os tratados são, via de regra, obrigatórios apenas aos Estados signatários, não parece haver dificuldade em considerar o consentimento do Estado como a razão para a validade do Direito Internacional convencional. A situação é diferente quanto ao Direito Internacional consuetudinário geral em caso de normas criadas por um costume no qual um Estado definido não participou. Krylov declara repetidamente que a União Soviética é um novo Estado que não participou dos costumes pelos quais as normas do Direito Internacional "burguês" foram criadas. Sua afirmação de que a União Soviética não reconhece todas essas normas, mas apenas algumas delas, é mais importante porque implica a visão de que são obrigatórias à União Soviética apenas as normas de Direito Internacional consuetudinário reconhecidas por esse Estado.

Discutindo o problema das fontes do Direito Internacional, Krylov defende que os atos legislativos e judiciais de um Estado, também, podem

---

[400] KRYLOV, Sergey. "Les Notions principales du Droit des Gens". *Recueil des Cours de l'Academie de Droit international,* vol. 70, pp. 411-476, 1947, p. 433.

[401] KRYLOV, Sergey. "Les Notions principales du Droit des Gens". *Recueil des Cours de l'Academie de Droit international,* vol. 70, pp. 411-476, 1947, p. 441.

ser fontes de Direito Internacional, com a condição de que o estatuto nacional em questão ou a prática das cortes nacionais

> ... sejam reconhecidos além do território do Estado no interior do qual se origina. (...) Assim, todas as fontes do direito nacional podem se tornar fontes de Direito Internacional a partir do momento que se referem a relações internacionais e são reconhecidas por outros Estados.[402]

Mesmo uma norma criada pelo ato de um Estado pode se tornar obrigatória a outros Estados se for reconhecida por esses Estados. Essa doutrina também pressupõe a visão de que a razão da validade das normas de Direito Internacional é seu reconhecimento pelo Estado ao qual pretendem ser válidas. O reconhecimento é um ato do Estado que pode ser praticado somente com base no Direito desse país, o Direito Nacional. Portanto, a doutrina de que a razão da validade do Direito Internacional é seu reconhecimento por parte dos Estados envolvidos remonta à visão de que a validade do Direito Internacional está baseada na validade do Direito Nacional do Estado ao qual o Direito Internacional pretende ser válido. Essa tese é a mesma que aquela que afirma que o Direito Internacional é válido apenas como parte do, ou incorporado ao, direito nacional. Essa é a essência do que se chama de primado do Direito Nacional sobre o Internacional. Como apontado, essa é a consequência da pressuposição da soberania do Estado. Krylov, como todos os autores soviéticos, insiste enfaticamente nesse ponto. Ele declara que "o conceito de soberania é a base do Direito Internacional contemporâneo". Consequentemente, ele rejeita a ideia de um "Estado mundial" como uma "utopia reacionária" "incompatível com o conceito de soberania"[403]; e é obviamente pela mesma razão que ele também rejeita a visão de acordo com a qual os indivíduos podem ser sujeitos de Direito Internacional.[404] Ele afirma:

---

[402] KRYLOV, Sergey. "Les Notions principales du Droit des Gens". *Recueil des Cours de l'Academie de Droit international,* vol. 70, pp. 411-476, 1947, p. 444.

[403] KRYLOV, Sergey. "Les Notions principales du Droit des Gens". *Recueil des Cours de l'Academie de Droit international,* vol. 70, pp. 411-476, 1947, p. 435.

[404] KRYLOV, Sergey. "Les Notions principales du Droit des Gens". *Recueil des Cours de l'Academie de Droit international,* vol. 70, pp. 411-476, 1947, p. 446 e *ss.*

CAPÍTULO IX - A TEORIA SOVIÉTICA DO DIREITO INTERNACIONAL

> ... a ciência soviética tem em alta conta a doutrina da soberania como a expressão do direito de autodeterminação nacional (*auto-déterminaton*). Ela defende essa doutrina como uma arma na luta pela independência e liberdade do Estado, por sua autonomia nacional (*auto-détermination*).[405]

Tudo isso quer dizer que o Estado – e com o Estado o Direito Nacional que constitui o Estado como uma comunidade jurídica – deve ser considerado como a autoridade jurídica suprema; e que consequentemente o Direito Internacional pode ser considerado como juridicamente obrigatório a um Estado somente quando reconhecido pelo Estado, que a razão da validade que o Direito Internacional pretende ter para um Estado é – como expressado em uma figura de linguagem frequentemente usada – somente e exclusivamente a "vontade" desse Estado. A vontade do Estado é uma figura de linguagem para a validade do Direito Nacional.

Apesar do fato de que muitas de suas declarações essenciais pressupõem a hipótese do primado do Direito Nacional sobre o Internacional, Krylov rejeita expressamente essa visão. Ele diz:

> Na literatura anglo-americana, em algumas Constituições e na prática judicial é usual dizer que o Direito Internacional "é uma parte do Direito Nacional". Contudo, essa declaração é correta apenas caso um Estado tenha incluído em sua legislação o texto de um tratado internacional assinado por ele ou tenha aceitado em sua jurisdição doméstica (*plan interne*) algumas outras fontes de Direito Internacional, por exemplo, alguns usos e costumes. A declaração, ao contrário, não é correta nos numerosos casos nos quais um Estado apenas confirma, *i.e.*, reconhece, que as normas de Direito Internacional e aquelas de Direito Nacional coexistem sem estarem unidas.[406]

Isso significa que Krylov considera o Direito Internacional como parte do Direito Nacional apenas caso uma norma de Direito Internacional

---

[405] KRYLOV, Sergey. "Les Notions principales du Droit des Gens". *Recueil des Cours de l'Academie de Droit international,* vol. 70, pp. 411-476, 1947, p. 452.

[406] KRYLOV, Sergey. "Les Notions principales du Droit des Gens". *Recueil des Cours de l'Academie de Droit international,* vol. 70, pp. 411-476, 1947, p. 445.

HANS KELSEN

tenha sido transformada em Direito Nacional, especificamente se o texto de um tratado foi inserido num estatuto adotado pelo órgão legislativo do Estado que celebrou aquele tratado. Seu erro consiste em ignorar o fato de que o ato pelo qual um Estado "reconhece" uma norma criada por costumes internacionais ou um tratado internacional é um ato que cria o Direito, assim como um ato do órgão legislativo pelo qual um estatuto é instituído. Ele evidentemente atribui um caráter meramente declaratório ao ato pelo qual um Estado reconhece o Direito Internacional, embora ele afirme nas passagens citadas acima que se uma norma de Direito Internacional não é reconhecida pelo Estado soviético, ela não é obrigatória para ele; do que decorre que é pelo reconhecimento da norma que ela se torna obrigatória ao Estado que a reconhece. Portanto, o reconhecimento não tem um caráter meramente declaratório, mas constitutivo, assim como um ato legislativo. Krylov não rejeita expressamente a outra construção monista, do primado do Direito Internacional sobre o Nacional. Mas essa construção é inaceitável do ponto de vista de seu dogma da soberania. Ao declarar que o Direito Internacional e o nacional "coexistem" sem serem unidos, ele aceita a construção dualista da relação entre Direito Internacional e nacional, que está em aberta contradição com sua doutrina do reconhecimento.[407] Pois se o Direito Internacional é válido para um Estado

---

[407] A mesma distinção existe na teoria do Direito Internacional de Pachukanis. Em sua análise, Florin (FLORIN, Joseph. "La Théorie bolchéviste du Droit international public". *Revue Internationale de la Théorie du Droit*, vol. 12, pp. 97-115, 1938, p. 104 e ss. e p. 110), aponta que uma interpretação dualista da relação entre Direito Internacional e nacional parece mais compatível com a teoria de Pachukanis. Pachukanis rejeitou expressamente a visão de que o Direito Internacional é uma ordem jurídica superior ao Direito Nacional, *i.e.*, a hipótese do primado do Direito Internacional. Ele caracterizou essa visão como uma ideologia política do pacifismo burguês. (Cf. FLORIN, Joseph. "La Théorie bolchéviste du Droit international public". *Revue Internationale de la Théorie du Droit*, vol. 12, pp. 97-115, 1938, p. 109). Uma vez que ele incluiu em sua crítica também a teoria pura do Direito, ele demonstra incompreensão dessa teoria que mostra que a hipótese do primado do Direito Internacional, bem como a hipótese oposta, do primado do Direito Nacional, são ambas, do ponto de vista da ciência jurídica, igualmente possíveis como duas versões do monismo jurídico. Foi a teoria pura do Direito que primeiro mostrou que a escolha entre as duas visões é determinada não por razoes cientíticas, mas por razões políticas, e que o primado do Direito Internacional está, consciente ou inconscientemente, conectado com uma visão pacifista, ao passo que o primado do Direito Nacional corresponde a uma visão imperialista e nacionalista.

CAPÍTULO IX - A TEORIA SOVIÉTICA DO DIREITO INTERNACIONAL

somente se e na medida em que seja reconhecido por esse Estado – como Krylov defende diversas vezes –, uma relação definida entre os dois sistemas normativos, que constituem a unidade de um sistema universal, é estabelecida, compreendendo ambos. A doutrina do reconhecimento de Krylov pressupõe inevitavelmente uma construção monista.

Contudo, deve-se admitir que a mesma confusão de uma construção supostamente dualista com a visão decididamente monista do primado do Direito Nacional sobre o Internacional como consequência do dogma da soberania de modo algum restringe-se à teoria soviética do Direito Internacional. Ela é muito difundida entre autores burgueses. Pois era desde o início inerente à construção dualista da relação entre Direito Internacional e Nacional.[408] E deve-se admitir ainda que alguns autores soviéticos, como *e.g.*, Vichinski, evitam essa confusão ao defenderem uma visão monista com base no primado do Direito Nacional sobre o Internacional, como consequência da doutrina da soberania como uma qualidade essencial do Estado. Vichinski só rejeita o primado do Direito Internacional sobre o Nacional porque, como ele presume corretamente, essa visão é incompatível com a suposição da soberania do Estado.[409]

É apenas o monismo jurídico – como um postulado da ciência do Direito – no qual a teoria pura do Direito insiste. A atitude de Pachukanis em relação ao primado do Direito Nacional sobre o Internacional não é clara. Ele não rejeita essa visão, que decorre de sua pressuposição da soberania do Estado e do Direito Internacional.

[408] Cf. KELSEN, Hans. *Das problem der souveränität und die theorie des völkerrechts*: beitrag zu einer reinen rechtslehre. 2. ed. Tübingen: J.C.B. Mohr, 1928.

[409] VYSHINSKY, A. Y. *Voprosy mezdunarodnovo prava i* mezdunarodnoj *politiki*, Moscow, 1949, pp. 472 e ss. apud CALVEZ, Jean-Ives. *Droit international et Souveraineté en U.R.S.S.*: l'évolution de l'idéologie juridique soviétique depuis la Révolution d'Octobre. Paris: Librairie Armand Colin, 1953, pp. 163 e ss.

CONCLUSÃO

1. A tentativa de desenvolver uma teoria do Direito com base na interpretação econômica da sociedade de Marx fracassou completamente; e a razão desse fracasso é em primeiro lugar a tendência de substituir – em vez de acrescentar a ela – a interpretação normativa do Direito, isto é, a análise estrutural de um sistema específico de normas, por uma investigação sociológica das condições sob as quais tal sistema normativo passa a existir e torna-se efetivo. Que a sociologia marxista leve em consideração somente condições econômicas é, quanto a isso, um atalho de importância secundária. A teoria marxista do Direito, abandonada na União Soviética por conta de sua incapacidade de captar o sentido normativo do Direito, é apenas uma variação da jurisprudência sociológica, difundida nos países não comunistas.

2. Apesar do postulado marxista de uma ciência anti-ideológica, a teoria soviética do Direito tem um caráter pronunciadamente ideológico. Isso quer dizer que sua apresentação do direito positivo, especialmente do Direito dos Estados não comunistas e do Direito Internacional, não é objetiva em um sentido científico, mas essencialmente determinada pelos interesses políticos do governo soviético. Nisso, a teoria soviética emprega certos dispositivos conceituais que, embora produzidos pela jurisprudência burguesa, são denunciados como ideológicos e radicalmente rejeitados por uma ciência do Direito desenvolvida livremente em Estados não comunistas.

3. O caráter ideológico da teoria soviética do Direito é consequência inevitável do princípio marxista – contrário ao postulado anti-

257

HANS KELSEN

-ideológico – de que a ciência social em geral e a ciência do Estado e do Direito em particular tem de ser política, isto é, que ela tem de resultar em fórmulas que possam ser usadas como instrumentos na luta política de um grupo político contra outro. A condição deplorável da teoria jurídica soviética, degradada em lacaia do governo soviético, deveria ser um severo alerta aos cientistas sociais de que a verdadeira ciência só é possível em condições em que ela é independente da política.

REFERÊNCIAS BIBLIOGRÁFICAS

BARTH, Hans. *Wahrheit und Ideologie*. Zürich: Manesse Verlag, 1945.

BOBER, M. M. *Karl Marx's interpretation of history*. 2. ed. Cambridge, MA: Harvard University Press, 1948.

BOUKHARIN, Nicolai I. *Programme of the communists (Bolsheviks)*. [*S. l.*]: Group of English Speaking Communists in Russia, 1919.

CALVEZ, Jean-Yves. *Droit international et souveraineté en U.R.S.S.*: l'évolution de l'idéologie juridique soviétique depuis la Révolution d'Octobre. Paris: Librairie Armand Colin, 1953.

COMMUNIST INTERNATIONAL. *Blueprint for world conquest*: as outlined by the Communist International. Washington; Chicago: Human Events, 1946.

EASTMAN, Max. *Marxism, is it Science?*. New York: W. W. Norton and Company, 1940.

ENGELS, Friedrich; BEBEL, August; KALER, Emil; LASSALLE, Ferdinand; LAFARGUE, Paul; SCHWEITZER, Johann Baptist von; WALFF, W.; DIETZGEN, Joseph; MARX, Karl; BERNSTEIN, Eduard; LIEBKNECHT, Wilhelm. *Sozialdemokratische Bibliothek*: Karl Marx vor den Kölner Geschworenen, Berlin: Verlag, 1895.

ENGELS, Friedrich. *Die Entwicklung des Sozialismus von der Utopie zur Wissenschaft*. Berlin: Vorwärts, 1911.

_____. *Ludwig Feuerbach und der Ausgang der klassischen Philosophie*. Marxistische Bibliothek. Wien: Verlag für Literatur und Politik, 1927.

REFERÊNCIAS BIBLIOGRÁFICAS

_____. *Sobre a questão da moradia*. Trad. Nélio Schneider. 1. ed. São Paulo: Boitempo, 2015.

_____. *Anti-Dühring*: a revolução da ciência segundo o senhor Eugen Düring. Trad. Nélio Schneider. 1. ed. São Paulo: Boitempo, 2015.

_____. *A origem da família, da propriedade privada e do Estado*: em conexão com as pesquisas de Lewis H. Morgan. Trad. Nélio Schneider. 1. ed. São Paulo: Boitempo, 2019.

FLORIN, Joseph. "La Théorie bolchéviste du Droit international public". *Revue Internationale de la Théorie du Droit*, vol. 12, 1938, pp. 97-115.

GRABAR, V. E. "Das heutige Völkerrecht vom Standpunkt eines Sowjetjuristen". *Zeitschrift für Völkerrecht*, vol. 14, 1927, pp. 188-214.

GSOVSKI, Vladimir. "The Soviet Concept of Law". *Fordham Law Review*, New York, vol. 7, n. 1, jan. 1938, pp. 1-44.

HAZARD, John N. "Cleansing Soviet International Law of Anti-Marxist Theories". *The American Journal of International Law*, vol. 32, n. 2, abr. 1938, pp. 244-252.

_____. "The Soviet Union and International Law". *Soviet Studies*, vol. 1, n. 3, jan. 1950, pp. 189-199.

KELSEN, Hans. *Sozialismus und Staat: eine Untersuchung der politischen Theorie des Marxismus*. 2. ed. Leipzig: C.L. Hirschfeld, 1923.

_____. *Das Problem der Souveränität und die Theorie des Völkerrechts*: Beitrag zu einer reinen rechtslehre. 2. ed. Tübingen: J.C.B. Mohr, 1928.

_____. *Der soziologische und der juristische Staatsbegriff*: kritische Untersuchung des Verhältnisses von Staat und recht. 2. ed. Tübingen: J.C.B. Mohr, 1928.

_____. *Teoria geral do direito e do estado*. Trad. Luís Carlos Borges. 3. ed. São Paulo: Martins Fontes, 1998.

_____. *The political theory of Bolshevism*: a critical analysis. Berkeley; Los Angeles: University of California Press, 1948.

_____. "The Natural-Law Doctrine before the Tribunal of Science". *The Western Political Quarterly*, vol. 2, n. 4, dez. 1949, pp. 481-513.

_____. "Causality and Imputation". *Ethics*, vol. 61, n. 1, out. 1950, pp. 1-11.

KONSTANTINOV, F. V. *The role of socialist consciousness in the development of soviet society*. New York: Foreign Languages Publishing House, 1950.

REFERÊNCIAS BIBLIOGRÁFICAS

KOROVIN, Eugene A. *Das Völkerrecht der Übergangszeit: Grundlagen der völkerrechtlichen Beziehungen der Union der Soujetrepubliken*. Berlin: Franz Steiner Verlag, 1929.

_____. "The Soviet Union and International Law by T. A. Teracouzio". *Harvard Law Review*, vol. 49, n. 8, jun. 1936, pp. 1392-1395.

_____. "The Second World War and International Law", *The American Journal of International Law*, vol. 40, n. 4, out. 1946, pp. 742-755.

KRYLOV, Sergey. "Les Notions principales du Droit des Gens". *Recueil des Cours de l'Académie de Droit international*, vol. 70, 1947, pp. 407-476.

KUNZ, Josef L. "Sowjet-Russland und das Völkerrecht". *Zeitschr. f. Völkerrecht*, vol. 13, 1926, pp. 556-598.

LÊNIN, Vladimir I.; STUCHKA, Pyotr I.; REISNER, M. A.; PACHUKANIS, E. B.; STALIN, J. V.; VICHINSKI, A. Y.; YUDIN, P.; GOLUNSKI, S. A.; STROGOVICH, M. S.; TRAININ, I. P. *Soviet legal philosophy*. Introduction of John N. Hazard. Trad. Hugh Baab. Cambridge: Harvard University Press, 1951. (The Twentieth Century Legal Philosophy Series, vol. 5).

LÊNIN, Vladímir I. *O Estado e a revolução*. Trad. Paula Vaz de Almeida. São Paulo: Boitempo, 2017.

_____. *Selected works*. vol. 1. Moscow: Foreign Languages Publish House, 1950.

_____. *Selected works*. vol. 9. New York: International Publishers, 1934.

LÉNINE, Vladimir I. "Sobre o Estado: Conferência na Universidade Sverdlov". *Germinal: Marxismo e Educação em Debate*, Salvador, vol. 11, n. 3, dez. 2019, pp. 348-360.

MANNHEIM, Karl. *Ideology and utopia*. Trad. Louis Wirth e Edward Shils. New York; London: Harcourt, Brace, Routlage & Kegan Paul, 1952.

MARX, Karl; ENGELS, Friedrich. *Die Deutsche Ideologie Kritik der Neuesten Deutschen Philosophie in Ihren Repräsentanten, Feuerbach, B. Bauer und Stirner, und des Deutschen Sozialismus in Seinen Verschiedenen Propheten 1845-1846*. Gesamtausgabe Erste Abteilung. Bd. 5. Berlin: Marx-Engels-Verlag, 1932.

_____. *Correspondence 1846-1895*: a selection. New York: International Publishers, 1935.

_____. *A ideologia alemã*. Trad. Rubens Enderle, Nélio Schneider e Luciano Cavini Martorano. 1. ed. São Paulo: Boitempo, 2007.

REFERÊNCIAS BIBLIOGRÁFICAS

_____. *Manifesto comunista*. Trad. Álvaro Pina. São Paulo, Boitempo, 2010.

MARX, Karl. *Contribuição à crítica da economia política*. Trad. Florestan Fernandes. 2. ed. São Paulo: Expressão Popular, 2008.

_____. *Crítica da Filosofia do Direito de Hegel*. Trad. Rubens Enderle e Leonardo de Deus. 2. ed. São Paulo: Boitempo, 2010.

_____. *Crítica ao programa de Gotha*. Trad. Rubens Enderle. 1. ed. São Paulo: Boitempo, 2012.

_____. *O capital*: crítica da economia política. vol. 1. Trad. Rubens Enderle. 2. ed. São Paulo: Boitempo, 2013.

_____. *O capital*: crítica da economia política. vol. 3. Trad. Rubens Enderle. 1. ed. São Paulo: Boitempo, 2017.

_____. *Miséria da filosofia*. Trad. José Paulo Netto. 1. ed. São Paulo: Boitempo, 2017.

_____. *Carta ao pai em Tréveris*. Trad. José André L. Gonçâlez. Berlim, 10 de novembro de 1837. Disponível em: https://www.marxists.org/portugues/marx/1837/11/10.htm

_____. *Manuscritos econômico-filosóficos*. Trad. Jesus Ranieri. São Paulo: Boitempo, 2004.

_____. [*Correspondência*] Destinatário: Joseph Weydemeyer. *Die Neue Zeit*, ano 25, n. 2, 1907, p. 164.

_____. [*Correspondência*] Destinatário: Bracke. Londres, 5 de maio de 1875. *Die Neue Zeit*, ano 9, n. 1, 1890–1891, pp. 561e ss.

_____. "Der politische Indifferentismus". *Die Neue Zeit*, ano 32, vol. 1, 1913–1914, p. 40.

_____. *A guerra civil na França*. Trad. Rubens Enderle. 1. ed. São Paulo: Boitempo, 2011.

_____. "Cartas dos anais franco-alemães (de Marx a Ruge)". *In*: _____. *Sobre a questão judaica*. Trad. Nélio Schneider. São Paulo: Boitempo, 2010, pp. 61-74.

MAKAROV, A. N. "Die Voelkerrechtswissenschaft in Sowjetrussland", *Zeltschrift fuer ausländisches öffentliches Recht und Völkerrecht*, vol. 6, 1936, pp. 479-495.

PACHUKANIS, Evguiéni B. *Teoria geral do direito e marxismo*. Trad. Paula Vaz de Almeida. 1. ed. São Paulo: Boitempo, 2017.

REFERÊNCIAS BIBLIOGRÁFICAS

PATKIN, A. "The Soviet Union in International Law". *Proceedings of the Australian and New Zealand Society of International Law*, Melbourne, vol. 1, 1935.

SCHLESINGER, Rudolf. *Soviet legal theory*: its social background and development. 2. ed. London: Routledge & Kegan Paul, 1951.

_____. "Philosophy vs. Soviet Law". *The American Journal of Comparative Law*, vol. 1, n.1-2, winter-spring 1952, pp. 155-161.

_____. "Soviet Theories of International Law". *Soviet Studies*, vol. 4, n. 3, 1953, pp. 334-338.

STALIN, Joseph V. *Works*. vol. 1: 1901-1907. London: Foreign Languages Publishing House, 1953.

UNITED NATIONS. "General Assembly, 3rd session, Part 1, 1948". *In*: _____. 183rd Plenary Meeting. Paris: United Nations, 10 December 1948, p. 923 ss.

_____. "Summary Record of 9th Meeting". *In*: _____. *Yearbook of the International Law Commission 1949*. New York: United Nations, 1949, pp. 69-76.

_____. "Summary Record of 29th Meeting". *In*: _____. *Yearbook of the International Law Commission 1949*. New York: United Nations, 1949, pp. 208-214.

_____. "Summary Record of 115th Meeting". *In*: _____. *Yearbook of the International Law Commission 1951*. vol. I. New York: United Nations, 1951, pp. 280-287.

_____. "Summary Record of 154th Meeting". *In*: _____. *Yearbook of the International Law Commission 1952*. vol. I. New York: United Nations, 1952, pp. 93-98.

VYSHINSKY, Andrei Y. (Coord.). *The law of the soviet state*. Introduction by John N. Hazard. Trad. Hugh W. Babb. New York: The Macmillan Company, 1948.

VYSHINSKY, Andrei Y. *Revolutionary legality on the present stage*. Moscow: [*s. n.*], 1933.

A Editora Contracorrente se preocupa com todos os detalhes de suas obras!
Aos curiosos, informamos que este livro foi impresso no mês de abril de 2021,
em papel Pólen Soft 80g, pela Gráfica Copiart.